Biblioteca de Derecho Comercial

Carlos Antonio Agurto Gonzáles
(Director)

Sonia Lidia Quequejana Mamani
Benigno Choque Cuenca
(Coordinadores Generales)

FRANCESCO GALGANO
Profesor Emérito de la Universidad de Bolonia
(Italia)

HISTORIA DEL DERECHO MERCANTIL

Edición al cuidado de
Carlos Antonio Agurto Gonzáles
Sonia Lidia Quequejana Mamani
Benigno Choque Cuenca

Ediciones Olejnik

Título: HISTORIA DEL DERECHO MERCANTIL

Traducción de JOAQUIM BISBAL MÉNDEZ

© Ediciones Olejnik
Huérfanos 611, Santiago - Chile
E-mail: contacto@edicionesolejnik.com
Web site: http://www.edicionesolejnik.com

Primera edición en Ediciones Olejnik: 2023

ISBN: 978-956-407-320-0

Diseño de Carátula: Ena Zuñiga
Diagramación: Luis A. Sierra Cárdenas

Impreso en Argentina 2023 Printed in Argentina

ÍNDICE

PRÓLOGO DEL AUTOR A LA EDICIÓN CASTELLANA

La historia de algo no se escribe de una vez por todas; tampoco la historia del derecho, o la de una de sus partes como el derecho mercantil. «Para el historiador, como eterno juez instructor», ha escrito Marc Bloch, «un documento es igual que un testigo, el cual sólo habla cuando es interrogado. Y la dificultad consiste —añade el historiador de las instituciones— en establecer el cuestionario».

Interrogar hoy la historia del derecho mercantil no es lo mismo que el interrogatorio hecho hace un siglo, cuando se inició la historiografía crítica de esta parte del derecho. El «cuestionario» de aquella época ha envejecido; y aunque el material historiográfico a disposición del historiador del derecho permanece sustancialmente inalterado, mientras tanto las historiografías paralelas, la historia política, la historia económica, la historia social se han enriquecido de manera inusitada; todo lo cual induce, actualmente, a dirigir nuevas preguntas al antiguo material historiográfico.

No se debe creer tampoco que el «cuestionario» historiográfico actual obedece a una necesidad de conocer mejor el pasado. Interrogamos los viejos documentos por motivos que nacen de la experiencia actual. Especialmente cuando el estudio de la historia del derecho lo realiza un jurista positivo, tal es mi caso, la causa fundamental entonces resulta ser la necesidad de lograr una mayor consciencia del presente (los grandes juristas positivos del siglo pasado, movidos por análogos impulsos, fueron los grandes historiadores del derecho mercantil). La consideración puede generalizarse: sirve para todas las historiografías generales o particulares; sirve incluso para los historiadores «profesionales». La historia se hace para poder distinguir, entre las cosas que nos vienen del pasado, aquello que satisface, todavía exigencias actuales, y aquello que, por el contrario, es, únicamente, la herencia acrítica de la tradición. «La historia no es la maestra de la vida», ha señalado Benedetto Croce, sino algo totalmente opuesto, «la liberación del pasado».

De aquí nacen ulteriores elementos de novedad del «cuestionario» historiográfico: nos preguntamos sobre «aquello que resta vivo y aquello que está muerto» de la gloriosa tradición mercantilista, en una época en la cual grandes acontecimientos políticos y económicos avanzan a pesar de las infinitas contradicciones que comportan. Algunos afectan a las fuentes de producción del derecho mercantil: la superación progresiva del antiguo particularismo de este derecho, originada por la aplicación de los principios introducidos por los recientes textos constitucionales sobre las relaciones económicas; la tendencia hacia la formación supranacional de un derecho mercantil que en algunos aspectos significa una vuelta al derecho mercantil «universal» de los siglos antecedentes a las codificaciones modernas.

Otros acontecimientos inciden sobre el contenido de ese derecho. El derecho mercantil es todavía, fundamentalmente, derecho regulador del cambio, derecho de la circulación de la riqueza mobiliaria. Y sigue siendo tal no sólo cuando se ocupa de la actividad de simple intermediación, sino también cuando regula la actividad productora de riqueza. Vivimos esta contradicción clamorosa: el centro motor del sistema económico actual es el productor industrial y, sin embargo, para el derecho, el productor industrial es exclusivamente un comerciante, centro de imputación de una serie, si se quiere múltiple y varia, de relaciones de cambio.

Quisiera insistir aquí sobre una consideración que hice en otro lugar. La transición del capitalismo mercantil al capitalismo industrial ha significado una profunda transformación social, que sin embargo ha dejado inalterado el sistema legislativo; transformación que se ha producido no obstante la persistencia de una regulación normativa concebida a la medida de las exigencias del capitalismo mercantil. Los modernos códigos de comercio se limitan a regular el aspecto mercantil de la actividad productiva, considerando al productor sólo en la medida en que realiza una función intermediaria en el mercado. Aquello que tiene de particular la actividad productiva, la llamada «combinación» de los factores de producción, se desarrolla al margen del ordenamiento jurídico, en un «espacio vacío de derecho». No obstante, algo nuevo está surgiendo en el seno de los textos constitucionales: se llama *Mitbestimmung* o bien, según la expresión que proporciona el modelo italiano, «examen conjunto» de la política empresarial de inversiones que realiza el empresario y el sindicato. De este modo va tomando vida un cuerpo orgánico de normas que progresivamente llenará el antiguo «espacio vacío de derecho», regulando los modos y las formas de la negociación entre las partes sociales, el cómo, el cuánto, el dónde producir.

Me agrada la traducción castellana de este libro; y no sólo por el hecho —cierto, pero genérico— de la existencia de profundos vínculos culturales y de una tradición jurídica común entre mi país y España, así como con otros países de lengua castellana, que he tenido ocasión de comprobar tanto en las universidades españolas como latinoamericanas. Me satisface esta iniciativa de *Editorial Laia* también por una razón específica consistente en el hecho de que el «cuestionario» historiográfico que ha dado origen a este libro, es, o está en vías de convertirse, en un «cuestionario» común a la doctrina mercantil española.

A continuación indico algunos signos: la reciente Constitución española y el debate consiguiente de los juristas españoles sobre sus principios informadores; el ingreso de este país, que se desea inminente, en la Comunidad Económica Europea; el desarrollo industrial y la consciencia creciente de la necesaria socialidad de la producción, exigiendo formas de participación de todos los operadores económicos en los mecanismos decisorios del desarrollo.

Es sabido que una traducción no es exclusivamente un trabajo de transcripción lingüística. Para vertir un libro de derecho a otra lengua diversa de aquella en la que ha sido concebido es preciso un dominio de los dos sistemas jurídicos a los que respectivamente pertenecen el autor y el traductor. Estos requisitos, unidos a una aguda sensibilidad cultural, distinguen al joven y prometedor estudioso del Departamento de Derecho Mercantil de la Universidad de Barcelona, doctor Joaquín Bisbal, a quien y por espacio de dos años he podido seguir en sus estudios de derecho comercial en Bolonia.

FRANCESCO GALGANO

En la actual crisis de valores, el mundo pide a los juristas nuevas ideas y no sutiles interpretaciones: es necesario, por tanto, reexaminar los conceptos fundamentales.

Tullio Asearelli

INTRODUCCIÓN

1. Derecho mercantil, particularismo jurídico, economicismo

La historia del derecho mercantil es la historia de un modo especial de crear derecho: la historia del «particularismo», que ha caracterizado la regulación normativa de las relaciones mercantiles, y que la distingue de la regulación normativa de cualquier otro tipo de relaciones sociales.

Se trata, en su comienzo, del *ius mercatorum,* que es tal no sólo porque regula la actividad de los *mercatores,* sino también, y especialmente, porque es derecho creado por los *mercatores,* derecho que nace de los estatutos de las corporaciones mercantiles, de la costumbre mercantil, y de la jurisprudencia de la curia de los comerciantes. El *ius mercatorum,* está creado directamente por la clase mercantil, sin mediación de la sociedad política, es, por tanto, un derecho que no se impone en nombre de la comunidad entera, sino en nombre de una clase; no obstante ser ésta la clase políticamente dirigente, la fuerza de gobierno de la sociedad urbana, que puede dictar leyes —y en otro tipo de relaciones las dicta— a través de las instituciones públicas, con la fuerza de la autoridad municipal. De este modo, las primeras reglas del comercio carecieron del carácter «compromisorio» que produce la mediación de la sociedad política, pudiendo sobrepasar por ello los límites municipales y expansionarse como reglas profesionales hasta donde se extendían los mercados. Un derecho mercantil «grande, universal» —dirá Frémery[1]— «como el propio comercio que lo ha producido».

En la edad moderna, que es la época de la codificación del derecho privado, la época de la mediación del Estado en la regulación de todas las relaciones sociales, el antiguo particularismo jurídico se presenta de un modo diverso: el derecho mercantil es el derecho de los códigos de comercio separados de los códigos civiles, de la jurisdicción mercantil separada de la jurisdicción civil. El derecho mercantil, aun siendo derecho del Estado, del mismo modo que lo es el derecho civil, se distingue de éste por razón, una vez más, del modo especial de ser creado: se hace autónomo del derecho civil para ser enmendable de una manera más rápida y más fácil, adecuándose a las mudables exigencias del tráfico, y para ser un derecho lo

[1] A. Frémery, *Etudes de droit commercial, ou de droit fondé par la coutume universelle des commerçants,* París, ed. Alex-Gobelet, 1833, p. 19.

más a-nacional posible, en oposición al marcado carácter nacional del derecho civil. Un derecho abierto a las exigencias de uniformidad supranacional, funcional a las necesidades de un mercado interestatal. En el siglo pasado, Alemania tuvo un código civil y dos de comercio; España tuvo también dos de estos últimos, y lo mismo Italia (donde en los primeros decenios del nuevo siglo surgirá un tercer proyecto de código de comercio). En el tránsito del siglo, se inicia el proceso uniformador internacional de específicos sectores del derecho mercantil, desde la competencia y las patentes al cheque y la letra de cambio.

La materia sobre la cual se ha ejercido el «particularismo jurídico» no es fácil de delimitar.[2] El derecho mercantil, a pesar de su nombre, carece de una correspondencia precisa con las categorías económicas, es decir, no está vinculado a un sector específico del sistema económico. El límite con el derecho civil tampoco puede trazarse descomponiendo el derecho privado en derecho de la producción, de la distribución, de la circulación, del consumo, etc. – método que ya denunció Ascarelli.[3]

El derecho mercantil no es el derecho del comercio: no regula, ni ha regulado nunca, *todo* el comercio; no ha sido nunca un sistema normativo autosuficiente, que regulase un entero sector de la vida económica; el derecho civil ha contribuido a regular también el comercio con las normas sobre las obligaciones y los contratos. Los estatutos mercantiles hacían expreso reenvío al *ius civile,* que era entonces el derecho privado romano derivado del *Corpus iuris,* fuente subsidiaria del *ius mercatorum.* Análogo reenvío a los códigos civiles hacen los modernos códigos de comercio,[a] estableciendo que la

---

[2] El concepto de «particularismo jurídico», propio del positivismo jurídico del siglo XIX y, en particular, de la literatura histórico-jurídica francesa e italiana, puede emplearse como categoría del conocimiento histórico. Así lo ha señalado G. Tarello: «las valoraciones y expectativas» (que contiene el juicio de valor, según el cual una determinada situación se califica, por la falta de unidad y coherencia del conjunto de leyes que la regulan, como particularismo jurídico) «pueden hallar acogida tanto en la cultura jurídica contemporánea, en relación a un fenómeno semejante, como en la cultura y en la mentalidad del historiador futuro» (v. G. Tarello, *Storia della cultura giuridica moderna. Vol. I: Assolutismo e codificazione del diritto,* Bologna, Il Mulino, 1976, p. 29; esta obra, de publicación simultánea con la que se traduce, reelabora y amplía las ideas formuladas en una obra anterior del mismo G. Tarello, *La ideologia della codificazione nel secolo XVIII,* Génova, s.f. (pero de 1973). La mayor dificultad de conseguir ésta última en nuestro ámbito, no obstante ser ella la referida en el texto original de F. Galgano que se traduce, inclina a prescindir de las remisiones a la misma. En adelante seguiremos citando la obra de G. Tarello, *Storia della cultura giurica, cit.*

[3] T. Ascarelli, *Saggi di diritto commerciale,* Milano, 1955, p. 15; *Corso di diritto commerciale,* Milano, Giuffrè, 3ª edición, 1962 (trad. cast. Evelio Verdera Tuells, *Iniciación al estudio del Derecho mercantil,* Barcelona, Bosch: Studia Albornotiana, 1964, pp. 94 y ss. y 122).

[a] V. en relación al ordenamiento jurídico español el reenvío general civil que hace el art. 2 del Código de comercio -1885 y, para la materia específica de contratos, el especial del art. 50 del mismo código que recoge de un modo más enérgico la misma jerarquía establecida en el art. 234 del Código de comercio- 1829; téngase en cuenta que ha sido «tradicional» (v. J. Rubio, *Sainz de Andino y la codificación mercantil,* Madrid, 1950, pp. 144 y ss.) en la obra codificadora española que la determinación del reenvío civil fuera realizada por el código

«materia mercantil» se regula *in primis* por el código de comercio y por los usos del comercio, regulándose por el código civil lo que no se halla comprendido en ellos.[4]

Si el derecho mercantil no es *todo* el derecho del comercio, tampoco es *sólo* derecho del comercio: las actividades industriales son, desde su aparición, objeto del derecho mercantil. El primer código de comercio de la edad moderna, el *code de commerce* de 1808, consideraba «acto de comercio» la adquisición de mercancías con el fin de revenderlas, precisando que podía hacerse «al natural» o tras «haberlas trabajado o puesto a punto» (art. 632, 1.°), mencionando como actos de comercio «la empresa de manufactura» (art. 632, 2.°) y la «empresa de construcción» (art. 633, 2.°).

La esencia «mercantil» de esta parte del derecho no se aprecia con una visión sincrónica del derecho privado que la distinga[5] *ratione materiae* del derecho civil; sino adoptando una perspectiva diacrónica: el derecho mercantil se muestra, en este caso, como la innovación jurídica introducida en la regulación de las relaciones económicas, es decir, el conjunto de normas «especiales» del comercio que la clase mercantil en las diversas épocas ha establecido directamente o ha pretendido que el Estado estableciera. A menudo son normas destinadas a convertirse en época sucesiva en normas de derecho privado común, en derecho civil. Así lo advierte el jurista soviético Pašukanis cuando dice: «el derecho comercial ejerce la misma función respecto al derecho

---

de comercio, a diferencia de la «tradición» francesa (v. art. 1107 *Code civil* 1803), tradición impuesta, en el caso de España, por la inexistencia del correspondiente código civil en las fechas de publicación da los de comercio que acentúa, no obstante la tendencia destacada en el texto. V. ahora el art. 4 aptdo. 3 del Código civil-1889 (Título preliminar redactado por el Decreto de 31 de mayo de 1974, n.° 1836). *(N. del Traductor).*

4 En relación al *code de commerce,* que no contenía un expreso reenvío de tal género, Locré observó que «el código de comercio, siendo como es una ley excepcional, destinada a regular aspectos de naturaleza particular, no puede subsistir por sí mismo, independiente del derecho común» (v. Locré, *Spirito del codice di commercio,* trad. italiana, Milano, 1811, p. VII). La traducción italiana corresponde a la 1ª edición de la obra de Locré (1809?); el texto original es de localización difícil, ni siquiera existe referencia en A. Grandin, *Bibliographie générale des Sciences juridiques politiques et sociales de 1800 a 1925-1926,* París, Sirey, 1926, vol. I, donde exclusivamente consta la 2.ª edición de la obra Locré, *Esprit du code de commerce,* París, Garnery et Dufour, 1829 (4 vols.). En esta 2.ª edición, redactada durante la restauración, no se encuentra el prólogo de la primera; en su lugar hay una lamentación sobre las condiciones en las que fue redactada aquélla: «en presencia, sobre todo, de Napoleón» (v. Locré, *Esprit, cit.,* I, p. VII). Sin embargo son numerosas las referencias en el sentido de la presente nota. Como muestra (v. Locré, *Esprit, cit.,* I, p. 315) lo siguiente: «el derecho mercantil sólo es un derecho excepcional; en consecuencia, se remite al derecho común cada vez que en una materia nó se establecen reglas particulares y diversas». También Locré, *Esprit, cit.,* I, pp. 67 y ss., 316 y ss., etc.

5 El *codice di commercio* italiano de 1882 acoge un criterio totalmente tautológico, según el cual «es materia de comercio», a efectos del art. 1, lo regulado en el código de comercio (cfr. L. Bolaffio, «Disposizioni generali» en *Il codice di commercio commentato,* Torino, 1913, 3.ª edición, arts. 1 y 2, p. 7 y ss.).

civil que la que desempeña este último respecto a todos los demás sectores, es decir, les indica la vía del desarrollo».[6]

Durante el período fascista la experiencia italiana se destaca en el contexto europeo. En 1942 el derecho mercantil pierde en Italia la antigua autonomía legislativa. Un código civil unitario toma el puesto que ocupaban separadamente –y todavía ocupa en otros lugares– los códigos civil y de comercio. A pesar de ello, la doctrina mercantil italiana devuelve la vida al derecho mercantil mediante una sabia operación de «recorte». Se trata de elegir entre las normas del *Codice civile* algunas de ellas –en general las del IV y V Libro– con el único criterio de haber pertenecido una vez al *Codice di commercio* (del mismo modo se incluyen en el «derecho mercantil» algunas leyes especiales, por ejemplo las que regulan la quiebra, la letra de cambio, el cheque, etc., cuyo único carácter «mercantil» deriva del hecho de que son leyes que regulan materias comprendidas anteriormente en el *Codice di Commercio).*

El antiguo particularismo se convierte en «autonomía científica» del derecho mercantil. De este modo se evita, en el ámbito de la sistematización y de la interpretación, la integración del derecho mercantil en el derecho civil. La doctrina mercantil continúa elaborando separadamente, de igual modo que en el pasado, sus propias categorías. ¿Estamos ante una simple restauración inspirada en una filosofía conservadora, o se trata del intento de reproducir en el derecho italiano el modelo de los países del continente europeo? El sentido de esta operación de la doctrina mercantil italiana fue claramente percibido por Tullio Ascarelli cuando el Tratado de Roma relanzó en nuestro continente el proyecto de un derecho mercantil uniforme.[7]

Este propósito se anuncia en el art. 3 letra h. del Tratado al señalar que la actividad comunitaria comporta, entre otros fines «la aproximación de las legislaciones nacionales en la medida necesaria al funcionamiento del mercado común». El objetivo de uniformidad legislativa en relación al funcionamiento de un mercado común europeo demuestra que se está haciendo referencia a las legislaciones mercantiles nacionales (se sitúa claramente en el ámbito mercantil el objetivo expresado en el art. 54, 3, letra g): «hacer equivalentes las garantías que los Estados miembros exigen de las sociedades con el fin de proteger los intereses, tanto de los socios como de terceros»).

El «particularismo» del derecho mercantil aparece en este proyecto con todas sus características históricas (nótese no obstante que es un proyecto que ha tenido una limitada actuación, aunque actualmente se esté relanzando): vuelve la vieja idea de un derecho mercantil «apolítico», cuya uniformidad supranacional, vinculada exclusivamente a la unidad del mercado, podría

---

[6] E. B. Pašukanis, *Obschaia Teoria Prava i Marxismo,* Moscú, 1ª edición, 1924 (trad. cast. y presentación V. Zapatero, *Teoría general del derecho y marxismo,* Barcelona, ed. Labor, 1.ª edición, 1976, p. 33).

[7] T. Ascarelli, *Iniciación, cit.,* pp. 136 y ss.; y apartado 5.5.

realizarse independientemente de la unidad política. Con ella vuelve también la idea de que las normas reguladoras de la actividad mercantil pueden producirse al margen de los centros de mediación política y social que producen las demás normas jurídicas. Para el art. 100 del Tratado las legislaciones nacionales se armonizan mediante las directrices vinculantes del Consejo de la Comunidad Económica Europea que es la exclusiva emanación de los ejecutivos nacionales al margen de todo concurso parlamentario y de cualquier contraste con las fuerzas sociales.[b]

El particularismo del derecho mercantil es «economicismo» según los términos del análisis marxista. Su valoración histórica es valoración histórica del «economicismo» en el derecho. El particularismo del derecho mercantil fue originariamente un aspecto del «economicismo» general de la burguesía medieval, causa de su rápida fortuna y también de su rápido declinar.[8] En nuestro tiempo, el «economicismo» jurídico es la pretensión de separar el derecho de la política como mero «accesorio» económico de la sociedad, simple técnica reguladora de las relaciones de producción. Basta observar el ejemplo antes citado del modo según el cual se pretende crear un derecho mercantil uniforme en la Comunidad Económica Europea para comprender como se vulnera la formación democrática del derecho, la profunda aspiración actual a un desarrollo económico coordinado con el progreso social y civil. Sin embargo, lo anterior no es sólo aplicable a la llamada democracia «burguesa»; también el economicismo ha sido considerado un obstáculo en la construcción del socialismo. No está de más recordar aquí la áspera polémica sobre el tema del «derecho económico» que dividió a los juristas soviéticos en los años treinta. Cuantos propugnaron la sustitución del derecho económico por el derecho civil fueron acusados por Vyšinskij de haber hecho «del ser humano, con todos sus derechos personales y patrimoniales, un accesorio del mecanismo económico». Estos juristas «no han comprendido» —seguirá diciendo Vyšinskij— «que el socialismo postula el desarrollo y el reforzamiento de los derechos personales y patrimoniales de los trabajadores. Ignoran la importan-

---

[b] Téngase en cuenta las elecciones de junio de 1979 al Parlamento europeo, realizadas tras el acuerdo de jefes de estado y de gobierno de la Comunidad de 20 de septiembre de 1976, que significó, por lo menos en el terreno de la crónica política, una modificación del sistema de formación de la Asamblea de la comunidad más semejante a los sistemas parlamentarios nacionales. *(N. del Traductor).*

[8] V. las páginas de A. Gramsci, *Note sul Machiavelli, sulla politica e sullo Stato moderno,* Torino, Einaudi, 1949, pp. 45 y ss., 90 y ss. y 133; y también las más numerosas actualmente en *Quaderni dal carcere,* Torino, Einaudi, 1975, pp. 475 y ss., 641, 694 y ss., 758 y ss., 787 y ss., 935, 1053 y ss., y 1149. En las pp. 460 y ss. de *Quaderni, cit.* (y pp. 29 y ss. de *Note;* así como en las antologías en castellano de las obras de A. Gramsci: M. Sacristán, *Antologías,* México, Siglo XXI editores, 1.ª edición, 1970, pp. 400 y ss.; y J. Solé-Tura, *La política y el Estado moderno,* Barcelona, Península, 1971, pp. 94 y ss.) se encuentra la crítica al «economicismo»; leyéndose: «hay que combatir el historicismo no sólo en la teoría de la historiografía, sino también, y especialmente, en la teoría y la práctica de la política» v. A. Gramsci, *Quaderni, cit.,* pág. 464 (v. *Antología, cit.* p. 406, también *La política, cit.,* p. 100).

cia de la propiedad individual. Sólo están de acuerdo en un punto: la necesidad de crear, lo más rápido posible un nuevo código civil».[9]

2. El porqué de una historia del derecho mercantil

En la literatura contemporánea existen «historias particulares» del derecho mercantil dignas de estima, es decir, estudios dedicados al desarrollo histórico de instituciones particulares. Pero si exceptuamos las iluminantes páginas introductorias que Tullio Ascarelli ha escrito en su *Corso di diritto commerciale*[10] —y exceptuamos también la misteriosa *Storia del diritto commerciale* de Giovanni Cassandro, citada por más de una bibliografía y que el autor niega haber escrito[11]— falta una «historia general», es decir, una historia de aquella fragmentación del derecho que se ha llamado derecho mercantil. Las historias particulares, o al menos la mayoría de ellas, muestran «el modo habitual de hacer la historia del derecho mercantil consistente —según Giovanni Tarello— en aislar las diversas instituciones del contexto general, acentuando sobre todo la continuidad (aparente) de la disciplina jurídica (que no suele ser otra que la continuidad del léxico), en vez de la sucesión de estructuras organizativas jurídico-polí ticas».[12]

---

9 El pasaje anterior forma parte de la conocida requisitoria de 1937; en escritos posteriores, como el de 1949 sobre «Problemas del derecho y del Estado en Marx», Vyšinskij rechaza «la reducción del derecho civil soviético a la esfera de la producción y del cambio. ¿Qué sucede con aquella parte del derecho civil que disciplina las relaciones matrimoniales y familiares? ¿Acaso estas relaciones deben disciplinarse desde el punto de vista de la «planificación socialista»? Está claro que el derecho civil comprende un conjunto de relaciones más amplio que las exclusivas relaciones de cambio (como afirmó Pašukanis), e incluso superior a las relaciones de producción y de cambio (como afirma Stuèka ahora)»; por consiguiente la crítica se dirige contra «la división del derecho soviético regulador de las relaciones económicas en dos «derechos»: el derecho civil y el derecho económico». Tal división comportaría «la contraposición de los intereses de la economía socialista y los intereses del hombre socialista, la infravaloración del derecho civil como derecho que tutela los intereses personales y patrimoniales de los trabajadores, de los ciudadanos de la URSS, constructores del socialismo» (en Stucka, Pašukanis, Vyšinskij, Strogovic, *Teorie sovietiche del diritto,* antología realizada por U. Cerroni, Milano, 1964, pp. 265 y ss.). Stucka a su vez había criticado el «economicismo» de Pašukanis: *cfr.* la introducción de U. Cerroni a la versión italiana de la obra de Pašukanis, *La teoria generala del diritto e il marxismo,* trad. it. de E. Martellotti, Barí, 1975, p. 25.

10 Ascarelli, *Iniciación, cit.,* pp. 29 a 137; el primer esbozo se encuentra en *Sviluppo storico del diritto commerciale e significato dell'«unificazione»,* en «Rivista italiana per le scienze giuridiche», 1952-53, p. 36.
N. Bobbio, «Tullio Ascarelli», en *Belfagor,* 1964, pp. 411 y ss. 546 y ss., ha escrito sobre Ascarelli como historiador del derecho.

11 Mis investigaciones han resultado vanas; las he interrumpido cuando mi amigo Enrico Zanelli me ha dicho que llegó incluso a interrogar al propio Cassandro con resultado negativo (Cassandro, por otro lado, es autor de múltiples «historias particulares»). El misterio se ha aclarado tras la aparición de la primera edición del presente libro. En 1954-55 Cassandro dictó un curso cuyas lecciones fueron publicadas en Bari en 1955 bajo el título de *Storia del diritto commerciale-I* (Remo Franceschelli me mostró un ejemplar). Se trata de una historia de la letra de cambio precedida de algunas páginas de introducción a la sociedad mercantil en la Italia bajomedieval.

12 G. Tarello, *Storia della cultura giuridica, cit.,* p. 83, nota 79.

Existen, por tanto, razones de peso para afrontar la tarea de una historia «general», aunque breve, de esa parte del derecho. Una historia que permita reconstruir los nexos entre el hecho jurídico y el acaecer histórico y político, teniendo en cuenta lo señalado anteriormente por Tarello. Quiero destacar que ha sido Tarello quien me ha sugerido la idea de hacer este libro después de haber publicado en sus *Materiali* un artículo sobre el mismo tema.[13]

Este libro quiere ser una historia general del derecho mercantil, y no —como demuestran sus limitadas dimensiones— una «historia universal», que pretendiera abarcar, sin ninguna excepción, los tiempos y lugares que han conocido una partición similar del derecho, así como la suma de todas las «historias particulares» de las instituciones que lo componen. En el siglo pasado, que fue sin duda el siglo de las grandes vocaciones por las «historias universales», se publicó una *Historia universal del derecho mercantil,* obra incompleta de Levin Goldschmidt.[14] Este libro me ha sido de inestimable utilidad en la redacción de las presentes páginas. Sin embargo, aquí se pretende realizar, de un modo limitado, una reflexión sobre los factores que han dado origen y desarrollo, así como provocado la extinción —donde ésta se haya producido— del derecho mercantil. Es por esta razón que los tiempos y lugares aquí referidos serán sólo aquellos en los que han actuado los factores citados y que son en particular la baja edad media italiana en cuanto a los orígenes del derecho mercantil; el siglo XVII francés y el siglo XVIII inglés por lo que se refiere al desarrollo posterior; mientras que el siglo XIX será tratado en el marco europeo bajo el punto de vista de la codificación, fijando no obstante la atención en Francia, Alemania e Italia. Examinaré algunos acontecimientos significativos de nuestro siglo, como son la unificación italiana de los códigos de derecho privado y la formación de un código de comercio uniforme en los Estados Unidos de América, así como la tendencia citada a la uniformidad del derecho mercantil en el ámbito de la CEE. Las referencias a las instituciones particulares del derecho mercantil serán frecuentes, subordinadas, no obstante, al objetivo de mostrar la reconstrucción del proceso histórico general del derecho mercantil. En este sentido los contratos de comercio se examinarán en relación a los orígenes del derecho mercantil y lo mismo se hará con las sociedades anónimas en relación a la época actual.

Utilizo en este libro el material de investigación historiográfico que he ido acumulando durante dos décadas dedicadas al estudio del derecho mercantil positivo (el lector podrá hallar en mis anteriores escritos, si lo desea, la documentación correspondiente). El presente libro, si se me permite decirlo, tiene en relación a la historia del derecho el mismo significado que tenía, respecto a la sociología y a la política del derecho, otra obra mía precedente:[15]

---

[13] *Materiali per una storia della cultura giuridica,* recogidos por G. Tarello, Bologna, Il Mulino, 1976, vol. VI, pp. 13 y ss.

[14] L. Goldschmidt, «Universalgeschichte des Handelsrechts», en *Handbuch des Handelsrechts,* Stuttgart, Verlag von Ferdinand Ente., 3.ª edición, 1891, vol. I.

[15] F. Galgano, *Le istituzioni dell'economia capitalistica,* Bologna, Zanichelli, 1974 (segunda edición aumentada: Bolonia, 1980), existe ya trad. cast. de este libro. *Las instituciones de la*

aquí se encuentra el compendio de los elementos de conocimiento histórico adquiridos en el tiempo, aquella otra era la síntesis de los elementos ius-sociológicos e ius-políticos. Entre ambas obras existe, no obstante, la natural separación, una relación de continuidad, del mismo modo que existe continuidad entre conocimiento histórico, análisis del presente y propuestas para el futuro. Las propuestas enunciadas sintéticamente en las *Istituzioni* hallaron una amplia acogida en las ponencias que se presentaron al congreso de Florencia, organizado por el Centro per la riforma dello Stato, sobre la «Reforma de la empresa».[16] Los últimos capítulos de este libro se han escrito contemporáneamente a dicho congreso. Las conclusiones allí obtenidas tienen aquí el reflejo correspondiente.

La relación entre conocimiento del pasado, análisis del presente y propuestas futuras es más profunda en la tradición iusmercantilista que en otras ramas del saber jurídico. En este sentido me ha parecido ilustrativo el mensaje de Ascarelli que he elegido como epígrafe del presente libro: «en la actual crisis de valores, el mundo pide a los juristas nuevas ideas y no sutiles interpretaciones: es necesario, por tanto, reexaminar los conceptos fundamentales».[17]

---

economía capitalista, Fernando Torres - Editor, Valencia 1980, realizada por Manuel Broseta Pont y Carmen Albach Bataller con prólogo del primero; también v. en *Sociologia del diritto,* 1975, p. 405 mis conclusiones sobre el debate que sobre este libro inició Renato Treves.

16 *Le istituzioni dell'economia di transizione,* Roma, Ed. Riuniti, 1978.

17 T. Ascarelli en *Studi di diritto comparato e in tema di interpretazione,* Milano, 1952, p. 344.

CAPÍTULO PRIMERO

LA CATEGORÍA HISTÓRICA DEL DERECHO MERCANTIL

1.1. Especialidad y universalidad del derecho mercantil

Suele atribuirse al derecho mercantil la característica de la «especialidad» y al mismo tiempo la de la «universalidad». La primera característica se le atribuye en el ámbito estatal con respecto a la restante normativa del Estado, y en el más específico ámbito del derecho privado con respecto al derecho civil. La segunda característica le viene conferida a nivel supraestatal, a causa de su reconocida fuerza expansiva, como derecho uniforme más allá de las fronteras nacionales. Por este doble carácter el derecho mercantil aparece como la partición más clara del derecho. Separado de la realidad política nacional, el derecho mercantil se vincula al mercado como entidad puramente económica. Se trata de una separación más acentuada que la propia del derecho privado en general. No es sólo la visión de la sociedad civil separada de la sociedad política, que inspira la concepción tradicional del derecho privado, sino la idea de una «sociedad económica» autónoma de la propia sociedad civil.

El *code de commerce* fue considerado a principios del siglo XIX como la fuente de un derecho universal, asignándole un destino más amplio que al *code civil* debiendo, a diferencia de éste, sobrepasar los límites del imperio.

> «Y en fin, es de la mayor importancia» —dice Regnaud de Saint Jean D'Angély en el discurso de presentación del primer Libro— «que el Código de Comercio francés esté fundado en tales principios, que le den un influjo universal, en principios que adopten todas las naciones comerciantes, en principios que concuerden con las costumbres y curso general del comercio de ambos mundos».[1]

[1] El discurso de Regnaud de Saint Jean d'Angély está reproducido parcialmente en H. Mariage, *Evolution historique de la législation commerciale de l'Ordonnance de Colbert à nos jours,* París, 1951, pp. 129 y ss.; el texto completo en *Code de commerce precede des rapports faits au Corps législatif par les orateurs du Conseil d'Etat,* Genes, chez Yves Gravier, 1807 (trad. cast. *Código de comercio de Francia con los discursos de los oradores del Consejo de Estado y del Tribunado,* Madrid, Imp. Calle de la Greda, 1808). El «influxo universal», que el código de comercio estaba destinado a ejercer, superaba el «universalismo imperial» (v. L. Berlinguer, *Sui progetti di codice di commercio del Regno d'Italia (1807-1808). Considerazioni su un inédito*

En la segunda mitad del siglo XIX se perfila el proyecto de un derecho mercantil universal en el nuevo imperio germánico. Es una época de grandes decisiones de política legislativa en la Alemania unificada, destinada a señalar una transformación en la estructura del derecho privado moderno. Es la opción entre perpetuar el modelo francés, basado en códigos separados (recuérdese que desde 1861 existía en el área germánica un código de comercio uniforme), o en consonancia a la opción madurada en Inglaterra durante el siglo XVIII, unificar el sistema del derecho privado. Es también la época de la primera sistematización científica del derecho mercantil (sobre el *code de commerce* tan sólo se habían hecho contribuciones exegéticas) y la época de la primera historiografía crítica, realizada en general por las mismas personas, destinadas a substituir a la historiografía apologética francesa de principios del siglo XIX. Sistematización científica, conocimiento histórico y política del derecho mercantil presentan, en esta época, un vínculo estrecho en relación a un proyecto cultural único. Las características de la «especialidad» y de la «universalidad» son atribuidas, simultáneamente, al derecho mercantil histórico, al derecho mercantil positivo y al derecho mercantil que debe establecerse, por un jurista que, en el marco de una misma y grandiosa operación cultural, dominó la escena de la doctrina mercantil alemana a fines del siglo pasado. El argumento de Levin Goldschmidt sobre la «especialidad» del derecho mercantil contenía indicaciones de política jurídica (fue uno de los más tenaces sostenedores de la separación entre el código de comercio y el código civil) que estaban[2] en función de las necesidades de expansión económica de la Alemania de fines de siglo. La especialidad se asociaba a la «aplicabilidad universal» del derecho mercantil (mientras que «el derecho civil no permitía en general superar un cierto límite territorial»).[3] Así se favorecía el proyecto de un mercado mundial sostenido por las normas, ciertas y uniformes, de un derecho mercantil cosmopolita. Su *Universalgeschichte des Handelsrechts* –historia que se interrumpe a principios de la edad moderna– confirma la opi-

di D.A. Azuni, Milano, 1970, p. 40, nota 73) que había generado «la ideología del *code Napoléon* como código de todos los pueblos europeos», es decir, de los pueblos subordinados política, militar y económicamente a Francia. A la «universalidad» del derecho mercantil se unió la «especialidad» que significaba la autonomía científica y didáctica respecto al derecho civil. Napoleón instituyó, con decreto de 25 de julio de 1809, una cátedra de derecho mercantil en la facultad de derecho de París, debiendo vencer la fuerte oposición de la propia facultad (v. H. Mariage, *Evolution historique, cit.,* p. 160), la cual objetaba «que el derecho mercantil sólo es una legislación especial de derecho civil; que los profesores del *code Napoléon* deben ser los encargados de explicarla; que las nociones que ellos dieran al respecto serían suficientes». A la cátedra accedió por concurso Jean Marie Pardessus.

2 *Cfr.* las intervenciones de Goldschmidt en *Zeitschrift für das gesamte Handelsrecht,* fundada por él mismo en 1858, y, en especial, en *Zeitschrift,* XXIII (1880), pp. 301 y ss. Goldschmidt participó directamente en los trabajos preparatorios del BGB, y bajo sus propias orientaciones funcionó la Comisión encargada de compilar el BGB. V. *Zeitschrift,* XX (1877), pp. 137 y ss. (un fragmento del informe de esta Comisión se ha reproducido en el apartado 5.2, nota 10).
Al igual que en el primer Imperio francés de principios del siglo pasado, el Imperio alemán instituyó en Berlín una cátedra de derecho mercantil a la que accedió L. Goldschmidt.

3 L. Goldschmidt, *Universalgeschichte des Handerlsrechts,* cit., pág. 10 y sig.

nión de que «a la naturaleza cosmopolita del comercio, que tiende hacia una economía mundial con una división internacional del trabajo, le corresponde» —tal como Goldschmidt compendia— «... la rápida formación, internacionalmente uniforme, del derecho mercantil y la continuidad subsiguiente del desarrollo histórico». La uniformidad internacional y la continuidad histórica, a su vez, se atribuyen a la propia índole «de la clase mercantil que no tiene edad ni patria».[4]

La visión económica y cosmopolita de Goldschmidt no tuvo un éxito inmediato fuera de los límites germánicos. Ni la doctrina mercantil francesa,[5] ni la doctrina italiana la aceptaron. En este último país fue hostigada por Cesare Vivante primero y posteriormente por Alfredo Rocco. Vivante contraponía a ella una política del derecho distinta: pensaba que la «especialidad» del derecho mercantil significaba una lesión a la igualdad de los ciudadanos frente a la ley, por ello propugnó la unidad del derecho privado y la integración del derecho mercantil en el derecho civil y proyectó una equilibrada sociedad civil donde los intereses de la clase mercantil estuvieran coordinados con los de las otras clases sociales[6] Rocco criticó el aspecto metodológico, oponiendo al «aislamiento científico» del derecho mercantil (a pesar de defender el carácter especial de la normativa) la unidad de la ciencia jurídica tanto en el ámbito del derecho privado como en las relaciones de éste con el derecho público.[7] Sin embargo, la visión de Goldschmidt acabó por imponerse, aceptándola el propio Vivante.[8a] El economicismo se convirtió en la filosofía dominante de la doctrina mercantil italiana.[b]

---

4 L. Golschmidt, *Universalgeschichte des Handelsrechts, cit.,* p. 16 y ss.

5 Aquí se veía de manera desfavorable la duplicación de códigos de derecho privado: E. Thaller, *Traite élémentaire de droit commercial,* París, 8.ª edición, 1931, pp. 3 y ss., lo consideraba un atentado a la «igualdad de los ciudadanos, o de los particulares, ante la ley», y declaraba preferir sistemas antiguos como el romano, o contemporáneos como el inglés, que desconocían un derecho mercantil especialmente diferenciado del derecho privado; también elogiaba los «espíritus ilustrados» que proponían en Italia la unificación del derecho civil y mercantil en un mismo código.

6 Se trata de la conocida lección magistral boloñesa de 1892, publicada bajo el título «L'unità del diritto privato», que acompaña, como introducción, a las diversas ediciones del *Trattato di diritto commerciale,* I, Torino, 5.ª edición, 1922 (trad. cast. C. Silió Belena, *Tratado de derecho mercantil,* Madrid ed. Reus, 1932 —es traducción de la 5.ª edición italiana—).

7 A. Rocco, *Principii di diritto commerciale. Parte generale,* Torino, UTET, 1928; trad. cast. con prólogo de J. Garrigues, *Principios de Derecho mercantil. Parte general.* «Revista de Derecho Privado», Madrid, 1931: donde combate la idea clásica de Goldschmidt de «un Derecho derivado de la íntima naturaleza de las cosas y de las relaciones, igual en todos los tiempos y para todos los lugares», p. 88.

8 C. Vivante, *L'autonomia del diritto commerciale e i progetti di riforma* en «Rivista del diritto commerciale», 1925, I, p. 572: donde reconoce «la función cosmopolita del comercio y del derecho que lo acompaña, socorriendo las necesidades del mercado» (p. 575), y «el diverso espíritu que anima al especulador, y al hombre de la economía rural y doméstica, conservador de las tradiciones» (p. 576).

a Para la documentación del itinerario intelectual de Vivante sobre el tema de la unificación del derecho privado pueden verse los dos textos significativos: «L'unità del diritto privato» —cuya primera formulación, de la tesis boloñesa está en los *Annales de droit commercial,*

1893, figurando en la 2.ª edición del *Trattato di diritto commerciale,* Torino, Fratelli Bocca editori, 1902; en España, con anterioridad a la versión castellana del *Tratado, cit.*, se traduce el opúsculo con el título *La unidad del derecho privado en materia de obligaciones,* con trad., prólogo y notas de José de Benito, Madrid, V. Suárez, 1925, precisamente en el momento de la retractación de Vivante—; con la 5.ª edición del *Trattato, cit.*, figura del rechazo de la tesis de la unificación, circunscrita al ámbito de la política jurídica, manteniéndose la tesis en el ámbito metodológico y pedagógico (de ahí la dificultad de establecer una relación de semejanza entre la mutación de la tesis y el abandono de la posición «socialista» de Vivante) —la retractación puede leerse en castellano en el *Tratado, cit.*, con el título «La autonomía del derecho mercantil» que no es la traducción del texto publicado simultáneamente en 1925 en los *Annales de droit commercial* y en la *Rivista di diritto commerciale* como retractación pública—. Para el debate sobre la unificación de los códigos de derecho privado v. Rotondi en *Monitore dei Tribunali,* 1923, p. 705. (V. *del Traductor*).

[b] En aquella época, el debate sobre la unificación del derecho privado no tuvo en España la misma amplitud que adquirió en Alemania o en Italia. Entre las razones de este hecho no puede ser ajena la presencia de un debate distinto que concentró los mejores esfuerzos: la propia uniformidad nacional del derecho civil. Sin embargo, la causa principal, en el terreno ideológico, puede atribuirse a la exigua consistencia de uno de los términos del contraste: el socialismo jurídico. La deficiencia se detecta, no sólo en cuanto a los temas tratados —el referirse casi exclusiva y directamente a los temas «sociales» (a la cuestión social), alejándose del debate mercantilista—, o en cuanto al método —con una preocupación limitadamente reformista que excluía los aspectos sustantivos de la naturaleza del derecho privado, derivándose una política legislativa puntual al margen de un código uniforme—, sino especialmente referida a la sensibilidad receptiva (configurada en tomo a las posibles variantes nacionales de la rectificación liberal), de aquellos que «tradujeron» los aspectos más generales del debate. De ahí que el tema concreto de la unificación del derecho privado sólo mereciera «algunas palabras en los tratados generales de derecho mercantil y civil», como diría luego J. de Benito al traducir *La unidad del derecho privado, cit.,* de Vivante. De un modo casi inevitable la manualística de la época no hace otra cosa que resolver el tema con un expediente doctrinal. En esta situación las posiciones más relevantes se alinean en el campo de la separación: Blanco Constans, *Estudios elementales de Derecho mercantil,* Madrid, Imp. suc. de M. Minuesa de los Ríos, 1901, I, repitiendo los argumentos de Goldschmidt, en un tono que muestra la escasa aspereza del debate: «la unificación perjudicaría la tendencia hacia la codificación universal, cada día más acentuada, y en cuyo camino cada vez avanza más. Más conveniente sería que pudiera extenderse aquella a todo el derecho contractual: pero si se tiene en cuenta la relación estrecha que existe entre contratación civil y la organización de la familia y la propiedad, y la influencia que ejerce en estas instituciones el carácter nacional, que en poco o en nada afecta al orden mercantil, nos convenceremos de que tal aspiración es un imposible» (p. 98); F. Alvarez del Manzano, *Curso de Derecho mercantil, filosófico, histórico y vigente,* Madrid. Imp. Viuda e Hija de Fuentenebra, 1890, o en el *Tratado de Derecho Mercantil,* Madrid. Lib. Gen. V. Suárez. 1915, p. 49 y ss. I. juntamente con Bonilla y con Miñana. Sin que ello signifique ausencia de pronunciamientos en favor de la unificación como los de Calixto Valverde cuya moderación es significativa a efectos de ejemplificar la fragilidad de la tendencia ideológica señalada. Valverde, que funda su defensa de la fusión del derecho mercantil con el civil en argumentos traídos de «socialistas» tales como Cimbali y D'Aguanno, sin especiales innovaciones respecto a las críticas sustantivas del carácter clasista de la ley mercantil más usuales, concluye en la «necesidad de que el Derecho mercantil se una al civil para formar la gran rama del derecho privado» (v. C. Valverde, *Las modernas direcciones del derecho civil,* Valladolid, I. M. de la Cuesta, 1899, p. 94). La moderación, se convierte en indeterminación respecto a la política legislativa a seguir, característica general de la rectificación del individualismo que aquí se produce: «De este modo llevando al derecho civil las materias que le son propias, ampliando su contenido y concibiéndole como derecho privado por excelencia, satisfará las necesidades que hoy no puede satisfacer y será un

Progresivamente arraiga el convencimiento de que el derecho mercantil no es otra cosa que la sobreestructura legal de la economía de cambio y que de ella y sólo de ella adquiere su razón de ser (una razón de ser «objetiva», como sostiene Paolo Greco al combatir la propuesta de unificación del derecho privado).[9] Por otro lado domina la convicción de que el derecho mercantil es la sobreestructura legal *necesaria* e imprescindible en toda economía basada en el cambio. Giuseppe Valeri afirmará que se halla presente por «necesidad social» cuando propugna, ante la unificación realizada, el retorno al sistema precedente.[10]

La misma convicción opera en aquellos historiadores del derecho empeñados en reconstruir un derecho mercantil «siempre y en cualquier parte» —como dice Ugo Enrico Paoli— donde exista el comercio, hasta el extremo de «descubrirlo» en Roma y Grecia o incluso Babilonia, Persia y China,[11] áreas sobre las que ni el propio Goldschmidt había mantenido una opinión semejante. Se trata en general de aquel modo, «demasiado extendido, de hacer la historia del derecho mercantil» del que se queja Tarello, como ya hemos señalado.[12]

Algunos datos de la experiencia histórica y algunas tendencias presentes en la realidad actual parecen confirmar la visión de un derecho mercantil «especial» y «universal». Así, con respecto a la «universalidad», suele considerarse —tal es el argumento de Goldschmidt— la aplicación a nivel europeo que tuvo el derecho mercantil formado en las ciudades italianas durante la baja Edad Media. Y, con respecto a la «especialidad», suele referirse la separación entre el derecho mercantil y el derecho civil fruto de la codificación del siglo pasado. También en el sentido de la «universalidad» se subraya la bús-

---

derecho adecuado a las exigencias de la vida actual, sin alterar profundamente, sino en la medida y forma conveniente, la tradición histórico legislativa, huyendo de las exageraciones que en algunas instituciones sostienen los cilivilistas modernos, pero suprimiendo lo inútil y anticuado de las legislaciones y aceptando lo bueno de las reformas por aquellos pedidas» (v. Valverde, *Las modernas direcciones, cit.*, p. 95). *(N. del Traductor.)*

9 P. Greco, *Aspetti e tendente odierne del diritto commerciale* en «Rivista del diritto comerciales, 1934, I, p. 337: el derecho mercantil «deriva siempre de la naturaleza de los hechos mercantiles y de su objetiva diversidad de los hechos civiles».

10 Una «necesidad social», que «debe considerarse —respecto a los pueblos económicamente desarrollados—, históricamente constante» (v. G. Valeri, *Autonomia e limiti del nuovo codice commerciale,* en «Rivista del diritto commerciale», 1943, I, p. 24).
Abandonada la idea de una restauración del sistema legislativo precedente, la doctrina mercantil italiana procura demostrar la supervivencia de un derecho mercantil autónomo en el interior del código civil unitario de 1942 (v. el elenco de opiniones críticas en G. Cian, *Diritto civile e diritto commerciale oltre il sistema dei codici* en «Rivista di diritto civile», 1974, I, p. 532.

11 Se pretende demostrar que —v. U. E. Paoli, *L'autonomia del diritto commerciale nella Grecia classica,* en «Rivista del diritto commerciale», 1935, I, p. 54— «la actividad mercantil tiene, en cualquier época, la necesidad, e incluso se puede decir, la fuerza de imponer una disciplina, diversa de la que regula las relaciones no comerciales, a las relaciones que origina». La referencia a la civilización antigua, anteriormente realizada, pertenece a J. Escarra (v. E. Escarra y Rault, *Principes de droit commercial,* I, París, 1934, p. 10).

12 G. Tarello, *Storia della cultura giuridica, cit.*, p. 83, nota 79.

queda constante, a fines del siglo pasado, de un derecho mercantil internacionalmente uniforme y actualmente se destacan los intentos de constituir un derecho mercantil europeo supranacional o, mejor un derecho mercantil europeo hecho uniforme a través de las directrices comunitarias. Por último, se tiende a considerar a «las reglas objetivas del comercio internacional», que se fundan sobre una contratación uniforme en el ámbito de las relaciones de comercio internacionales, como el ordenamiento jurídico originario de la «comunidad internacional de los comerciantes».[13]

Pero hay también una serie de datos, de carácter histórico y en la realidad presente, que contradicen lo anterior y aconsejan una revalorización del aspecto jurídico-político en la reconstrucción histórica del derecho mercantil. La visión economicista no resuelve el problema de los orígenes, como se verá en breve. Por otro lado no explica tampoco el carácter nacional y público que asume el derecho mercantil en los Estados de la monarquía absoluta,[14] ni la extinción del derecho mercantil en Gran Bretaña a fines del siglo XVIII,[15] ni la unificación de los códigos del derecho privado realizada en Italia en 1942 (aunque no fuese establecida según los criterios originarios de Vivante),[16] ni siquiera es capaz de explicar la fuerte resistencia que encuentra la uniformación del derecho mercantil en los Estados miembros de la Comunidad Económica Europea.[17]

1.2. Las categorías del conocimiento histórico y el problema de los orígenes

Sólo puede hablarse, propiamente, de derecho mercantil en relación con aquellas sociedades donde ha estado en vigor un específico grupo de normas cuya función exclusiva ha sido la de regular la actividad comercial. Si se está de acuerdo sobre este punto, como parece obvio,[18] debe admitirse que la civilización romana, a pesar de conocer un tráfico comercial incluso floreciente,[19] no tuvo un derecho mercantil. Goldschmidt afirmaba, refiriéndose a ésta, que le «repugnaba totalmente la idea de una rama especial del derecho reguladora del comercio, incluso si afectaba a la actividad industrial exclusivamente».[20] Esta «repugnancia» se basa, según el jurista alemán, en la exigencia de igualdad jurídica en la citada civilización, que es históricamente contraria a cualquier derecho especial:

---

13 Para este punto de vista v. M. J. Bonell, *Le regole oggettive del commercio internazionale,* Milano, 1976, especialmente p. 153 y ss.

14 V. apartado 3.1.

15 V. apartado 5.1.

16 V. apartado 5.3.

17 V. apartado 5.5.

18 El criterio era claro para Goldschmidt, «Universalgeschichte des Handelsrechts», *cit.,* p. 10: no existe derecho mercantil allí donde «la organización del tráfico mercantil está sujeta a las mismas normas jurídicas que rigen el cambio de bienes».

19 Tanto en relación al comercio exterior, como al interior: *cfr.* la amplia reconstrucción de F. M. Heichlhein, *Storia economica del mondo antico,* trad. it. de S. Sciacca, Barí, 1962, pp. 978 y ss.

20 L. Goldschmidt, «Universalgeschichte des Handelsrechts», *cit.,* p. 71.

«El origen y el desarrollo lógico (de esa idea) se debe a la enérgica tendencia (de los romanos) hacia la abstracción y la centralización, de la que son ejemplos la noción de persona (personalidad privada y luego igualdad de todos los sujetos libres) y la noción de cosa (cosa material)».

No basta, por tanto, una economía de cambio, ni el hecho en sí de la existencia de relaciones comerciales para que la regulación de las mismas esté diferenciada —y el caso de Roma lo confirma— del resto de las relaciones no comerciales. La experiencia jurídica romana del *ius honorarium* y del *ius gentium,* que contribuyó, el primero con su elasticidad y el segundo con su universalidad, a la satisfacción de las exigencias de un activo y amplio mercado, no produjo, sin embargo, la diferenciación a que se alude. Un derecho mercantil diferenciado, diverso del derecho que regula las relaciones no comerciales, sólo aparece en la edad media y, en concreto, según la fecha aceptada generalmente, en el siglo XII. Surge, precisamente, en una sociedad de intercambios limitados, como es la sociedad feudal, en un marco, dominado todavía por la economía señorial, en las antípodas de la economía de cambio.

Las categorías económicas, por sí solas, son insuficientes para un conocimiento histórico completo del derecho mercantil. Por sí mismas, cuando se está en presencia de una economía de cambio, son incapaces de explicar la ausencia de un derecho mercantil y su origen independiente de la intensidad del intercambio. Las categorías necesarias para el conocimiento histórico del derecho mercantil, son —como ha sostenido con vigor Tullio Ascarelli—, sin perjuicio de las anteriores, las de la historia social y, sobre todo, las de la historia política,[21] únicas capaces de explicar un fenómeno cuyas causas sólo pueden ser político-sociales. Este es el caso de aquellas relaciones, sometidas hasta cierto momento a la regulación del derecho común, que reciben un tratamiento especial y se convierten en el objeto de un derecho particular.[c]

---

[21] T. Ascarelli, *La funzione del diritto speciale e le trasformazioni del diritto commerciale* en «Rivista del diritto commerciale», 1934, p. 1; *Appunti di diritto commerciale,* I, Roma, 3.' edición, 1936, pp. 3 y ss.; *Iniciación, cit.,* pp. 29 y ss.
Para Ascarelli el derecho mercantil no es una «categoría ontológica», sino «histórica»; en particular, es el «derecho del capitalismo». La misma opinión sostiene en Francia G. Ripert, *Aspects juridiques du capitalisme moderna,* París, Lib. Gen. Droit et jurisp., 1946; trad. cast. de J. Quero, *Aspectos jurídicos del capitalismo moderno,* Buenos Aires, Bosch y cía. editores, 1950; del mismo autor, *Le régime democratique et le droit civil moderne,* París, 1948 2ª edición. En España J. Garrigues sostiene una posición análoga (v. n. del t. 1c.); también M. Broseta Pont, *Manual de derecho mercantil,* Madrid, Tecnos, 1974, pp. 40 y ss. Ascarelli reivindica, no obstante, la primogenitura de su planteamiento, asumido posteriormente en Francia y España, v. *iniciación, cit.,* p. 96.

[c] En España se destaca la opinión análoga de J. Garrigues, sin variaciones sustanciales, en este punto, desde el *Curso de derecho mercantil,* I, Madrid, Imp. S. Aguirre, 1.ª edición, 1936, pp. 2 y ss. (en especial, p. 27: «este nacimiento del Derecho mercantil como Derecho especial frente al civil no fue (...) producto del capricho o del azar, sino de la natural consecuencia histórica del desenvolvimiento del comercio y de la insuficiencia del derecho civil para regular la multitud de nuevos hechos económicos que ese desenvolvimiento fue creando»). La precisión terminológica (derecho mercantil como «categoría histórica»), así como otros cambios metodológicos en orden a la delimitación de la disciplina (derecho

El empleo de estas categorías permite vincular el origen del derecho mercantil con la formación y primer ascenso de la burguesía, es decir, con el «afirmarse» –según ha escrito Ascarelli– «una civilización burguesa y urbana en la que se desarrolla un nuevo espíritu de empresa y una nueva organización de los negocios».[22] Y si se quiere dar una explicación exhaustiva del fenómeno, hay que relacionarlo con las transformaciones políticas promovidas por esta «civilización burguesa y urbana». El derecho mercantil sólo nace cuando –tal como intuyó E. Thaller– los mercaderes son capaces de fundar «repúblicas enteras»,[23] cuando se dan las condiciones, ausentes hasta entonces, para que el sujeto de las relaciones comerciales se convierta en clase política activa, no sólo económicamente y, por tanto, capaz de realizar una influencia decisiva sobre la regulación normativa de aquellas relaciones.[24]

Estas condiciones no existían en la sociedad romana, en donde tanto el comercio como el artesanado, estaban –según Fritz Heichelheim– «al servicio del latifundio», «conectados a la propiedad del fundo»[25] y era imposible referirlos a una clase capaz de representar un papel político autónomo (los

---

mercantil como derecho de la empresa), cuyos antecedentes están en *Hacia un nuevo derecho mercantil* en «Revista de Estudios políticos», núm. 6, 1942, y en *Concepto del derecho mercantil,* en «Revista de derecho privado», t. 27, 1943, y cuya formulación definitiva se encuentra en el *Tratado de Derecho mercantil,* I, 1°, Madrid, Revista de derecho privado, 1.ª edición, 1947, p. 31, donde el apartado 20 ya lleva por título *El derecho mercantil como categoría histórica.* El sentido de la expresión anterior, precisará Garrigues (v. las sucesivas ediciones del *Curso, cit.,* p. ej. 7.ª edición, 1976, p. 30), es: «la separación histórica entre el Derecho civil y Derecho mercantil (...) fue impuesta por la misma realidad económica». Sin embargo, Garrigues no deriva las mismas consecuencias que los autores citados, relativas a considerar el derecho mercantil como derecho del capitalismo. «El derecho mercantil moderno es el derecho de la época del capitalismo. Pero su razón de ser no está indisolublemente vinculada al capitalismo» (v. *La crisis del derecho mercantil contemporáneo,* en «Revista de derecho mercantil», 1955, núm. 57 y *Qué es y qué debe ser el derecho mercantil,* en «Revista de derecho mercantil», 1959, núm. 71), lo que significa una utilización diversa de la categoría con evidentes consecuencias que refuerzan la autonomía conceptual del derecho mercantil (menores, no obstante, en el ámbito de la política legislativa, proponiendo un código único para las obligaciones, v. *Curso,* 7.ª edición, *cit.,* p. 32). *Cfr.* a estos temas, desde el punto de vista metodológico, y en ocasión de la primera edición del Tratado Feo. J. Conde, *La transformación del derecho patrimonial en la época del capitalismo,* «Revista de derecho mercantil», 1947, núm. 10. *(N. del Traductor).*

22 Ascarelli, *Iniciación, cit.,* p. 30.

23 Incluso «tratándose de un territorio reducido y estéril, su función era la de intermediar entre productores y consumidores, entre los lugares de origen de los productos y los lugares en los que podían hallar colocación», Thaller, *Traité elementaire de droit commercial, cit.,* p. 5. La misma importancia señala M. Broseta, *La empresa, la unificación del derecho de obligaciones y el derecho mercantil,* Madrid, Tecnos, 1965, pp. 27 y ss., a la organización municipal de la baja Edad Media; también A. Bercovitz, «Notas sobre el origen histórico del Derecho Mercantil» en *Estudios Homenaje al Prof. J. Garrigues,* Madrid, 1971, pp. 3 y ss.

24 L. Goldschmidt, «Universalgeschichte des Handelsrechts», *cit.* p. 37, por el contrario, debía referirse al criterio de la división técnica del trabajo y escribir que «cuanto más se acentúa la división del trabajo en la actividad manual, es decir, profesional, más netamente se distingue la función mediadora del comerciante respecto a las demás profesiones (...) y más extenso aparece el consiguiente derecho especial».

25 Heichelheim, *Storia economica del mondo antico, cit.,* pp. 978 y ss.

mercaderes estaban, incluso, marginados, social y políticamente, excluidos, como se sabe, de muchos cargos públicos). Las condiciones se dan mucho más tarde, entre los siglos XI y XII, y se generan a partir de la crisis del sistema feudal, en el orden político, y de la economía señorial, en el orden económico. Estas condiciones se determinan a medida que el declinar de la economía señorial permite un resurgimiento del tráfico y toma forma una nueva clase de mercaderes, a quienes la crisis interna del sistema feudal permite campos de acción no sólo en el terreno de la iniciativa económica, sino también en el político, jamás conocidos hasta entonces. El nuevo grupo social puede constituir organizaciones de clase propias, como son las corporaciones, y el sistema comunal les permite fundar sus propias estructuras políticas, mediante las cuales desarrollar su condición de clase y ejercitar una función dirigente sobre las demás clases sociales.

Este proceso de ascenso político da origen a un nuevo derecho privado congénito con los intereses de la nueva clase, distinto de cualquier otro derecho que hubiese disciplinado anteriormente el tráfico y diverso del derecho romano, que precisamente resurgía en esa época: se trata del *ius mercatorum,* es decir, lo que nosotros llamamos «derecho mercantil».

CAPÍTULO SEGUNDO

UN DERECHO DE CLASE PARA LOS COMERCIANTES MIEMBROS DE LA SOCIEDAD URBANA

2.1. Mercaderes y artesanos en el sistema comunal

La antigua clase mercantil se había extinguido en los albores del feudalismo ante una Europa carente de rutas comerciales al exterior.[1] Durante toda la alta Edad Media, la vida económica se encierra en la propiedad feudal. Los recursos de la tierra y los productos del trabajo sólo satisfacen las necesidades del consumo directo de los productores y las pretensiones del señor feudal. El renacer del tráfico europeo y la aparición de una nueva clase de mercaderes, a partir del siglo xi, se explican por la reapertura de las vías comerciales en el norte y en el sur de Europa.[2] Sin embargo, esto no basta para comprender la decadencia de la clase feudal (con la apertura de las vías comerciales habría podido conseguir un beneficio parecido al que obtuvieron los antiguos latifundistas), ni da cuenta del carácter particular de la nueva clase mercantil que, a diferencia de la vieja, es una clase políticamente activa: la clase que dirige el desarrollo económico. La crisis del sistema feudal, a la que se vincula directamente la fortuna de los nuevos mercaderes, vino determinada por razones internas. La ineficacia de la economía señorial y la baja productividad del trabajo servil, unidas a la creciente necesidad de renta que tenía la clase domi-

---

1 «Mientras existió una vida urbana y un comercio, los grandes dominios poseyeron un mercado para el excedente de sus productos. Es indudable que durante la época merovingia, el suministro y el abastecimiento de las aglomeraciones urbanas y de los comerciantes se hizo gracias a ellos. Pero las cosas debieron cambiar cuando, dominando el Islam en el Mediterráneo y los normandos en los mares del Norte, desapareció la circulación y con ella la clase comerciante y la población urbana. Los señoríos (...) perdieron sus salidas comerciales. No existiendo ya la posibilidad de vender al exterior por falta de compradores, resultó inútil seguir produciendo más de lo mínimo indispensable para la subsistencia de los hombres, propietarios o arrendatarios que vivían en el dominio» (v. Henri Pirenne, *Les villes du Moyen Age*, París, PUF, 1971, trad. cast. F. Calvo, *Las ciudades de la Edad Media*, Madrid, Alianza Editorial, 2.ª edición, 1975, pp. 31 y ss.).

2 Según H. Pirenne, *Las ciudades de la Edad Media, cit.*, p. 56, «es el resultado de un agente externo: gracias al contacto que mantuvieron estos dos puntos (Venecia y la Italia meridional, y la costa flamenca) con el comercio extranjero, este agente se pudo manifestar y propagar (...). De la misma manera que el comercio occidental desapareció al cerrarse sus salidas al exterior, volvió a surgir con la apertura de éstas».

nante, son las causas de esta crisis. Los señores feudales aumentaron cada vez más la presión ejercida sobre los productores hasta el punto de hacerla insoportable. La población servil desertó en masa de los señoríos. La sustracción de la fuerza de trabajo del sistema productivo perjudicó de manera irreparable la posibilidad de supervivencia.[3]

Entre aquellos que se desvinculan de la servidumbre feudal se halla no sólo la plétora de vagabundos y mendigos y las bandas de salteadores, sino también un elemento económicamente activo: los mercaderes ambulantes, que viajan en caravanas por razones de seguridad, que trafican entre las diversas cortes señoriales o entre éstas y las nuevas rutas comerciales extraeuropeas, adquiriendo y revendiendo, y que obtienen los mayores beneficios de la enorme desproporción existente entre el precio de los productos en los lugares de producción y el precio de los mismos en los lugares de consumo.[4]

A esta primera generación de mercaderes ambulantes se debe la formación de un originario capital comercial, premisa necesaria del desarrollo sucesivo. Sin embargo, se mueven todavía en el contexto de la economía señorial; pues el tipo de comercio que realizan lo exige. El modo de producción feudal, al separar el productor del consumidor, es la fuente de los beneficios. La segunda generación de mercaderes ya no será ambulante; se organizará establemente en la ciudad. Es la generación que será la artífice de un nuevo modo de producción basado en una nueva forma de comunidad política.

Las antiguas ciudades romanas, que habían estado prácticamente desiertas durante la alta Edad Media, se repueblan a medida que se intensifica el éxodo de los feudos. Las primitivas caravanas de mercaderes las habían elegido con anterioridad para sus «asentamientos»,[5] resultando ideal que estuvieran situadas en los cruces de las carreteras romanas, protegidas por las fortificaciones feudales y que la presencia próxima de los monasterios les garantizará la inmunidad. Para la gente que huía del campo, la ciudad significaba un sitio donde organizar formas libres de convivencia social. Se constituye una sociedad urbana que halla su expresión política en la organización comunal. Allí la clase mercantil coexiste, especialmente en las ciudades italia-

---

3 Así Maurice Dobb, *Estudios sobre el desarrollo del capitalismo,* trad. cast. L. Etcheverry y Reyna Pastor de Togneri, Buenos Aires, Siglo XXI Argentina editores, 1.ª edición, 1971, pp. 55 y ss. Según el historiador inglés: «Lo que claramente falta en la interpretación tradicional, es un análisis de las relaciones internas del feudalismo como modo de producción y del papel que ellas desempeñaron en cuanto a determinar la desintegración o la supervivencia del sistema. Y si bien el resultado final puede considerarse fruto de una compleja interacción entre la acción externa del mercado y estas relaciones internas del sistema, en determinado sentido puede afirmarse que estas últimas ejercitaron la influencia decisiva» (v. M. Dobb, *Estudios sobre el desarrollo del capitalismo, cit.,* pp. 60 y ss.).

4 «El comercio y la industria debieron reclutarse en su origen entre hombres desprovistos de tierra y que vivían, por decirlo así, al margen de una sociedad en la que sólo la tierra garantizaba la existencia» (v. H. Pirenne, *Histoire Economique et Sociale du Moyen-Age,* París, PUF, 1933; trad. cast. S. Echavarría. *Historia económica y social de la Edad Media,* México, FCE, 1939, 11.ª reimp., 1974, p. 40).

5 V. H. Pirenne, *Historia económica, cit.,* p. 37; *Las ciudades de la Edad Media, cit.,* pp. 88 y ss.

nas, con la preexistente nobleza ciudadana de origen feudal y con la masa, cada vez más amplia, de trabajadores manuales que cambian su originaria condición servil por la de artesanos libres. Posteriormente, cuando la ciudad consiga extender su soberanía al espacio rural circundante, tras la victoria sobre el poder feudal, la sociedad comunal tendrá también una clase de productores agrícolas.[6]

La concentración urbana de la fuerza de trabajo, que se sustrae progresivamente a la explotación feudal, constituye un ulterior factor determinante del ascenso de la clase mercantil medieval. Esta clase podrá modificar la técnica de cambio precedente, que se agotaba con la actividad de mera interposición, adquiriendo a bajo precio allí donde la producción era excedente y vendiendo a alto precio allí donde ésta era escasa. Ahora podrá influir, aunque sólo sea indirectamente, sobre el primer momento del cambio: podrá hacerse promotora de la producción encargando los bienes, que prevea vender ventajosamente, a los artesanos locales.

El sistema económico de la sociedad comunal gravita —según la hipótesis de Cario Cipolla— sobre dos polos: el taller del artesano y el almacén del comerciante.

> «El artesano no producía normalmente para el almacén. Dadas sus limitadas disponibilidades financieras no podía asumir los riesgos ligados con tal producción. El artesano trabajaba normalmente por encargo. Quien le pasaba los encargos era «el comerciante», el cual a menudo anticipaba al artesano el capital circulante necesario (materias primas) y a veces le daba para su uso también capital fijo (por ejemplo, telares). Los artesanos a quienes estaba confiada la producción hallaban, por tanto, una dimensión económica en el comerciante que transmitía el encargo, proporcionaba si era preciso la materia prima, se ocupaba de colocar los productos, desarrollaba los mercados, determinaba el tipo de producto y con frecuencia ejercía un control técnico de la actividad del trabajador. El artesano acababa así la mayoría de las veces por asumir la figura de un trabajador a domicilio. El comerciante producía para el almacen. Las mansiones de Venecia y de Florencia muestran claramente este hecho con la presencia en sus estructuras arquitectónicas de amplios locales destinados únicamente a albergar reservas de materias primas y de productos acabados».[7]

El artesano medieval es, en términos marxianos, un «productor directo» del mismo modo que lo es el campesino. Es propietario, en general, de los medios de producción y hace suyos con este título los productos de su trabajo,

---

6 Sobre este proceso, que ocurre en el primer siglo de la vida comunal, v. *cfr.* G. Luzzatto, *Storia economica d'Italia,* Firenze, 2.ª edición, 1967, pp. 148 y ss.

7 C. M. Cipolla, *Storia economica dell'Europa pre-industriale,* Bologna, Il Mulino, 1.ª edición, 1974, trad. cast. Esther Benítez, *Historia económica de la Europa preindustrial,* Madrid, Revista de Occidente, 2.ª edición, 1979, p. 126.

cediendo, a cambio de esta contraprestación, el producto de su trabajo y no como el obrero moderno su fuerza de trabajo. Falta todavía mucho para que se extienda el fenómeno característico de la época industrial, esto es, la separación entre el trabajador y la propiedad de los medios de producción y la transformación de aquél en trabajador subordinado, que enajena como mercancía su fuerza de trabajo y pierde todo derecho sobre el producto de su trabajo. Esto no significa que el artesano, o el campesino de la sociedad comunal, estuviera menos explotado que el proletariado moderno, sino que se trata del diverso modo de la explotación, no del grado. Aunque el artesano medieval era propietario de los instrumentos de la producción, estaba separado tanto del mercado de las materias primas como del mercado del consumo. No tenía la libertad de decidir qué producir, para quién producir, cuánto producir, ni a qué precio: el comerciante decidía por él. Es una forma de explotación que Maurice Dobb ha definido como «explotación a través del comercio» mediante la cual:

> «un excedente pasaba a manos del capital comercial, a expensas de los artesanos urbanos y del productor campesino, y hasta del consumidor aristocrático más poderoso, una parte de cuya renta era traspasada a la burguesía».[8]

Las condiciones de esta «explotación a través del comercio» no son solamente —como podría deducirse del comentario anterior de Carlo Cipolla— de carácter económico. Si el artesano producía sólo por encargo del comerciante no era exclusivamente a causa de sus «limitadas disponibilidades financieras» que le impedían producir para el mercado. Existían razones de carácter jurídico que impedían al productor la posibilidad de mejorar su propia situación financiera y emanciparse del comerciante como intermediario. En la sociedad comunal, del mismo modo que sucede hoy en la sociedad burguesa, el modo de producción se mantenía mediante la coerción del poder público.

2.2. Control político del mercado de la producción

La potencia económica creciente del capital comercial viene acompañada, en el interior de la ciudad, del ascenso político de la clase mercantil. Unas veces es la detentadora única del poder político, otras, como ocurre en Milán y en algunas ciudades italianas, debe compartirlo con la nobleza urbana. La política del municipio está en función, en todo caso, de las necesidades de acumulación del capital comercial, de las cuales participa, cuando es conveniente, la clase nobiliaria. Se exige de la nueva organización política que mantenga firmes, sobre todo, las condiciones objetivas de la acumulación. En concreto, la primera de estas condiciones objetivas se refiere al suministro de las mercancías; otra condición es la relativa a la distribución de las mercancías más allá de los límites de la comunidad política y, por tanto, escapa a cualquier posible intervención de ésta.

---

8 M. Dobb, *Estudios sobre el desarrollo del capitalismo, cit.* p. 115.

El municipio es, para el capital comercial, el instrumento de control político del mercado de la producción urbano. Los estatutos municipales garantizan derechos de monopolio sobre la producción local a la clase mercantil: los artesanos de la ciudad, así como los agricultores del entorno, tienen prohibido vender sus productos a los forasteros y, en el mercado local, aquéllos sólo pueden vender al detalle, quedando reservado el comercio al por mayor a los miembros de las corporaciones mercantiles.[9] De este modo se juridifica la separación entre el productor, las materias primas y el consumidor, en la que reside la fuente del beneficio comercial. El monopolio de la comercialización de los productos locales, conquistado de hecho, se convierte en monopolio de derecho de la clase mercantil, defendiéndose, ante cualquier transgresor, mediante la fuerza coercitiva de la autoridad municipal. El control se realiza más bien sobre la persona del productor que sobre el producto, con métodos que recuerdan la represión feudal de la fuga de los siervos: los artesanos locales, por ejemplo, tenían prohibido, bajo la pena de graves sanciones, buscar trabajo fuera del territorio del municipio.[10]

El apoyo a la producción urbana, realizado a través de los poderes públicos, acompaña frecuentemente al control de la misma. Si la mediación pública, en el caso del control, se expresa a través de la fuerza coercitiva de la autoridad municipal, en el caso del apoyo a la producción la necesidad de aquella mediación se deriva de la oportunidad de hacer «público», es decir, repartido entre todas las clases sociales, el coste que suponen los incentivos. Aunque la mayor parte del gasto público de los municipios se destina a fines de carácter militar para la defensa o ampliación de los límites de la ciudad, que significan, para la clase mercantil, defensa y expansión del control sobre el mercado de la producción, no se descuidan, sin embargo, los gastos de carácter «social» que son justamente considerados por Cario Cipolla como «inversiones en capital humano»: gastos de instrucción pública, suministro de alimentos a la población, asistencia sanitaria, etcétera.[11]

En algunos casos el gasto público asume la forma de una auténtica política de desarrollo económico; un caso ejemplar, y no el único,[12] es el del municipio de Bolonia que, en 1230, destinó una suma notable para favorecer el desarrollo de las manufacturas textiles en la ciudad. Los artesanos, que fueran a Bolonia para instalar una empresa textil, recibirían del municipio una contribución a fondo perdido, la exención de todo impuesto durante quince años y un préstamo sin interés por cinco años. Esta política de desarrollo económico sorprende no sólo por la modernidad de los instrumentos empleados, sino por la tendencia, que ya

---

9 *Cfr.* G. Luzzatto, *Storia economica d'Italia, cit.*, p. 155; una amplia documentación, basada en fuentes inglesas, se halla en M. Dobb, *Estudios sobre el desarrollo del capitalismo, cit.*, p. 117 y ss.

10 *Cfr.* G. Luzzatto, *Storia económica d'Italia, cit.*, p. 155; C. M. Cipolla, *Historia económica de la Europa preindustrial, cit.*, p. 180 y ss.

11 C. M. Cipolla, *Historia económica de la Europa preindustrial, cit.*, p. 62 y ss.

12 La referencia se encuentra en C. M. Cipolla, *Historia económica de la Europa preindustrial, cit.*, pp. 67, 104 y ss. y 116.

mostraba entonces la clase mercantil, hacia la «socialización» de los costes de la acumulación capitalista. Los principales beneficiados de esta política de desarrollo textil eran los comerciantes del sector y, sin embargo, ellos no se hacen promotores, ni financiadores, de manera personal; la iniciativa es pública, y el gasto correspondiente se carga sobre la comunidad entera.

En resumen, en la ciudad medieval ya son visibles algunos rasgos que, con el paso del tiempo, serán propios del estado capitalista: el municipio garantiza, con sus poderes de coerción, el mantenimiento de las condiciones objetivas de la acumulación; desarrolla, con una política «social», la capacidad productiva de la fuerza de trabajo; interviene, con medidas de política económica, en el proceso de acumulación del capital. Con todo, a pesar de que suele hablarse de la ciudad medieval como de una ciudad-estado, no es todavía una entidad política equiparable al estado moderno: carece de la dimensión política y económica de éste: ni tiene la posibilidad, ni siquiera la pretensión, de concentrar en ella todos los poderes de gobierno de la sociedad bajomedieval, ni dispone de un territorio que permita a la clase mercantil ejercer el control no sólo sobre el mercado de la producción, sino también sobre el de la distribución. La ciudad medieval se halla bajo la autoridad del imperio y de la Iglesia; el poder de las corporaciones concurre en su interior con el poder del municipio.

2.3. El *ius mercatorum* como derecho de clase

La organización de la sociedad urbana se basa en dos tipos de instituciones: instituciones de clase e instituciones de la ciudad. Entre las primeras se cuentan las órdenes nobiliarias, allí donde subsiste una nobleza urbana, y las corporaciones profesionales, que se pueden hallar en todas partes, divididas entre ellas según la tipología mercantiva del comercio y del artesanado, y destinadas a desempeñar un papel desigual en la vida económica y política de la ciudad en función del diverso potencial económico de las clases, o subclases, que están representadas en tales organizaciones. Las corporaciones menores pierden su autonomía frente a las mayores, convirtiéndose a la larga en articulaciones subalternas de aquellas organizaciones dominadas por los grandes comerciantes y los banqueros. Las instituciones de la ciudad son, en ciertas ocasiones, producto directo de las corporaciones, las cuales eligen en su seno a las magistraturas municipales, en otros casos son formalmente autónomas y se basan en el sufragio popular. Pero incluso en este segundo caso –dejando al margen la excepción de algunas ciudades en las que dominan las «artes menores»– las instituciones de la ciudad están dirigidas por una plutocracia mercantil, aliada como máximo a una aguerrida nobleza urbana, dominando de un modo incontrastable».[13]

---

[13] Refiriéndose, de modo preferente, a las situaciones italiana, francesa e inglesa respectivamente, *cfr.*, e incluso para ulteriores referencias: G. Luzzatto, *Storia economica d'Italia, cit.*, p. 154 y la voz «Corporazione (storia)» en *Enciclopedia del diritto,* X, Milano, Giuffrè, 1962, p. 674; H. Pirenne, *Las ciudades de la Edad Media, cit.*, pp. 111 y ss.; M. Dobb, *Estudios sobre el desarrollo del capitalismo, cit.*, pp. 111 y ss.

Las instituciones de clase y las instituciones de la ciudad actúan en la sociedad urbana como dos centros de organización y promoción de la vida colectiva: ambas administran la cosa común y ambas producen el derecho. Su distinto papel no puede ser explicado, como se tiende generalmente a hacerlo, atribuyendo a las primeras una función de autogobierno de los intereses particulares de clase, y a las segundas funciones de gobierno de los intereses generales, o de mediación entre los diversos intereses particulares, con autoridad sobre todas las clases. Sólo en el caso de las artes menores puede afirmarse con cierto rigor que la organización corporativa cumplía tareas de simple autogobierno interno de la clase: sus estatutos prohibían la competencia entre los dedicados a un mismo oficio (castigando el trabajo realizado fuera del taller), determinaban la calidad de los productos y las tarifas de precios, limitaban el número de aprendices y la duración del aprendizaje, y castigaban el tránsito de los trabajadores dependientes y de la clientela.[14] De este modo, suele afirmarse, distribuían la clientela y la fuerza de trabajo, garantizando a todos los productos las mismas posibilidades de sobrevivir. Sin embargo, es bastante discutible que el suyo fuera un auténtico autogobierno. Aunque los estatutos de las artes menores vinculaban a los inscritos en ellas, el interés, que satisfacían, coincidía con el interés de la clase mercantil, en la medida en que los límites dimensionales de las empresas artesanas ocluían la formación de un capital industrial en competencia con el capital comercial —en realidad, la formación de un capital industrial no será el resultado de la expansión de las empresas artesanas, sino el fruto de la injerencia de los comerciantes en la producción hasta conseguir la dirección del proceso productivo y la proletarización de los productores.

La potestad normativa de las artes menores no era, ni siquiera formalmente, autónoma. Sus estatutos no eran eficaces sin la aprobación de la corporación mercantil y podían ser modificados por ella; en cambio, los estatutos de ésta vinculaban directamente a los artesanos, que a estos efectos eran considerados *mercatores*, y los sometían a los cónsules de la corporación, sujetándolos a los amplios poderes de policía de los órganos corporativos, que vigilaban la observancia de las disposiciones estatutarias, y a la jurisdicción de los tribunales mercantiles.[15]

Si el poder de las artes menores no alcanzaba el autogobierno, el poder de la corporación mercantil iba más allá. Además de gobernar a las artes menores, que se habían convertido en sus apéndices, la corporación mercantil

---

14 *Cfr.* G. Luzzatto, *Storia economica d'Italia, cit.*, pp. 153 y ss.; L. Goldschmidt, «Universalgeschichte des Handelsrechts», *cit.*, pp. 141 y ss.; G. Ghidini, «La concorrenza sleale dalle corporazioni al corporativismo» en *Politica del diritto,* 1974, pp. 64 y ss. (una versión castellana sintética de este trabajo, realizada por A. Rojo es: *La competencia desleal desde las corporaciones al corporativismo,* «Revista de Derecho Mercantil», 1975, pp. 7 a 47; aquí v. pp. 12 y ss.

15 *Cfr.* sobre la documentación A. Lattes, *Il diritto commerciale nella legislazione statutaria delle città italiane,* Milano, pp. 24, 27 y ss., 60, 68 nota 21; L. Goldschmidt, «Universalgeschichte des Handelsrechts», *cit.*, p. 166.

extiende sus poderes, normativos y jurisdiccionales, fuera de su esfera corporativa, desarrollando auténticas funciones de gobierno de la sociedad urbana. La corporación establece, a través de sus propios estatutos, una reglamentación de las relaciones comerciales que será vinculante no sólo para los comerciantes, miembros de la corporación —artesanos incluidos—, sino también para los terceros, no comerciantes, que entablen relaciones con aquéllos. La corporación crea, en su propio seno, jurisdicciones mercantiles, desarrolladas por jueces-comerciantes, que además de ser competentes en las controversias entre comerciantes, conocen las causas entre comerciantes y no comerciantes.

El *ius mercatorum,* por tanto, nace como un derecho creado directamente por la clase mercantil, sin mediación de la sociedad política; nace como un derecho impuesto en nombre de una clase, y no en nombre de la comunidad en su conjunto.[16] Se impone a los eclesiásticos, a los nobles, a los extranjeros; el presupuesto de su aplicación es el hecho de haber entablado relación con un comerciante. El tribunal mercantil es el único tribunal competente para juzgar las causas comerciales, con tal que sea comerciante una de las partes; el no comerciante o el extranjero, que renunciara a la jurisdicción mercantil, perdía para el futuro el derecho de invocar en su favor el *ius mercatorum* y la jurisdicción mercantil, y en algunas ciudades quedaba incapacitado para realizar cualquier tipo de comercio con miembros de la corporación mercantil.[17]

La justificación dada a esta eficacia extracorporativa del derecho y de las jurisdicciones corporativas es, en su origen, una *fictio iuris:* quienquiera que trata con un comerciante se presume, sin posibilidad de prueba en contrario, que es también comerciante; luego fue introducido el concepto de privilegio: el derecho mercantil vincula a cualquiera en virtud del *privilegium mercaturae.*[18] La razón substancial reside, de modo claro, en el ascenso político de la clase mercantil. El poder, que posee en la ciudad, le permite no sólo desarrollar en beneficio propio el derecho y la política municipal, sino también cuando lo cree necesario, sustraer su pretensión hegemónica de la mediación de las instituciones ciudadanas.

Las fuentes del *ius mercatorum* eran los estatutos de las corporaciones mercantiles, la costumbre mercantil y la jurisprudencia de la «curia» de los comerciantes. En los estatutos confluían varios materiales normativos: el juramento de los comerciantes, elegidos cónsules de la corporación, que contenía el programa de su mandato, las deliberaciones del consejo formado por comerciantes ancianos y de la asamblea general de los comerciantes, y también los

---

16 En algunos estatutos mercantiles se encuentran referencias sobre su ratificación por parte de las autoridades municipales; sin embargo, los juristas de la época lo consideran superfluo. *Cfr.* A. Lattes, *Il diritto commerciale, cit.,* pp. 65 y ss. nota 12; en tal sentido son ilustrativos los mismos actos de ratificación, los cuales se limitan a reconocer el derecho que tienen los comerciantes a vivir según su propio derecho (*cfr.* L. Goldschmidt, «Universalgeschichte des Handelsrechts», *cit.,* p. 240, nota 8).

17 *Cfr. A.* Lattes, *Il diritto commerciale, cit.,* pp. 251 y ss.

18 V. los textos citados por C. Vivante, *Tratado, cit.,* pág. 26, nota 1.

principios consolidados por la costumbre y la jurisprudencia; al mismo tiempo, una magistratura de comerciantes, llamados estatutarios, se ocupaba de la compilación de los estatutos y de su puesta al día. La costumbre nacía de la constante práctica contractual de los comerciantes: la modalidad contractual, que consideraban ventajosa, se convertía en derecho; las cláusulas contractuales se transformaban, una vez generalizadas, en el contenido legal del contrato. Por último, los comerciantes, designados por la corporación, componían los tribunales que decidían las controversias comerciales.

> «Por estos caminos surgía entonces el derecho» —comentará Vivante—: «comerciantes eran los cónsules y sobrecónsules que debían deducirle de la experiencia cotidiana de los negocios; comerciantes eran los estatutarios en los que estaba delegada la compilación y la revisión de los Estatutos; de comerciantes estaba compuesta la asamblea general que debía aprobarlos. Así pasaba el derecho de los contratos a las costumbres, de éstas a la ley y a las sentencias, por obra de aquellos mismos que lo habían experimentado en la práctica de los negocios».[19]

La expresión *ius mercatorum* pertenece al lenguaje jurídico culto; la usaban prevalentemente glosadores como Bartolo y Baldo. La expresión posee un significado especial: antes que referirse a una parte del derecho, significa un modo particular de crear el derecho. Se llama *ius mercatorum* porque está creado por la clase mercantil, y no porque regula la actividad de los *mercatores.*

2.4. La revolución jurídica de la clase mercantil

El derecho mercantil se abre paso como derecho particular de una nueva clase social, en una sociedad que conoce una multitud de derechos particulares, de clase y territoriales, junto a derechos que quieren ser universales, comunes a toda clase social y a todo territorio: el derecho romano, que los glosadores extraen del *Corpus iuris* de Justiniano, cuya vigencia actual se funda en la autoridad del Imperio; el derecho canónico que la Iglesia impone a todos en nombre de la *maiestas* del pontífice.

El *ius mercatorum* se coloca en competencia con los otros derechos. Su presupuesto de aplicación es el hecho de ser comerciante una de las partes de la relación a regular. Cuando esto sucede, los demás derechos, sean particulares o universales, deben sucumbir; ahí está la fórmula repetida constantemente en los estatutos: «*non obstante aliquo iure canonico vel civile*»[20] (aunque, respecto al primero, el *ius mercatorum* evitará un enfrentamiento directo, tratando más que nada de eludirlo, como ocurre en el tema de la usura). Cuando falta aquel presupuesto, la relación con los otros derechos no es competitiva, sino una relación de coexistencia. El derecho común es válido para disciplinar las relaciones entre no-comerciantes, a las cuales la clase mercantil no prestará atención hasta principios de la era industrial; el derecho común es válido

---

[19] Vivante, *Tratado, cit.*, p. 24.

[20] *Cfr.* A. Lattes, *Il diritto commerciale, cit.*, pp. 72, 75 y ss. nota 40.

también para regular las relaciones extraprofesionales del comerciante (relaciones de familia, de sucesión, relaciones patrimoniales de carácter inmobiliario), salvo algunas significativas excepciones, como el caso del arrendamiento de la vivienda particular del comerciante que estaba atribuido a la competencia de la *curia mercatorum*[21] con el fin de evitar la especulación de los propietarios urbanos, pertenecientes, en general, a la nobleza ciudadana; por último, el derecho común es válido incluso para las relaciones comerciales que no tengan una regulación específica en el *ius mercatorum,* y los mismos estatutos mercantiles se remiten a él como fuente subsidiaria de regulación de las relaciones mercantiles.[22]

El dominio del *ius mercatorum* se extiende, esencialmente, sobre los contratos y sobre las obligaciones derivadas de ellos, ámbito preferido de la actividad comercial.[23] El contrato —ha escrito Werner Sombart— fue el instrumento jurídico de la acumulación capitalista:

> «Cualquier problema técnico debe resolverse mediante la estipulación de un contrato, y todos los esfuerzos y pensamientos del empresario capitalista se dirigen hacia la configuración más ventajosa de dicho instrumento. Tanto si se intercambian prestaciones de trabajo por bienes reales, o bienes reales por bienes reales, lo importante es que a la postre el excedente, en valor de cambio (dinero), quede en manos del empresario capitalista, el cual orienta toda su actividad al logro del beneficio».[24]

El sistema del derecho romano común era inadecuado a estas necesidades: era un sistema jurídico basado en la conservación, y no en la acumulación de la riqueza; establecido para el disfrute de los bienes, no para la búsqueda de la ganancia. La sociedad, que lo había producido, era una sociedad en la cual —como escribe Roberto López— «el ideal supremo de la clase dirigente no era el desarrollo, sino la seguridad y la estabilidad».[25] El instrumento jurídico, que había garantizado a la clase dirigente de Roma el disfrute de los recursos y de la fuerza de trabajo, era el derecho de propiedad; todo el sistema jurídico estaba centrado en la relación con las cosas: «todo el derecho —había enseñado Ulpiano— trata de cómo una cosa llega a ser de alguien, de cómo la conserva, y de cómo la enajena o la pierde».[26] El contrato se veía, bajo esta

---

21 La norma es que las cuestiones inmobiliarias están excluidas de la jurisdicción consular (*cfr.* A. Lattes, *Il diritto commerciale, cit.,* pp. 77, 79, notas 5 y 6); sobre las excepciones de la regla v. *ibidem,* pp. 237 y ss.

22 *Cfr.* A. Lattes, *Il diritto commerciale, cit.,* pp. 72, 76 nota 11.

23 Para Roberto López, *The Commercial Revolution,* Englewood Cliffs, 1971, trad. it. 1975, p. 94: «el desarrollo de los contratos comerciales tiene en la historia del comercio la misma decisiva importancia que tuvo el desarrollo de la técnica y de los instrumentos en la historia de la agricultura».

24 Werner Sombart, *Der moderne kapitalismus,* Leipzig, 2.ª ed., 1916-1927, trad. it. Cavalli, Torino, 1967, p. 167.

25 R. López, *The Commercial Revolution, cit.,* p. 74.

26 El fragmento está en D. 1-341, extraído del segundo libro de *Ulpiani institutionum libri, II (cfr.* R. Nardi, *Istituzioni di diritto romano. Testi,* I, Milano, 1973, pp. 178 y ss.).

perspectiva, como un medio a través del cual se adquiere, o se dispone, la propiedad; su disciplina estaba dominada por la idea de proteger a los contratantes en cuanto propietarios que disponen de sus propios bienes.

El *ius mercatorum* desancora el contrato de la propiedad, atribuyéndole una función por sí mismo: el contrato se convierte en negocio, en acto de especulación.

El contrato es, para la clase mercantil, el instrumento que permite la realización de la ganancia mediante una múltiple serie de relaciones –relaciones contractuales– que la nueva clase establece con el resto de la colectividad: con los productores de las mercancías que adquiere, con los propietarios de los bienes que utiliza como factores productivos, con los consumidores de los productos que coloca en el mercado. La disciplina contractual cumple esta función: satisfacer, en todas estas relaciones, las expectativas de ganancia del comerciante.

Se trata de un derecho inspirado en una concepción de la riqueza no dirigida al consumo, ni a la inmediata satisfacción de las necesidades, sino a la creación de nueva riqueza. Esta concepción preside las relaciones de la clase mercantil con el resto de la colectividad y, también, las relaciones internas de la nueva clase. El *ius mercatorum,* por tanto, además de ser una reglamentación de las relaciones contractuales entre los comerciantes y los no-comerciantes, ventajosa para la clase mercantil, es una reglamentación de las relaciones internas de la clase mercantil, tendiendo a realizar, incluso en su interior, los intereses de clase.

La burguesía medieval muestra, de este modo, haber alcanzado la capacidad suficiente, que es característica de la fase madura de la evolución de las clases sociales, para elaborar una visión general de los intereses de clase. Su derecho protege el interés general de la burguesía, no el interés de cada burgués en particular; el interés de aquélla a la máxima valorización del capital. Cuando el interés particular entre en conflicto con el interés de clase de la burguesía, el derecho sacrificará el primero en beneficio del segundo.

El sistema del derecho mercantil permite, por eso, descomponerse idealmente en dos partes, que en las páginas sucesivas serán examinadas de modo separado: la referente a las relaciones externas y la que afecta a las relaciones internas de la clase mercantil.

2.5. El *ius mercatorum* y las relaciones externas de la clase mercantil

La estabilidad de las relaciones jurídicas, característica del derecho romano, es transformada en mutabilidad por el *ius mercatorum.* Se trata del principio de la absoluta libertad de forma en la conclusión de los contratos. Las formas solemnes, exigidas por el derecho romano, se consideran superfluas para la constitución del vínculo contractual; en todo caso, serán útiles para la prueba del vínculo en los juicios, pero no serán necesarias para su validez.[27] El principio opuesto del derecho romano satisfacía, y sigue satisfaciendo todavía, la exigencia de la conservación de la riqueza: el contrato era considerado acto de disposición de la propiedad; las formas solemnes se convertían en garantía de la voluntad del disponente. El nuevo principio de la libertad de forma expresa la exigencia opuesta, es decir, la multiplicación de la riqueza, la valorización del capital comercial. El comerciante debe incesantemente comprar y vender; su ganancia es tanto mayor cuanto más compra y vende; el interés, que protege el derecho, es el interés a la conclusión de los negocios. Este, por consiguiente, no es el interés de quien comprando dispone de su propio dinero, o de quien vendiendo dispone de sus propios bienes, sino el interés de quien profesionalmente compra y vende, y persigue la conclusión del mayor número posible de negocios.

La compraventa, designada en las fuentes como *mercatura* o *negotiatio,* es el contrato mercantil por excelencia. Aunque reguladas de modo uniforme, presenta dos modalidades distintas: la adquisición, cuyo objetivo es la reventa, y la reventa de lo adquirido con este fin. La primera modalidad se refiere al acto de cambio entre el artesano-productor y el comerciante, y es el acto mediante el cual éste obtiene del primero las mercancías que colocará en el mercado; o bien, el cambio entre el campesino-productor y el comerciante que suministrará las materias primas al artesano. El segundo aspecto comprende el acto de cambio entre el comerciante al por mayor y otro comerciante de la misma categoría, o bien uno que opere al detalle, así como el cambio entre éstos y los consumidores.

Aunque el comerciante sea parte en todos estos actos de cambio y ocupe en ellos la posición de comprador unas veces, y la de vendedor, otras, la ventaja que el *ius mercatorum* concede, se otorga a la figura del vendedor y, de manera particular al acreedor del precio de venta. El fenómeno puede explicarse fácilmente. Los cambios, en los que el comerciante aparece como comprador, son cambios con clases subalternas, frente a las cuales la clase mercantil disfruta de una supremacía económica, y son cambios endo-urbanos, ante los cuales la clase mercantil puede ejercer, y lo hacía efectivamente, su poder político. Bajo la forma de comprador el comerciante estaba protegido por normas de «orden público económico», con independencia de las normas privadas derivadas del contrato de compraventa; basta recordar las normas que prohibían a los artesanos y a los campesinos, vender a los extranjeros, o las que establecían controles sobre la calidad de los productos, etcétera.[28]

---

27 *Cfr.* A. Lattes, *Il diritto commerciale, cit.,* p. 123 y 129, notas 1 y 2; L. Goldschmidt, «Universalgeschichte des Handelsrechts», *cit.,* p. 306.

28 De hecho «la mayor parte de las disposiciones contenidas en los estatutos no se refieren a las relaciones jurídicas entre contratantes, sino que comprenden, sobre todo, normas de tipo económico, prohibiciones y restricciones para la venta de algunas mercancías, materias primas o productos manufacturados, las cuales varían según las condiciones industriales de los respectivos países», v. A. Lattes, *Il diritto commerciale, cit.,* p. 138; en el mismo sentido L. Goldschmidt, «Universalgeschichte des Handelsrechts», *cit.,* pp. 167 y ss.

La ventaja para el vendedor-acreedor secunda el proceso de acumulación capitalista; actúa, en ventaja del comerciante, en el momento en que éste transforma en dinero el valor expropiado a los productores. Se manifiesta en la superación de los principios del derecho romano, que significaban una ventaja opuesta en favor del deudor: el pago debe efectuarse inmediatamente, sin posibilidad de que el deudor obtenga del juez, como podía obtener en el derecho romano, un término de gracia; el pago debe realizarse en dinero, con la exclusión de la *datio in solutum necessaria,* concedida por el derecho romano al deudor que se hallaba, sin su culpa, en la imposibilidad de procurarse el dinero; el retraso en el pago produce *ipso iure* la obligación de pagar los intereses sin requerir, por tanto, la admisión *officio iudicis* del derecho romano (en este punto se debe subrayar que el *ius mercatorum* superó incluso el derecho canónico que subordinaba la obligación de pagar los intereses a la prueba del lucro cesante.[29]

Las razones de la propiedad sucumben cuando se hallan frente a las razones del comercio. Quien compraba, incluso de buena fe, una cosa, que había sido sustraída, estaba sujeto, según el derecho romano, a la reivindicación del propietario desposeído: *ubi rem meam invenio ibi vindico.* El *ius mercatorum* excluye la acción del propietario desposeído, si el comprador ha adquirido la cosa, que luego se descubre sustraída de un comerciante público.[30] Evidentemente, el interés protegido no es el del comprador, cuya buena fe no merece mayor protección que la debida a la inculpable expoliación del desposeído (nótese también que la citada protección al comprador no funciona cuando la cosa se ha adquirido de un no-comerciante); el interés protegido, realmente, es el del comerciante: quien acude a comprar debe comprar bien, porque cualquier perplejidad del comprador significaría una rémora para la adquisición y redundaría negativamente sobre el volumen de actividad del comerciante (importa poco que el desposeído sea un comerciante, porque padecer un expolio será siempre un hecho ocasional para él; lo que se tiene en cuenta es al comerciante como vendedor profesional.[31]

---

[29] Sobre la documentación v. A. Lattes, *Il diritto commerciale, cit.,* pp. 126 y ss.

[30] Cfr. también A. Lattes, *Il diritto commerciale,* pp. 138 y 141, nota 3, donde se deduce la regla, no formulada explícitamente en los estatutos (pero enunciada en algunos tratados comerciales, como los concluidos entre Venecia y Francia en 1207, y entre Florencia y Génova en 1413), según la cual las disposiciones penales castigan las adquisiciones y las ventas de cosas robadas sólo en el caso de que se realicen por no comerciantes. Algunos estatutos admitían la reivindicación del desposeído, tras el correspondiente reembolso al adquirente de buena fe del precio pagado por la cosa (principio que luego fue recogido por el código civil francés, en su art. 2280 y de allí pasó al código civil italiano de 1865 en el art. 709 y al código civil español de 1889 en su art. 464).

[31] La justificación que los tratadistas italianos (De Luca, Casaregis), alemanes (Mevius, Stryk), holandeses (Groenwegen, Voet), franceses (Bourjon, Pothier) dan de esta regla, o de su formulación más moderada, que subordina la reivindicación del desposeído al reembolso del precio pagado por el adquirente, se expresa en términos semejantes: *utilitas, vigor commerciorum, libertas commercii, sûreté du commerce,* u otros parecidos —unas veces como justificación exclusiva, otras acompañada de argumentos que se refieren a la tutela de la buena fe del adquirente—. V. al respecto una amplia perspectiva histórica en L. Mengoni, *Gli acquisti «a non domino»,* Milano, 1968, 2.ª edición, pp. 33 y ss.

El conflicto con las razones de la propiedad se convierte en un conflicto entre clases antagónicas, cuando se considera el contrato de arrendamiento de un inmueble destinado a ser local de negocio para el comerciante. El conflicto se establece entre el interés del propietario a un canon superior, es decir, una renta de la propiedad inmobiliaria –que se hallaba, normalmente, en manos de la nobleza urbana– más elevada, y el interés del comerciante, o del artesano, a no incrementar los costes de la actividad económica y, por tanto, a no ver reducidas las ganancias (en este caso coincide, espontáneamente, el interés del comerciante con el del artesano). Allí donde la clase mercantil dominaba sobre la clase nobiliaria –Florencia es un caso significado–, los estatutos de los comerciantes habían establecido un auténtico «bloqueo» de los alquileres;[32] en otros lugares, se restringieron las posibilidades de desahucio, de modo análogo a la actual legislación en materia de «propiedad comercial»: el comerciante, o el artesano, sólo podían ser desahuciados del local, destinado a su negocio, previo el pago de la indemnización correspondiente.[33]

La relación con las demás clases detentadoras de la riqueza no era siempre, necesariamente conflictiva; a menudo, solían ser relaciones de cooperación, basadas en necesidades mutuas, como sucedía cuando la clase mercantil hallaba, ante su deseo de obtener el necesario capital para el tráfico, la pretensión de los rentistas de invertir, de modo lucroso, sus rentas. La cooperación era también necesaria en cuanto que el anatema eclesiástico contra la usura impedía la formación de una actividad mercantil especializada en la financiación profesional. El banquero medieval se limitaba a realizar dos tipos de operaciones que le reportaban grandes beneficios: el cambio de monedas (cuyo beneficio era proporcional al número de monedas en circulación), y el llamado cambio trayecticio (contrato que permitía al comerciante utilizar a distancia su propio depósito bancario presentando la letra de cambio –pagaré cambiarlo– arquetipo del cheque actual). El banquero, sin embargo, no ejercía de modo regular operaciones de crédito y de descuento, sino que invertía directamente su capital en actividades mercantiles remunerables.

La financiación se efectuaba, generalmente, de manera societaria, dominando la figura de *accomandita,* cuyo origen, bajo el nombre de *commenda,* era una operación de crédito en el comercio marítimo por la cual un capitalista, *commendator,* confiaba una suma a un comerciante con el fin de participar en los beneficios que este último obtenía en el comercio de ultramar. Posteriormente, mientras se extendía el comercio terrestre, asumió la estructura de un contrato de sociedad –*accomandita*–, que fue útil para eludir la temible prohibición canónica de la usura[34] y permitió a la clase mercantil beneciarse de la

[32] Cfr. A. Lattes, *Il diritto commerciale, cit.,* pp. 237, 239 y ss. notas 1 y 2.

[33] El argumento se halla en Roberti, *Ius intraturae e ius standiandi* en «Rivista del diritto commerciale», 1921, I, pp. 198 y ss.

[34] Sobre esta aplicación del esquema societario y con específicas referencias a la sociedad entre mercaderes y artesanos v. U. Romagnoli, *La prestazione di lavoro nel contralto di societa,* Milano, 1967, pp. 29 y ss.; también la amplia bibliografía contenida en la obra. El rigor canónico será suavizado por la «segunda escolástica», v. G. Ambrosetti, «Diritto privato

transformación, obtenida con la forma social del capital aportado por el socio comanditario en capital de garantía para los acreedores.[35] La *accomandita* se sitúa, por tanto, en el origen de una práctica, ampliamente desarrollada por la clase mercantil con las compañías de las Indias en los siglos XVII y XVIII, consistente en hacer partícipe de los riesgos empresariales a las demás clases detentadoras de riqueza.

2.6. El *ius mercatorum* y las relaciones internas de la clase mercantil: origen de la sociedad colectiva

En otros aspectos, la posición de los comerciantes era desventajosa en comparación con la que resultaría aplicando el derecho romano. Esto sucede cuando se deriva de las reglas del derecho romano un beneficio particular que puede ser perjudicial para la realización del interés general de la clase mercantil, es decir, perjudicial para la máxima valorización del capital comercial. Así se comprueba, de modo especial, observando la alteración restrictiva que experimenta el contenido del derecho de propiedad del comerciante, cuando tiene por objeto bienes destinados a la actividad mercantil.

Este derecho no es el *dominium* romano que otorgaba amplias facultades de disposición. Sobre los bienes asignados al comercio hay impresa una marca de destino que los acreedores personales del comerciante deben respetar y que impide a éste, aunque propietario de los bienes, desviarlos de su objetivo. El *ius mercatorum* coloca a los acreedores del comerciante en posiciones distintas, según sean acreedores por causa del comercio o por causa extracomercial; los primeros gozan de preferencia sobre los segundos con relación al patrimonio de la empresa, al tiempo que no se admite la compensación entre los créditos del comerciante por causa del comercio y sus deudas personales.[36] Por consiguiente, el comerciante, cuando contrae obligaciones extrañas al comercio, no puede ofrecer, como garantía de las mismas, el patrimonio de la empresa, que se establece de *iure* para garantizar a unos acreedores de naturaleza distinta: los titulares de créditos relativos a la empresa. El comerciante tampoco puede, utilizando fondos de la empresa para fines particulares, desvalorizar el capital comercial; perjudicaría, con ello el interés general de la clase mercantil a la máxima valorización del capital. La traslación mecánica de estos principios a la sociedad formada por comerciantes comporta la distinción, que aún perdura en el derecho vigente, entre acreedores sociales y acreedores personales de los socios; la autonomía patrimonial de la sociedad es, históricamente, el reflejo de la extinta autonomía patrimonial de la empresa.

---

ed economia nella seconda scolastica» en *La seconda scolastica nella formazione del diritto privato moderno,* Milano, 1973, pp. 23 y ss.

35 No es cuestión de «músicos celestiales», como piensa C. M. Cipolla, *Historia económica de la Europa preindustrial, cit.,* p. 184, el que «los juristas (hayan) discutido por extenso si la verdadera naturaleza de la comandita es un contrato de sociedad o un contrato de préstamo».

36 Para la documentación v. F. Galgano *Le società di persone,* Milano, 1972, p. 84, nota 26 y el ensayo precedente *Il principio di maggioranza nelle società personali,* Padova, 1960, pp. 147 y ss.

La hipótesis frecuente según la cual varios comerciantes ejercerían en sociedad una misma actividad mercantil (antiguamente la sociedad se presumía existente entre todos los componentes de la familia del comerciante), se sustrae a las normas del derecho romano. El esquema de la *societas* romana resulta inadecuado al nuevo espíritu del tráfico económico; nace, entonces, un tipo societario nuevo, que se corresponde con la actual sociedad colectiva. El nombre que los estatutos le dieron fue «compañía», los juristas de la época se referían a ella al tratar la hipótesis en la que *plures mercatores unam mercantiam gerunt vel unam negotiationem*[37] y la llamaban *societas mercatorum*. El *ius mercatorum* se aplicaba a esta relación, en vez del derecho romano, porque el vínculo social unía a varios comerciantes que ejercían una misma empresa.

La primera innovación es la responsabilidad, ilimitada y solidaria, de todos los socios por las deudas sociales. Las obligaciones contraídas por un socio, incluso sin el conocimiento de los demás, obligan a todos ellos, con tal que sean asumidas en nombre de la sociedad (o en determinadas áreas incluso sin el requisito del empleo del nombre, con tal que se refieran al objeto de la sociedad).[38]

En el caso de la sociedad civil de impronta romanista, que fue utilizada en Italia para las sociedades entre no-comerciantes hasta el código civil de 1865, se aplicaba una regla distinta: el socio que contrae una obligación es el único responsable frente a terceros de la misma, a no ser que haya actuado en virtud de un mandato expreso otorgado por los demás socios. Esta regla satisfacía las exigencias de conservación de la riqueza que el derecho romano cuidaba, en grado máximo, a través del derecho de propiedad, con la protección dispensada a la autonomía individual. El principio era que el socio sólo podía obligarse frente a terceros por su propia voluntad (resultante de la directa participación en el negocio o del mandato otorgado a otro); puesto que, como propietario, era el único que podía disponer de sus propios bienes. Existía, ciertamente, un acto de disposición del propio patrimonio implícito en su participación en el contrato de sociedad; pero el socio sólo se exponía, con ello, a una responsabilidad interna, frente a los demás socios, medida con su cuota de participación en las pérdidas de la sociedad.

La nueva clase, en cambio, quería valorizar la riqueza y la concebía, según el espíritu del capitalismo naciente, como un instrumento para crear nueva riqueza. Este objetivo se alcanzaba no sólo con una reglamentación de las relaciones externas de la clase mercantil que fuera ventajosa para ella, sino también mediante la regulación de las relaciones internas a la propia clase. Si en la relación entre un no-comerciante propietario y un comerciante no-propietario se sacrificaba el interés del primero, cuando la relación se establecía entre comerciantes era sacrificado el interés que, como propietario, portaba el comerciante.

---

37 Cfr. F. Galgano, *Le società di persone, cit.*, p. 80; y *Il principio di maggioranza, cit.*, pp. 80 y ss. con amplias referencias textuales.

38 *Cfr.* para la documentación F. Galgano, *Le società di persone, cit.*, pp. 81 y ss.; y *Il principio di maggioranza, cit.*, pp. 82 y ss.

No es casual que el interés de los comerciantes en sociedad se satisficiera con una norma que agravaba su responsabilidad frente a terceros. El *ius mercatorum* era una ley de clase, que protegía los intereses de los comerciantes como clase social, en especial la expansión económica de la burguesía naciente, y, por tanto, poco importaba que, para lograr sus objetivos, tuviera que sujetar el interés particular de algún miembro de la clase. El interés, que se protegía con la regla de la responsabilidad solidaria de todos los socios, era la multiplicación de los negocios. El crédito a los comerciantes en sociedad se veía incrementado, y el volumen de negocios también, cuando a los terceros se ofrecía, como garantía, una pluralidad de patrimonios: el patrimonio de cada uno de los socios.

El rigor externo de la responsabilidad solidaria e ilimitada se acentuaba, a nivel interno, con la forma de administración llamada actualmente disyuntiva, según la cual los socios eran *invicem institutores, invicem praepositi.* Las obligaciones asumidas por un socio vinculaban, solidariamente, a los demás, incluso sin el conocimiento de éstos, *ignorante socio.*[39] El derecho romano conocía el principio opuesto de la administración conjuntiva, aún vigente para la sociedad civil, consistente en establecer la necesidad del acuerdo unánime de los socios en cada operación social, tutelando la autonomía individual y, en última instancia, el derecho de propiedad. Los actos realizados sin el consentimiento de todos los socios eran inválidos; el socio que actuara de este modo no podía repartir *pro cuota,* entre los demás socios, los gastos derivados de la invalidez del acto.

Sin duda, el principio de la unanimidad es una rémora para la realización de los negocios. Así aparece, en la era de la revolución comercial, en contraste con los objetivos de expansión y multiplicación de la riqueza propios de la nueva clase mercantil. El interés por la conclusión del negocio se consideró prevalente al interés de quien podía perder, con ello, el propio patrimonio. Se abandonó el principio de la unanimidad y no le sustituyó el principio de la mayoría, que, aun siendo menor, no deja de ser una dificultad para la realización de los negocios, sino que fue introducido un principio totalmente antitético con el de la unanimidad: el poder de administración independiente de cada socio. Este principio era más riguroso que la regla de la responsabilidad solidaria de todos los socios frente a terceros, introducida contemporáneamente, puesto que la operación, decidida y ejecutada por un socio, obligaba, frente a terceros, a todos los demás.

Esta independencia sería modificada posteriormente con el correctivo del derecho de oposición introducido por la codificación (y luego con la resolución, por mayoría, de dicha oposición). Estos correctivos no llegaron a suprimir la autonomía del poder de administración de cada socio, el cual podía emprender, de todos modos, cualquier operación sin el conocimiento de los

---

39 V. F. Galgano, *Le società di persone, cit.,* pp. 167 y ss.; y *Il principio di maggioranza, cit.,* pp. 63 y ss.

demás y, por tanto, impedir de hecho que éstos se hallasen en condiciones de ejercer el derecho de oposición. Originariamente, sin embargo, esta autonomía era absoluta; la ventaja concedida a la realización de los negocios no conocía límites: cada socio no sólo podía actuar válidamente sin el conocimiento de los otros, sino también hacerlo, con el mismo efecto, *altero socio invito,* es decir, no obstante la oposición declarada de los demás.[40]

El *ius mercatorum* instaura el rigor más despiadado ante el comerciante que se halla en estado de insolvencia. La grave represión penal de ésta sin otras condiciones, que serán necesarias más adelante para hacerla punible, y las infamantes consecuencias personales de la quiebra, muestran el precio que estuvo dispuesta a pagar la clase mercantil para adquirir crédito y gozar de la confianza del mercado. La quiebra vale, en general, sólo para los comerciantes; satisface exigencias de autodisciplina interna de la clase mercantil:

> «Los deudores civiles, que llegan a una situación de insolvencia, se les trata con mayor indulgencia, puesto que se les conceden, según los principios del derecho romano de la época imperial, treguas y moratorias de tres y cinco años, o se acuerda el beneficio de la cesión de bienes que, no obstante estar rodeado de formalidades tan oprobiosas que hacen pensar en un recrudecimiento de la barbarie frente a los principios humanitarios, liberaba, por lo menos, al deudor del arresto personal».[41]

El procedimiento de la quiebra trata de reparar, en la medida más amplia posible, el daño-social producido por la insolvencia del comerciante. Tiene una finalidad restitutoria, en cuanto procura reintegrar los patrimonios lesionados por la insolvencia. Se introduce derogando la regla romana de la *prioritas tempore* en favor de la *par condicio creditorum.*[42] La prueba del fraude, requerida por el derecho romano para ejercer la acción revocatoria, se sustituye por la presunción del mismo.[43] El interés por la reparación se siente como propio por la clase mercantil, llevando a superar la autotutela de los acreedores, característica de la *cessio bonorum* romana, asumiendo el procedimiento el órgano jurisdiccional de la corporación de los comerciantes, que a veces es una magistratura establecida especialmente para las quiebras o, en algunas ciudades, la propia autoridad municipal sola, o con el auxilio de la *curia mercatorum.*[44]

2.7. Universalidad del *ius mercatorum*

El derecho mercantil presenta en todas partes el carácter de un derecho de clase, tanto en las ciudades donde la clase mercantil, aunque potente, no tiene el dominio absoluto, como en aquellas otras donde domina, de modo

---

[40] V. las obras citadas en la nota anterior.

[41] A. Lattes, *Il diritto commerciale, cit.,* p. 310.

[42] U. Santarelli, en *Commentario Scialoja-Branca, Legge fallimentare,* dirigido por F. Bricola, F. Galgano, G. Santini, *Disposizioni generali, Dichiarazioni di fallimento,* Bologna-Roma, 1974, sub. art. 14, pp. 17 y ss.

[43] U. Santarelli, *Disposizioni generali, cit.,* pp. 14 y ss.

[44] A. Lattes, *Il diritto commerciale, cit.,* p. 310; U. Santarelli, *Disposizioni generali, cit.,* p. 14.

incontrastable, las instituciones de la ciudad. En el primer caso, la razón del fenómeno es inmediata: el derecho mercantil sólo puede existir como derecho particular de una clase, lo cual se hace posible por la autonomía de las corporaciones. Así sucede, entre otros casos, en Milán, donde la corporación

> «no consigue enseñorearse de la organización municipal y tampoco ejercitar, dentro de ella, una acción política preponderante, pero se propone impedir que el municipio ejerza su soberanía en el terreno que la corporación reserva, rígidamente, a sí misma».[45]

Allí donde la organización municipal emana exclusivamente de las corporaciones y, en especial de las «artes mayores», el *ius mercatorum* es también derecho de formación corporativa, y no se convierte nunca, como podría suceder, en derecho de formación pública creado y aplicado por las instituciones municipales.

Las causas de este fenómeno se comprenden observando la gran diferencia, existente en aquella época, entre las reducidas dimensiones territoriales de la unidad política y las vastas y crecientes dimensiones de los mercados.[46] La actividad mercantil está ligada, sólo en un aspecto, a las dimensiones urbanas; este aspecto es el referido al mercado de la producción, donde se establecen las relaciones entre campesino y comerciante, de suministro de las materias primas y las relaciones, entre comerciante y artesano, por las que se encarga la elaboración de las mercancías. Las dimensiones urbanas afectan, relativamente poco, al aspecto de la venta de los productos, el cual tiene, sobre todo, un ámbito ultra-urbano y, tendencialmente europeo. El control político de cada unidad municipal particular es, esencialmente, control del mercado de la producción, manifestándose, en primer lugar, en el anteriormente citado monopolio, que los estatutos de la ciudad garantizan a los comerciantes, de la adquisición de los productos del suelo municipal y del trabajo de sus habitantes; y alcanzando a todo aquello que las exigencias de dirección del mercado requiere, como es el caso de la política de desarrollo de la producción ciudadana, perseguida a través de la organización municipal, según se ha visto antes.[47] Pero ese control político no va más allá. El mercado de la distribución

---

45 G. Luzzatto, voz «Corporazione (storia)», *cit.*, p. 674.

46 Algunos datos aportados por R. López, *The Commercial Revolution, cit.*, pp. 119 y ss., resultan esclarecedoras en este sentido: «se ha calculado que a fines del siglo XIII el valor de las exportaciones tasado al salir de Inglaterra (que no era por cierto uno de los países menos desarrollados de Europa) alcanzaba las doscientas cincuenta mil esterlinas anuales; pero esta cifra, considerando que la moneda inglesa valía cuatro veces, por lo menos, la genovesa, es señaladamente inferior que los cuatro millones de liras genovesas que valían las exportaciones e importaciones medidas en 1293 en el puerto de Génova. Esta última cifra resulta ser, a su vez, casi diez veces superior al valor de las exportaciones marítimas de Lübeck, el puerto más importante de Alemania en el año 1368». Más aún: «en 1293, el comercio marítimo genovés superó en tres veces la renta total del reino de Francia en el mismo año»; y «a principios del siglo XIV, más de cien mil barriles de vino fueron exportados de Gascuña a Inglaterra en un solo año, por obra de pequeños comerciantes que los transportaron en pequeñas embarcaciones».

47 V. el apartado 2.2.

de los productos es ultra-urbano (a menudo inclso extra-urbano cuando los señores feudales organizan ferias en sus propias tierras); por ello debe gobernarse con reglas jurídicas de aplicación ultra-urbana, y éstas no pueden ser normas dictadas en virtud de la soberanía municipal. Estas normas sólo pueden establecerse como reglas de un derecho profesional que aparece en las negociaciones comerciales como creación directa de la clase mercantil.

Por su perdurable carácter de derecho de clase, el *ius mercatorum* se extiende, progresivamente, como derecho que tiende a la uniformidad en el ámbito ultra-urbano, y a la postre europeo, a manera de nuevo *ius gentium* que diría en el siglo XVI Benvenuto Stracca; un derecho que posee el carácter de verdadero derecho supra-urbano, tal es el derecho mercantil de las ferias. Así se explica también que el derecho destinado a extenderse (y a prevalecer ante los magistrados establecidos en las ferias) es el formado, originariamente, en las ciudades donde el capital comercial es capaz de dominar los mercados, de imponer su supremacía económica y, en definitiva, su propio derecho. El derecho mercantil de la Edad Media fue en Europa el derecho mercantil italiano, el formado en Florencia, en Génova, en Milán, en Venecia, es decir, las ciudades que se hallaban a la cabeza del comercio europeo.[48]

48 Sobre esta «indiscutible primacía» *cfr.* F. Calasso, *Il negozio giuridico,* Milano, 1967, 2.ª edición, pp. 311 y ss.; igualmente A. Frémery, *Etudes de droit commercial, cit.,* p. 12.

CAPÍTULO TERCERO

UN DERECHO PÚBLICO PARA LOS COMERCIANTES DEL MONARCA ABSOLUTO

3.1. El derecho mercantil como derecho del Estado

La poca inclinación que tuvo la burguesía medieval, a integrarse por entero en las realidades políticas particulares y la tendencia a mostrarse como clase cosmopolita, dominadora de los mercados europeos, que fueron las bases sobre las cuales ella había construido su fortuna inicial, causaron, al mismo tiempo, su declive posterior. En las ciudades había sido, sola o en alianza con la nobleza, la clase políticamente dirigente; pero esta dirección política no se había desarrollado lo suficiente para convertir a las ciudades en auténticos estados (un desarrollo parcial en este sentido se produjo únicamente en Venecia). La burguesía medieval no supo salir de aquella fase de «primitivismo económico-corporativo» en la cual, como ha escrito Antonio Gramsci, la dirección política del nuevo grupo social es de «carácter económico», y se ocupa de «reorganizar la estructura»; ni supo llegar a la «fase más estrictamente política», que se alcanza con el tránsito «de la estructura a la esfera de las sobrestructuras complejas».[1] Tampoco supo ser la fuerza hegemónica de la sociedad; por el contrario,

> «la cultura, que siguió siendo una función de la Iglesia, (era) de carácter antieconómico precisamente (de la economía capitalista naciente), no se orientó a dar la hegemonía a una nueva clase, sino a impedir que ésta la adquiriera: el humanismo y el renacimiento eran, por esto, reaccionarios, porque sellaron la derrota de la nueva clase, la negación del mundo económico que le era propio, etc.».[2]

A fines de la Edad Media, la escena política se halla dominada por Estados monárquicos de amplia base territorial, nacional o regional. Con la desaparición de la soberanía municipal, la burguesía pierde toda capacidad de dirección política. La recuperación, lenta y controvertida, se realizará en el seno de las instituciones monárquicas como tercer estado de los respectivos reinos. La centralización monárquica transforma, rápidamente, a las corpora-

---

1 A. Gramsci, *Antología, cit.*, p. 415; y *La política y el Estado moderno, cit.*, p. 113.

2 A. Gramsci, *La política y el Estado moderno, cit.*, p. 179.

ciones en instituciones auxiliares del Estado, semejantes a los *collegia* de la Roma Imperial. En el interior de la nueva estructura política, aquéllas realizan funciones de policía en el ámbito de la actividad profesional, desarrollándose según estrictos reglamentos estatales.

La clase mercantil deja de ser artífice de su propio derecho. El derecho mercantil experimenta una doble transformación: era derecho de clase y se convierte en derecho del Estado, era derecho universal y se convierte en derecho nacional. Sus fuentes son las leyes del Estado vigentes en los límites nacionales, distintas, por tanto, de un Estado a otro. La jurisdicción mercantil pasa —el tránsito se realiza en Francia con las disposiciones de Francisco II y Carlos IX de 1560 y 1563, respectivamente— de las antiguas magistraturas mercantiles, en el seno de las corporaciones, a los tribunales del Estado, concebidos, sin embargo, como tribunales especiales; los magistrados, elegidos por una asamblea de comerciantes son, no obstante, nombrados por el rey e investidos de poder soberano.

La pérdida de poder político de la clase mercantil no significa, sin embargo, un descenso del ritmo de acumulación del capital comercial. Este tiende, por el contrario, a intensificarse a medida que la centralización monárquica, en el curso del siglo XVII, alcanza la forma extrema del Estado absoluto. La política absolutista encuentra en la expansión del tráfico una de sus principales bases de apoyo: «los reyes obtienen gran utilidad del comercio» —declara Jacques Savary en el siglo XVII bajo el reinado de Luis XIV— «tanto por los derechos que los comerciantes pagan a ellos cuando entran en sus reinos, o salen, como por ser los banqueros y los comerciantes quienes recogen todo el dinero, disponiendo de sumas inmensas que son necesarias a los reyes para sus grandes empresas».[3] También los instrumentos del comercio, como la letra de cambio, son útiles a los reyes, pues les permiten «hallar en cualquier parte, cuando están en guerra, dinero, para sus ejércitos».

La clase mercantil ya no dirige el desarrollo económico; lo hace la monarquía absoluta según las doctrinas mercantilistas. Pero, en la medida que la política mercantilista de los Estados significa el máximo desarrollo del tráfico económico, su éxito es también la consolidación de la fortuna de la clase mercantil. Luis XIV, añade Savary, «llama al mayor número posible de sus súbditos a ocuparse en el comercio o a interesarse por él a través de la sociedad en comandita... concediéndoles grandes privilegios a los comerciantes».[4]

---

3 Jaques Savary, *Le parfait négociant,* París, 1.ª edición, 1675, p. 2.

4 J. Savary, *Le parfait négociant, cit.,* p. 2. Luis XIV en «Déclaration du Roy portant établissement d'une Compagnie pour le commerce des Indes orientales» de 1664 en *Conferences des Ordonnances de Louis XIV,* París, 1719, II, p. 483, declara: «la felicidad del pueblo requiere (...) la reorganización del comercio en nuestro reino, lo cual es el único medio por el que la abundancia introducida no se utilice en lujo y derroche de un reducido número (...) sino que a través de la manufactura, el consumo de mercancías y el empleo de un gran número de personas de todo sexo y edad que permite el comercio, aquella abundancia redunde sobre la generalidad del pueblo»; y añade «entre todos los medios que hemos examinado para alcanzar tan buen fin (...) nos hemos fijado prevalentemente en el comercio derivado

3.2. La *Ordonnance du commerce*

La monarquía absoluta tiene una específica política del derecho mercantil que origina en Francia la primera legislación orgánica sobre la materia: las Ordenanzas sobre el comercio (1673) i sobre la marina (1681). La férrea autodisciplina de clase es sustituida por otra, no menos férrea, disciplina impuesta desde lo alto a los comerciantes-súbditos del monarca absoluto. La idea inspiradora de la *Ordonnance du commerce* es la necesidad de recuperar la confianza para conquistar los mercados. Por esto precisamente la *Ordonnance* quiere ser, como señala el edicto que la acompaña, «un reglamento capaz de asegurar la buena fe entre los comerciantes contra el fraude y de evitar los obstáculos que los desvían de su ocupación». El ejercicio del comercio se concibe como un privilegio concedido por el soberano que requiere, como condición para ejercerlo, la obtención de la inscripción en las corporaciones que existen en cada sector de la actividad mercantil. La llevanza de los libros contables, que anteriormente sólo era una regla técnica de buena administración,[5] se hace obligatoria, regulada por una serie de minuciosas disposiciones (título III). El contrato de sociedad entre *négocians* o *marchands* es nulo cuando no se hace en forma escrita o no se inscribe en el registro (así se confirman ordenanzas anteriores de 1568 y de 1579); con ello se pretende impedir la existencia de socios ocultos que eludan sus responsabilidades personales, patrimoniales o penales (título IV). La bancarrota fraudulenta se castiga con la muerte (título XI, art. XII). La omisión o la llevanza irregular de los libros contables puede considerarse por el juez bancarrota fraudulenta (art. XII).[6]

El cambio de las relaciones de fuerza entre las clases influye sobre las disposiciones relativas a la jurisdicción. El ámbito de la jurisdicción mercantil *(jurisdiction des Consuls* en el lenguaje de la *Ordonnance)* se reduce en relación al pasado. Permanece, como principio, la competencia de la jurisdicción mercantil en las causas, entre comerciantes y no-comerciantes, relativas a las ventas de mercancías o a la adquisición de materias primas (título XII, art. IV); sin embargo, se concede al clero, a los nobles y, en general, a los propietarios de la tierra, incluso burgueses, que hayan vendido a los comerciantes los productos de su tierra, la facultad de elegir entre citar al comerciante comprador ante el juez ordinario o ante los *consuls* (art. X).

En las clasificaciones de los juristas del Estado absoluto, el derecho mercantil se convierte en *derecho público*. Domat lo coloca entre las materias relati-

de los viajes de largo recorrido, el cual, como demuestra la experiencia de nuestros vecinos, reporta beneficios que sobrepasan ampliamente el esfuerzo que exige alcanzar los países lejanos».

5 A. Lattes, *Il diritto commerciale, cit.*, p. 283.

6 La represión del incumplimiento laboral es igualmente feroz, llegando incluso a la flagelación pública, *cfr.* P. Boissonade, *Le socialisme d'Estat. L'industrie et les classes industrielles en France pendant les deux premiers siècles de l'Ere Moderne,* París, 1927, pp. 133 y ss.; el comentario de P. Bornier a la *Ordonnance* (v. *Conferences des Ordonnances,* II, *cit.*, p. 685) demuestra que la pena capital no se aplicaba nunca a los quebrados, de lo que se lamenta el propio Bornier, considerándolo como la causa de la crisis del comercio.

vas al «gobierno y a la política general del Estado».[7] Es un derecho que se refiere a «cualidades artificiales» de la persona (la cualidad de comerciante no es «natural», sino que depende del privilegio concedido por el soberano), y, en la medida que se establece, por la ley del Estado, es «derecho arbitrario» y, por consiguiente, público (mientras que el derecho romano es derecho privado y se contrapone, según Domat, al derecho público o arbitrario, como derecho natural o derivado de la razón).[8]

Lo que mueve al intento regulador del Estado es el interés político, convergente con el interés económico de la clase mercantil, de acrecentar su potencia financiera (y la riqueza de las clases dominantes) y de ampliar la vida económica, desarrollar el tráfico, multiplicar el volumen de la producción nacional y, sobre todo, el volumen dé las exportaciones, pues opera «una tendencia a considerar la ganancia que arrojaba el comercio exterior como la única forma de excedente y, por lo tanto, como la única fuente de la acumulación, así como la de las rentas del Estado».[9]

La regulación legislativa de la materia comercial se ocupa de la eficacia del aparato económico. Este es un aspecto de la intervención general del Estado absoluto en la vida económica, llamado política mercantilista, que se manifiesta de manera variada en las tarifas proteccionistas, en las prohibiciones de importación, en los planes, en las licencias, en las normas de producción, en los precios máximos de venta, en la fijación de los salarios, en las contribuciones, en las subvenciones, en las exenciones fiscales, en el crédito oficial, en los monopolios de producción, e incluso en la directa actividad empresarial del Estado, como es el caso de las «fábricas reales».[10] Domina la creencia, según

---

7 Cfr. G. Tarello, «Sistemazione e ideología nelle «Loix civiles» di Jean Domat» en *Materiali per una storia della cultura giuridica,* Bologna, Il Mulino, 1972, II, p. 156.

8 *Cfr.* G. Tarello «Sistemazione e ideologia», *cit.,* pp. 136 y ss. Esta concepción del derecho privado como derecho natural, y del derecho público como derecho creado por el Estado, «añadiendo a la capacidad del individuo algo que no posee por su propia naturaleza», como dirá G. Jellinek, *System der subjektiven öffentlichen Rechte,* Verlag von J. C. B. Mohr (Paul Siebeck), Tübingen, 1905, 2ª edición, perdurará hasta fines del siglo XIX.

9 M. Dobb, *Estudios sobre el desarrollo del capitalismo, cit.,* p. 250, recordando también que «Colbert definió todo el negocio del comercio como consistente en facilitar la importación de los bienes que sirven a la manufactura del país, prohibiendo la de aquellos que ingresan ya manufacturados» (p. 245) y lo que Thomas Mun declaraba en la misma época en Gran Bretaña: «si el soberano amasa más dinero del que gana con el superávit de su comercio exterior, no esquilará sino que desarrollará a sus súbditos y, de este modo, con la ruina de éstos se destronará a sí mismo por falta de esquilas futuras» (p. 250).

10 Amplia documentación en P. Boissonade, *Le socialisme d'Etat, cit.,* pp. 241 y ss.; y del mismo autor, *Colbert-Le triomphe ed l'étatisme-La fondation de la suprematie industrielle de la France-La dictature du travail, 1661-83,* París, 1932, pp. 33 y ss.; también en Germain-Martin, *La grande industrie en France sous le règne de Louis XIV,* París, 1899; y del mismo autor *La grande industrie en France sous le règne de Louis XV,* París, 1900.
Un siglo y medio más tarde, resultaba evidente a los redactores del *code de commerce* la unidad del propósito de Colbert, tanto en política económica como en política jurídica. «Siglo y medio se ha pasado» —dice Regnaud de Saint Jean d'Angély en su Discurso pronunciado ante el Cuerpo Legislativo de Francia al presentar el libro I del código (v. *Código de comercio de Francia con los discursos, cit.,* p. 1 y ss.)— «desde que un Ministro hábil echó los cimientos de la

señala Dobb, «en que la regulación económica (es) la condición esencial para que el comercio arroje un beneficio».[11] Por errónea que fuera en relación a las exigencias del desarrollo económico de la época,[12] esta fue la filosofía que permitió a la monarquía mantener a la burguesía bajo su férreo control y erigirse en árbitro de su fortuna, disponiendo, a través del sistema de coacciones y privilegios, de la suerte de ésta.

Si la monarquía absoluta es mercantilista en esa época, la burguesía es, sin embargo, fisiócrata; si la primera es intervencionista la segunda se lanza ya hacia el liberalismo. Cuando Colbert, ministro de Luis XIV, preguntó a los hombres de negocios: «¿qué podía hacerse en su favor?», se dice que respondieron con la frase, convertida luego en lema de la escuela económica del siglo XVIII: *laissez faire, laissez passer*. Los hombres de negocios franceses rechazaban los favores de un Estado que parecía, a sus ojos, portador de los intereses de Una clase antagónica a la suya, y desconfiaban de aquél. La burguesía se propone, entonces, un desarrollo autónomo de clase.[13] Con este fin elaborará toda su

riqueza mercantil de la Francia, dirigiendo la actividad y la industria de una nación ya tan grande, aunque a la sazón no estaba sino en la aurora de su poder, hacia las fábricas entonces casi desconocidas; hacia las artes casi enteramente descuidadas; hacia las expediciones marítimas abandonadas a nuestros vecinos aun en nuestras mismas costas; y hacia las vastas especulaciones mercantiles en los dos mundos, cuyo monopolio habían usurpado la Inglaterra y la Holanda. No se contentó con haber puesto en claro los principios generales del comercio; con haber, por la creación de grandes compañías, presentado ejemplos que seguir; con haber dirigido la industria hacia la manipulación de las materias primeras nacionales o extranjeras; y, en fin, con haber dado a la nación un grande impulso, sino que juzgó necesario establecer reglas para las acciones de los individuos: juzgó necesario poner a los alcances de todo comerciante los principios de la profesión mercantil que se quería hacer floreciente: juzgó necesario deducir las principales consecuencias de estos principios, y aplicarlas a los contratos más usuales: juzgó necesario, en fin, dar al comercio, tanto terrestre como marítimo, una legislación civil adaptada a sus necesidades».

Sobre la unidad del propósito de la política «colbertina» v. L. Berlinguer, *Sui progetti di codice di commercio, cit.*, pp. 17 y ss.

11 M. Dobb, *Estudios sobre el desarrollo del capitalismo, cit.*, p. 238.

12 M. Dobb, *Estudios sobre el desarrollo del capitalismo, cit.*, p. 240, subraya la baja productividad del trabajo en la época preindustrial y considera que «era natural suponer que, sin regulaciones, comercio e industria languidecerían por falta de incentivos para aventurar dinero en semejante empresa y que la burguesía, como clase, jamás llegaría a ser ella misma. Hasta que el progreso técnico no elevara en medida considerable la productividad del trabajo, era difícil que brotara la idea de una plusvalía específicamente industrial, derivada de la inversión de capital en el uso de trabajo asalariado, en tanto categoría económica «natural» —esto es, que no necesitaba de regulaciones políticas o de un monopolio, fuera para crearla o para preservarla—. Además, mientras la producción de plusvalía se concibiera como dependiente de una regulación consciente, difícilmente podía desarrollarse la idea de *objetividad económica* —esto es, de una economía que operara según leyes propias, independientes de la voluntad consciente del hombre—, que fue la esencia de la economía política clásica».

13 Para algunos el origen del proyecto es más antiguo; *cfr.* bajo el influjo de Federico Chabod, Antonio Negri, «*Stato macchina* e borghesia», en *La formazione dello Stato moderno,* dirigido por A. Caracciolo, Bologna, 1970, p. 33 (y anteriormente en *Riv. crit. storia fil.,* 1967, p. 185): «el proceso por el cual el Estado moderno y la sociedad civil se constituyen, de modo paralelo y autónomo, comienza en Italia a principios del siglo XIV, y entre los siglos XV y

cultura en el siglo XVIII: la doctrina fisiócrata, con su intento de situar a la economía en el reino inviolable de la necesidad natural; el liberalismo naciente que, con carácter general, se basa en una concepción de la libertad del hombre como «libertad frente al Estado»; el ius-naturalismo, la concepción del derecho privado, regulador de las relaciones internas de la burguesía como «derecho natural», es decir, inviolable por el Estado, porque es derecho «creado por el pueblo» según la «naturaleza del hombre»; etc. Todo ello constituye el esquema ideológico que permitirá ser a la clase burguesa artífice, nuevamente, de su fortuna. La nueva cultura dará sus frutos en el interior de la vieja estructura a fines del período absolutista: «cuando el interés particular» —dirá Turgot, ministro de Luis XVI— «es, exactamente, el mismo que el interés general, lo mejor que se puede hacer es dejar a cada hombre libre de hacer lo que quiera».[14]

3.3. Orígenes de la sociedad anónima: las Compañías de las Indias

La convergencia de intereses, que la política económica mercantilista establece entre clases antagónicas, origina, durante el período del absolutismo monárquico, diversas formas de alianza y colaboración, entre las cuales destacan las compañías de las Indias de los siglos XVII y XVIII. Estas son las primeras grandes empresas de la era moderna, los arquetipos de la forma jurídica general de la empresa capitalista que establecen las codificaciones del siglo XIX: la sociedad por acciones o anónima.[15]

XVI en los demás países europeos. Es el humanismo precisamente quien establece los valores de libertad y autonomía en torno a los cuales se define la revolución burguesa» (véase como aquí la valoración del humanismo es antitética a la valoración gramsciana citada anteriormente).

[14] *Cfr.* Germain-Martin, *La grande industrie sous le règne de Louis XIV, cit.*, pp. 354 y ss., recordando la liberalización parcial iniciada en 1750. Marx dirá de Turgot que «fue el radical ministro burgués que preparó la Revolución francesa» (v. G. Rebuffa, *Origine della ricchezza e diritto di propietà: Quesnay e Turgot,* Milano, 1974, p. 51).

[15] A veces se han querido hallar precedentes en épocas anteriores, como ocurre cuando se hace referencia al Banco genovés de San Giorgio, fundado en 1547 (este precedente remoto es utilizado singularmente por Guardasigilli en su *Relazione* al código civil italiano de 1942, donde se lee: la sociedad anónima «no se halla vinculada precisamente, desde el punto de vista histórico al sistema económico liberal», sino que «tiene su origen en las instituciones que surgen al comienzo de la civilización moderna progresando gracias a una feliz intuición jurídica y económica que lleva el sello de la genialidad italiana»). Pero a parte de la falta de continuidad histórica, es dudosa la posibilidad de encontrar caracteres que se correspondan con los de la moderna sociedad anónima: los títulos, llamados *luoghi,* en que se dividía el capital, atribuían a sus portadores una renta fija (con lo cual serían en todo caso más análogos a las actuales obligaciones que a las acciones), incluso si el nombramiento de los administradores del Banco correspondía a los portadores de los *luoghi* (y en este sentido sí que tenían semejanzas con las modernas acciones). De este antecedente y de otros, tanto italianos como no, se han referido los autores en términos de «incunables» del instituto (así se ha expresado G. Mori, *Alle origine della società per azioni in Italia: la «Società minerale» di Livorno 1756* en «Riviste delle società», 1958, p. 214) cuyo «verdadero origen» reside en las Compañías de las Indias del siglo XVII (P. Ungari «I precedenti storici del vigente diritto delle società per azioni» en *Ricerca salle società commerciali. Linee evolutive della legislazione italiana e ordinamenti stranieri,* realizado por el Servizio studi legislativi e inchieste parlamentan, Roma, 1968, p. 4).

En las compañías coloniales aparecen, por vez primera, los caracteres propios de este tipo de sociedad: la limitación de la responsabilidad de los socios y la división del capital social en acciones. El primero de estos caracteres, la limitación de la responsabilidad, se encontraba, con anterioridad, en la sociedad comanditaria; sin embargo, en este antiguo tipo de sociedad la limitación afectaba, únicamente, a la categoría de socios comanditarios, excluidos de la dirección de la empresa social, mientras que los demás socios, los colectivos que dirigían realmente la empresa, asumían, de manera necesaria, la responsabilidad ilimitada. El beneficio de la limitación de la responsabilidad estaba vedado, en la época protocapitalista, a la clase mercantil. Cualquiera que fuese la forma jurídica adoptada –comerciante individual, o miembro de una sociedad colectiva o comanditaria– el comerciante estaba expuesto, inevitablemente, a la responsabilidad ilimitada. La ventaja de limitar la responsabilidad al capital aportado, asumiendo el papel de socio comanditario, se reservaba a otras clases detentadoras de la riqueza mobiliaria y, de modo especial, a las clases poseedoras de la tierra. La figura de la sociedad comanditaria permitía a éstas invertir en la actividad mercantil parte de sus propias rentas sin tener otro riesgo que la pérdida del capital aportado.

La novedad, que se introduce con la sociedad por acciones, es que todos los socios, y no una categoría especial, gozan de la responsabilidad limitada. En términos económico-sociales, el hecho nuevo es el logro del beneficio de la responsabilidad limitada por la clase mercantil. Durante los siglos XVII y XVIII, el fenómeno se presenta con caracteres de excepcionalidad; se circunscribe a las compañías coloniales cada vez que se constituyen, primero en Holanda y luego en Inglaterra y en Francia, con la finalidad de explotar las riquezas económicas de las tierras de Oriente y del Nuevo Mundo. Y se presenta como fenómeno excepcional, incluso, por el modo de constituirse la sociedad: cada compañía colonial se establecía por un acto soberano, de concesión; y esta «carta» especial era la fuente del «privilegio» específico de la responsabilidad limitada y de la división del capital social en acciones.

En el siglo XVII, la sociedad por acciones nace de una especie de «pacto», establecido para cada una, entre el grupo empresarial y el soberano. El primero declara su disposición a realizar la colosal empresa de colonización de ultramar, de la cual el soberano espera un crecimiento de la potencia política y económica del Estado, al tiempo que la nobleza la considera una nueva y conspicua fuente de rentas. La condición, que la clase mercantil exige del soberano ante los riesgos que la empresa comporta para ella, es la concesión de un «privilegio»: la inmunidad frente al antiguo principio de la responsabilidad ilimitada.[16] El apo-

[16] La Carta de constitución de la Compañía de las Indias orientales de 1664, al igual que la constitutiva de la Compañía de las Indias occidentales del mismo año (v. *Conferences des ordonnances de Louis XIV*, II, *cit.*, p. 483 y ss.) establece al respecto que «los directores y los particulares interesados no podrán ser obligados, bajo ninguna causa ni pretexto, a proporcionar suma alguna superior a la que se obligaron en la constitución de la Compañía» (art. 2). Los administradores, en cuanto tales, no asumen ninguna responsabilidad: «los directores de la citada Compañía no podrán ser inquiridos, ni padecer fuerza en su persona o en sus bienes, por razón de los negocios de la Compañía» (art. 5).

yo del Estado se veía también en otros aspectos: el Estado armaba la flota y ponía al ejército a su servicio, abriendo, con violencia, el camino a las compañías coloniales;[17] una violencia que fue determinante —según el juicio de Marx— «para acelerar a pasos agigantados el proceso de transformación del régimen feudal de producción en el régimen capitalista y acortar los intervalos».[18]

Sobre este proceso de transformación operó, de manera no menos decisiva, el privilegio de la responsabilidad limitada, el cual indica un punto crucial en la historia jurídica del capitalismo. Las formas jurídicas del primer capitalismo habían surgido en la Edad Media derogando las reglas del derecho común; sin embargo, la derogación venía a incrementar los criterios de responsabilidad de los socios por las obligaciones sociales: en la *societas mercatorum* todos los socios eran ilimitadamente responsables, y no exclusivamente aquél que asumía la obligación, como establecía el derecho común. La nueva clase mercantil exige ahora, por el contrario, privilegios. Comienza una nueva fase en la historia del capitalismo, cuyos caracteres perduran aún hoy, en la cual la clase empresarial exigirá condiciones de favor, de inmunidad frente al derecho común, entendidas como «incentivos» a la actividad productiva.

La justificación del incentivo reclamado en la época de las compañías coloniales era la enormidad de la empresa y los grandes riesgos que comportaba. El beneficio de la responsabilidad limitada incidía sobre la relación existente entre la dimensión de la iniciativa económica, que se realizaba, y la entidad del riesgo inherente. De este modo las dimensiones de la empresa se

---

17 Esto significaba un compromiso específico asumido por el soberano en el acto de constitución: «prometemos a dicha Compañía» —se lee en el art. 40 de la «Déclaration du Roy» constitutiva de la Compañía de las Indias orientales— «protegerla y defenderla frente y contra todos, empleando la fuerza de nuestras armas en cada ocasión que sea necesaria para mantenerla en la plena libertad de su comercio y de su navegación».
Sin embargo, la soberanía sobre las tierras conquistadas era reivindicada por el monarca. Las Compañías tenían reconocidos todos los derechos útiles sobre aquéllas: «pertenecerá perpetuamente a la Compañía» —así decía el art. 28 del acto constitutivo de la Compañía de las Indias orientales, y de modo más analítico los arts. 20 y ss. del acto constitutivo de la Compañía de las Indias occidentales— «con plena propiedad, jurisdicción y señorío, toda tierra, lugar e isla que pueda conquistar a sus enemigos o que pueda ocupar (...), con todos los derechos de señorío sobre las minas (...), incluido el derecho de hacer esclavos y los demás derechos útiles que pudieran pertenecerles a causa de nuestra soberanía sobre tales países».
Aunque los comerciantes de las Compañías de las Indias obraron en nombre del soberano y ejercitaron auténticas prerrogativas regias, concedidas por la corona (como la dirección de las operaciones militares de la conquista, la administración de los territorios conquistados, incluida la administración judicial, el poder de acuñación de la moneda, etc.), se mostraron reacios a reconocer la soberanía del monarca sobre las tierras conquistadas. En este sentido es significativa la célebre frase contenida en la carta escrita por los administradores de la Oost Indische Compagnie a los Estados Generales de Holanda (v. A. Mignoli, *Idea e problemi nell'evoluzione della «company» inglese* en «Rivista delle società», 1960, p. 640, nota 24): «las colonias de las Indias orientales son adquisiciones hechas por los comerciantes particulares y no por el soberano: éstos pueden venderlas a quien les plazca, incluso al rey de España o a cualquier otro enemigo de las Provincias Unidas».

18 K. Marx, *El Capital,* trad. cast. de W. Roces, México, FCE, 2.ª edición, 4.ª reimpresión, 1971, pp. 638 y ss.

convertían en un incentivo, y no en una rémora para el comerciante, el cual, al lado de la perspectiva de enormes beneficios, no veía la sombra de las pérdidas enormes producibles si la empresa fracasaba: las pérdidas eventuales, por elevadas que fueran, sólo afectarían al patrimonio del comerciante en los límites del capital aportado.

El otro carácter de la nueva figura societaria, el relativo a la división del capital social en acciones, debía servir como incentivo a las otras clases detentadoras de la riqueza. La cualidad de socio se incorpora a un título, la acción, da libre transferencia, y cuyo valor en dinero es fácilmente realizable. La ventaja de poder participar en los beneficios del comercio sin asumir los respectivos riesgos, que ya existía anteriormente con la participación comanditaria, se incrementa con la posibilidad de disponer de la participación en la sociedad como si fuera un bien mueble. Con la acción, la participación en la sociedad se convierte en un valor de cambio por sí misma, una nueva forma de riqueza mobiliaria mucho más atractiva que las otras. La acción produce una renta (como dividendo pagado por la sociedad), lo que no sucede con las inversiones en oro o en piedras preciosas, a pesar de que no ofrezca, como éstas, la garantía de la estabilidad del valor, dependiente de la suerte de la sociedad que la emite. En cierta medida, pues, el atractivo de la acción es superior, a causa de su fácil venta, al de la inversión inmobiliaria (el propietario de acciones corre un riesgo, que no tiene el propietario inmobiliario: hallarse con un trozo de papel entre las manos en caso de quiebra de la sociedad).[19]

[19] H. F. d'Aguesseau, Canciller de Francia, describe en estos términos las ventajas e inconvenientes de las acciones (v. «*Memoire sur te commerce des actions de la Compagnie des Indes*» recogida en «Rivista delle società», 1960, pp. 155 y ss.): «las acciones no son estériles como el dinero que se conserva; trabajan en las carteras, según la expresión de los negociantes, y al mismo tiempo poseen la comodidad propia del más ligero de los bienes muebles junto a la utilidad de un fundo que es por naturaleza fructífero». Sin embargo, «hablando en términos absolutos, son más seguras las cosas que las acciones; por consiguiente, desde el punto de vista de la seguridad, el dinero contante es preferible al título». De ahí que «adquirir títulos con dinero sea cambiar la seguridad del dinero por la comodidad y utilidad del título; al igual que cambiar títulos por dinero es cambiar utilidad y comodidad por seguridad; estas son, en definitiva, las características de este tipo de comercio». Lo que hace «verdaderamente criminal», e inseguro, el tráfico accionario es la práctica especulativa, que d'Aguesseau describe con todo detalle, considerándola un azote para su tiempo: una amenaza no sólo a los particulares, sino al reino entero, pues «el falso comercio ocupa el sitio de las fuentes verdaderas de la prosperidad; arranca del trabajo un gran número de hombres; coloca a otros en una opulencia excesiva; los que actualmente viven de la agricultura todavía lo hacen con desahogo, pero el resto se halla amenazado por la miseria extrema cuyos efectos ya se dejan sentir».
El juicio enérgico de este aristócrata, magistrado del rey de Francia, viene provocado, como observa P. Ungari, *I precedenti storici, cit.*, p. 17, por el miedo a que «las inversiones accionarias sustrajeran capital de la agricultura, originando una oculta concentración de la riqueza —y, por tanto, de poder social— en manos que no fueran las de la *noblesse de France*».
Un autor de la misma época, Melon, en sus *Essais politiques sur le commerce*, p. 77 (citado por R. T. Troplong, *Du contrat de société*, Bruxelles, Société Typographique Belge, 1843, p. 28), escribe: «mientras nuestras embarcaciones transportan los fondos de la compañía de una a otra parte del mundo, éstos serían algo muerto si la presencia de las acciones en la

Las acciones son un instrumento que permite movilizar en torno a la clase mercantil, los recursos financieros de los otros sectores sociales; el instrumento que encauza hacia las empresas mercantiles el dinero acumulado por las respectivas clases pudientes: por la nobleza, el clero, los propietarios de tierras, los propietarios urbanos, los altos funcionarios, etc. La ventaja de este modo de financiación es evidente: el capital aportado por los accionistas es, a diferencia del capital que suministran los banqueros u otros financieros, un «capital de riesgo» (o una cifra de garantía para los acreedores); si quiebra la empresa, y la sociedad pierde su capital, nada se debe a los accionistas, los cuales, siendo socios, deben soportar los riesgos de la empresa social; tampoco se deben intereses prefijados, y con vencimientos rígidos, como corresponde a los banqueros y demás financiadores, sino que la medida del dividendo, que corresponde a la acción, y la periodicidad con la que debe satisfacerse, dependen de las contingencias de la gestión social. En este sentido, la función de la sociedad por acciones es diversa de la que cumple la sociedad comanditaria sólo en el aspecto cuantitativo. El nuevo tipo societario permite realizar a gran escala, de forma masiva, aquello que la comanditaria realizaba a escala reducida y que se resolvía a nivel del contrato individual entre comerciantes y capitalistas determinados.

---

plaza no les dieran un segundo valor, real, circulante, libre, no exigible, y, por tanto, no sujeto a los inconvenientes del préstamo en dinero, tal que les permitían conservar sus propiedades esenciales». El juicio de Melón es contrario al de d'Aguesseau; «no pretendemos decir que el accionista sea más útil al Estado que el *rentier;* son odiosas estas comparaciones, de las cuales estamos muy lejos. El accionista recibe su renta, como el *rentier* recibe la suya; ninguno trabaja más que el otro, y el dinero que ambos proporcionan (...) es utilizable igualmente para el comercio y para la agricultura».

CAPÍTULO CUARTO

EL DERECHO MERCANTIL DE LA CODIFICACIÓN BURGUESA

4.1. Clase mercantil y mediación política

El ascenso de la burguesía al poder se realiza, en general, en un ámbito político preexistente: el Estado nacional. Donde la burguesía está sujeta a un ámbito político no unitario, como ocurre en Italia y Alemania, la construcción del Estado se presenta con caracteres de urgencia. La dimensión del poder fundado por la monarquía absoluta, que le faltó a la burguesía bajo-medieval, fue hallada por la burguesía de los siglos XVIII y XIX. La dimensión territorial del Estado nacional, de manera destacada, permitió a la clase dominante el control político de amplios territorios que fueron la base de elevados recursos y de abundante fuerza de trabajo, así como el fundamento de una potencia militar notable. La burguesía urbana medieval había ejercitado, solamente, el control político sobre el mercado de la producción, y en ámbitos territoriales estrechos. La burguesía de los Estados nacionales, en cambio, puede controlar no sólo un amplio mercado de producción, sino también la distribución y el consumo en amplios mercados internos, y es capaz, gracias a la potencia militar y económica del Estado, de extender su influencia más allá de los límites nacionales, ejerciendo un control político indirecto sobre los mercados exteriores. La dimensión espiritual, que se añade a la territorial, se observa en la capacidad de movilizar energías que se halla inherente a la idea de «nación»; es la posibilidad, que se ofrece ahora a la burguesía, de presentar las propias exigencias de desarrollo, y de expansión, como exigencias nacionales, en las cuales el pueblo, más allá de las diferencias de clase, puede reconocerse y por las cuales debe luchar.

Más importante que la dimensión territorial y la espiritual es la dimensión política: la idea, ajena a la burguesía municipal, de la concentración del poder. Todo el poder político se halla en el Estado; se desconoce cualquier otra autoridad concurrente con la de aquél, ya sea extra o sub-estatal. La nueva sociedad política burguesa no repite el modelo de la policéntrica organización comunal, en la cual la clase mercantil ejercitaba un poder político directo, juntamente con el de las magistraturas municipales (detentadas, a menudo, por conspicuos representantes del comercio). Las corporaciones mercantiles, que habían sido las fuentes de este poder político directo (al margen de haber sido la instancia que designaba a las magistraturas municipales) no vieron restituidas sus viejas prerrogativas, antes bien fueron rápidamente suprimidas, como sucedió en Francia al establecerse la Constitución de 1791. Ahora la burguesía sólo domina de modo indirecto: ejercita, a través del Estado, su dominio sobre las clases subalternas, y busca, por medio del Estado, el equilibrio de fuerzas con las otras clases detentadoras de la riqueza.

Se trata del arte de gobierno ensayado por la monarquía absoluta: un poder político tanto más fuerte cuanto más concentrado; desprendido, formalmente, de la organización de clase del grupo dominante. El monarca absoluto no se consideraba el supremo exponente de la aristocracia, sino el titular de una soberanía originaria, autónoma respecto a todas las clases sociales. El Estado burgués es la continuación de este modelo, aunque la soberanía deje de ser el atributo de una persona física y se convierta —lo cual es una perfección del modelo— en el atributo de un ente abstracto, de la nación o del Estado como persona.[1]

El poder político de la burguesía se separa de su poder económico. De la clase mercantil se destaca una clase política, mediante la cual la burguesía puede mirar más allá del inmediato interés económico propio y coordinarlo con el interés de otros grupos sociales, elaborando una visión «nacional», y no exclusivamente corporativa, de los intereses de clase. La función mediadora de las relaciones entre clases había sido realizada —según la opinión de Friedrich Engels— por las monarquías absolutas que mantenían «a nivel la balanza sobre la nobleza y el estado llano». En la Francia postrevolucionaria será tarea del bonapartismo mediar en la relación entre la burguesía mercantil y la burguesía terrateniente (mientras que el bonapartismo del segundo Imperio, añade Engels, utilizará a «los proletarios contra la clase media y a ésta contra aquéllos»).[2] Posteriormente esa función se convierte en tarea institucional

---

1 Es la «emancipación del poder estatal de la persona del soberano» (A. Negri, «*Stato macchina* e borghesia», *cit.*, p. 31). La nueva clase no precisa, como la antigua, reclamar obediencia y devoción para sí misma; le basta con pedir obediencia y devoción para con la «persona» del Estado, e incluso será ella misma la primera en asumir esa obediencia y devoción. La noción de Estado-persona se convierte en un extraordinario instrumento de poder: la clase dominante se coloca en condiciones de reclamar cualquier cosa, ya que nada pide para ella. Estas son las premisas del nuevo «absolutismo ilimitado»; ilimitado porque «la personificación de un ente abstracto soberano conduce a la imposibilidad de rechazar su poder y autoridad» (R. De Stefano, *Il problema del potere,* Milano, 1962, pp. 135 y ss.; *cfr.* R. Orestano, *Il «problema delle persone giuridiche» in diritto romano,* I, Torino, 1968, pp. 41 y ss.).

2 F. Engels, *Origen de la familia, de la propiedad privada y del Estado,* Madrid, «La España moderna», s.f., p. 311. En la historiografía contemporánea v. C. Vivante, «Gli Stati europei nella crisi generale del Seicento», en *La formazione dello Stato moderno, cit.*, pp. 87 *y ss.* En relación a la historia del derecho mercantil se advierte recientemente que «el «comerciante» no necesita participar como protagonista en la defensa de sus intereses (la desaparición de los miembros «laicos» de los tribunales de comercio será el primer paso, por lo menos en Italia, que conduce a la desaparición de éstos)» (v. G. Cottino, *Diritto commerciale,* I, Padova, 1976, p. 41).

del Estado burgués, siendo las instituciones representativas la sede permanente de la mediación. Mientras el Estado sea monoclase, o sea, dictadura de la burguesía, la mediación se realiza a nivel interno, entre las diversas capas burguesas detentadoras de riqueza; Cuando el sufragio universal y el sistema proporcional lleven a las clases populares a la escena parlamentaria, la mediación deberá ejercerse entre la burguesía y el «cuarto estado».

4.2. Estatalización del derecho civil

La centralización monárquica había sido, esencialmente, una centralización administrativa, realizada a través de la sustitución gradual de las jurisdicciones de la nobleza feudal por aparatos burocráticos periféricos dependientes del ejecutivo central. En el campo jurídico la centralización monárquica había aspirado al principio, nunca logrado totalmente, de la estatalidad del derecho y por tanto de su nacionalidad, y había procurado un proceso, que luego quedó inacabado, de estatalización de las fuentes de producción normativa.[3] La burguesía en el poder prosigue, y concluye, este proceso. Con el *code Napoleón* el derecho civil, que hasta entonces había sido considerado como «derecho de la razón», o «derecho natural», sustraído al arbitrio del soberano, y como derecho particular, de clase o territorial, garantizado por las inmunidades sobrevivientes de origen feudal, se convierte en derecho del Estado.

Se trata de una profunda revolución en las concepciones políticas, jurídicas y económicas de la burguesía que sacude los fundamentos sobre los cuales se había construido en el pasado las relaciones entre sociedad civil y Estado, economía y política, y derecho privado y derecho público. La autonomía de la sociedad civil frente al Estado, y de la economía frente a la política, constituían el gran proyecto revolucionario de la burguesía de los siglos XVII y XVIII; la estatalidad del derecho privado era, por tanto, el corolario en el mundo del derecho. El ius-naturalismo había reivindicado la existencia de derechos «naturales» del hombre; derechos que, por ser naturales, se situaban frente al Estado. También el ius-naturalismo había pretendido la emancipación política de la propiedad, y de la iniciativa económica, transformándola de privilegio en derecho, y, especialmente, en derecho «del hombre natural».[4] La burguesía contrapone el Estado, considerado como máquina que mantiene el orden social, económico y religioso,[5] a la sociedad civil, que es el «estado de

---

3 Sobre el tema v. Tarello, *Storia della cultura giuridica moderna,* pp. 49 y ss.

4 «La *constitución del Estado* político y la disolución de la sociedad burguesa en *individuos* independientes —cuya relación es el *derecho,* mientras que la relación entre los hombres de los estamentos y los gremios era el *privilegio*— se lleva a cabo *en uno y el mismo acto.* Ahora bien, el hombre, en cuanto miembro de la sociedad civil, el hombre no *político,* aparece necesariamente como el hombre *natural*» (v. Karl Marx, *La cuestión judía,* en «Los anales franco-alemanes», trad. cast. J. M. Bravo, Barcelona, Ed. Martínez-Roca, 1973, p. 248).

5 *Cfr.* Negri, «*Stato macchina* e borghesia», *cit.,* pp. 30 y ss.: «la burguesía naciente descubre en la necesidad del orden social la garantía de la libertad conquistada (...). A menudo, no existe otra vía que la de la alianza con las viejas clases, el más amplio compromiso realizado por exigencias revolucionarias. «Mejor la tiranía que la anarquía»: Lutero y Erasmo, reformadores y humanistas, lo repiten» (pp. 35 y ss.).

naturaleza» en el lenguaje de los ius-naturalistas,[6] imaginado como sociedad que se rige por leyes propias, «naturales» o de la «razón», inviolables por parte del Estado.

La descomposición de la sociedad en sociedad civil y Estado había establecido las premisas de una correlativa descomposición del derecho, a la cual se prestaban los conceptos romanistas del *ius privatum* y del *ius publicum:* el derecho privado podía verse como el regulador de la sociedad civil, y el público del Estado.[7] La partición público-privado tuvo su origen en Roma,[8] como primer momento de ruptura en el mundo antiguo del «nexo de inmediata integración-subordinación del individuo a la sociedad y al Estado», que había caracterizado a la sociedad griega.[9] Sin embargo, no «surge todavía en Roma la separación neta entre ciudadano y hombre, política y vida civil, público y privado, que marca el comienzo del mundo moderno».[10] La distinción que había perdido sentido durante la época intermedia,[11] fue rehabili-

---

6 *Cfr.* sobre la cuestión terminológica N. Bobbio, *Gramsci e la concezione delLa società civile,* Milano, 1976, pp. 21 y ss. La expresión «sociedad civil»; de origen hegeliano, se convierte en la obra de Marx y Engels en uno de los términos de la antítesis sociedad-Estado, que designa «el reino de las relaciones económicas», el «complejo de las relaciones materiales entre los individuos», «todo el complejo de la vida comercial e industrial» (v. también R. Guastini, «Il lessico giuridico di Marx 1845-1847», en *Materiali per una storia della cultura giuridica,* dirigido por G. Tarello, IV, Bologna, 1974, pp. 277 y ss.; D. Zolo, *La teoria comunista dell'estinzione dello Stato,* Bari, 1974, pp. 85 y ss.).

7 *Cfr.* U. Cerroni, *La libertà dei moderni,* Bari, 1968 (trad. cast. *La libertad de los modernos, Barcelona,* Ed. Martínez-Roca, 1972, p. 83): «Existe un claro paralelismo entre el desarrollo completo de la separación entre Derecho privado y Derecho público —característica de la Era Moderna— y el desarrollo de la otra relación entre individuo y Estado, hasta el punto de que puede afirmarse que una plena sistematización «teórica» de esa división —que ha ocurrido, como sabemos, en una época bastante reciente— resulta «posible» cuando llega a su pleno desarrollo «práctico» el proceso de separación del individuo con respecto al grupo social —con la eliminación de los vínculos personales de dependencia recíproca y directa— y por consiguiente, al mismo Estado».

8 Lo resume el célebre pasaje de las *Institutiones* de Ulpiano (en D. 1.1.1.): *publicum ius est quod ad statum rei romanae spectat, privatum quod ad singulorum utilitatem.*

9 *Cfr.* Cerroni, *La libertad de los modernos, cit.,* pp. 86 y ss.; v. también C. H. McIlwain, *Il pensiero político occidentale, dai Greci al tardo Medioevo,* Venezia, 1959, pp. 13 y ss. la opinión de que «los Griegos no hacían distinciones, como se hacen actualmente, entre sociedad y Estado, y entre sociedad y gobierno» y que «el Estado resumía la actividad colectiva total de los ciudadanos, un todo fuera del cual los miembros no podían ser imaginados y menos existir. Por ello toda la vida social era vida política. En la ciudad-estado, probablemente, la vida política era mucho más social de cuanto lo es en la actualidad».

10 Cerroni, *La libertad de los modernos, cit.,* p. 89.

11 Baldo comentando la distinción ulpianea precisará: *principaliter loquendo distinctio remanet vera;* asegurando que *cum ergo bonum publicum non sit sine privato, nec privatum sine publico, non distinguitur unum ab altero* (v. F. Calasso, *Ius publicum e ius privatum nel diritto comune classico* en *Studi in memoria di Francesco Ferrara,* I, Milano, 1943, pp. 78, 82 y ss.). Para Pašukanis, *Teoría general del Derecho y Marxismo, cit.,* p. 116: «Un poder de tipo feudal o patriarcal no conoce fronteras entre lo privado y lo público. Los derechos públicos del señor feudal sobre los villanos eran al mismo tiempo sus derechos como propietario privado; recíprocamente sus derechos privados o sus pretensiones privadas pueden ser interpretados, si se quiere, como derechos políticos, es decir, públicos». Sin embargo, debe

tándose a medida que avanzaba la revolución burguesa, hasta convertirse en oposición irreducible; a partir del siglo xvi, la distinción público privado se utiliza para oponer el derecho del Estado —llamado, en su conjunto, derecho público por la razón exclusiva de proceder del Estado— a un derecho producido fuera del Estado, que se corresponde con el antiguo derecho romano o es creado por la costumbre. El primero es «derecho arbitrario», impuesto por el príncipe *ratione imperii;* el segundo es «derecho de la razón» o «derecho natural», vigente *imperio rationis.* Este orden conceptual, que a fines del siglo XVII halla una sistematización completa en las *Loix civiles* de Jean Domat,[12] es confirmado por la experiencia histórica, pudiéndose ver como «en Francia, hasta 1789, las ordenanzas del rey raramente alteraban el derecho privado».[13] Por ello, el concepto de derecho privado, regulador de las relaciones «entre particulares», se conjugaba con el concepto de derecho natural (identificado, a su vez, con el derecho romano); mientras que el concepto de derecho público, como derecho relativo al «buen orden del gobierno», podía asociarse con aquel «derecho arbitrario», establecido por las leyes del Estado. La colocación del derecho mercantil en la parte correspondiente al derecho público[14] alteraba la armonía ideológica del sistema, porque significaba excluir la libertad económica de la lista de derechos naturales del hombre; sin embargo, no alteraba su equilibrio, puesto que las relaciones comerciales no eran relaciones entre particulares, sino relaciones entre sujetos que ejercían un privilegio soberano.

La llegada de la burguesía al poder comporta la supresión de la inmunidad de la sociedad civil al derecho del Estado, y la alteración del sistema jurídico de Domat. La nueva clase dominante ha aprendido de la derrocada que la ley puede ser un formidable instrumentó de política económica; ahora es la burguesía quien exige la intervención del Estado con el fin de regular las relaciones sociales; más aún, la codificación civil se sitúa entre los primeros objetivos del programa de las fuerzas revolucionarias.[15]

---

tenerse en cuenta la advertencia de G. Gurvitch, *Sociolopy of Law,* New York, 1942 (trad. cast. A. Romera Vera, *Sociología del Derecho,* Rosario —Argentina—, 1945, p. 296): «Es un error decir, como hacen con frecuencia historiadores y juristas, que el sistema del derecho feudal es una mezcla, una confusión de derecho público y privado. La naturaleza específica de este sistema es precisamente el hecho de que estas categorías son inaplicables».

12 *Cfr.* Tarello, *Sistemazione e ideologia nelle «loix civiles» di Jean Domat, cit.,* pp. 136 y ss.

13 V. McIlwain, *Il pensiero politico occidentale, cit.,* p. 454, refiriéndose a Viollet y Coquille. Suele considerarse que en la Edad Media operaba la concepción según la cual «el gobernante no crea la *lex,* sino que le da forma y sanción, por mandato del pueblo, a la norma que el propio pueblo solía usar en la vida práctica o poseía en germen en su conciencia, transformando esta *lex non scripta* en la *lex scripta* que sujetaba al propio gobernante» (v. Calasso, *Il negozio giuridico, cit.,* p. 229).

14 V. apartado 3.2.

15 La Constitución de 1791 establece en el art. 3 de las Disposiciones fundamentales que «se elaborará un código de las leyes civiles comunes de todo el reino»; con anterioridad la ley sobre el ordenamiento judicial de 16 de agosto de 1790 contenía, en su art. 19 del título II, el programa de una reforma de las leyes civiles que debía realizarse mediante la elaboración de «un código general de leyes simples, claras y apropiadas a la constitución».

«El capitalismo se llamó *liberal*» –señala Georges Ripert[16]– «porque había nacido bajo el signo de la libertad y porque creía útil para él vivir en su seno. Pero si hubiera tenido que contentarse con el derecho común, no hubiese podido desarrollarse. La libertad no le bastaba».

No se reniega del ius-naturalismo: la Declaración de derechos de 1789 reafirma, solemnemente, la existencia de derechos naturales del hombre; el mismo proyecto del *code Napoleón,* en el art. 1 de un cierto «Libro preliminar», luego suprimido, levanta acta de la existencia de un derecho natural «universal e inmutable».[17] Y, sin embargo, la burguesía reconoce al Estado una nueva función, desconocida hasta entonces: lo convierte en intérprete –único e inapelable– del derecho natural.[18] De fuente autónoma del derecho, separada del derecho del Estado, tal como Domat lo había concebido, el derecho natural se convierte en fundamento del propio derecho del Estado; es –según declaraba el art. 1 del libro preliminar, suprimido del texto legislativo, porque era una mera declaración teórica– la «fuente de todas las leyes positivas».

El «estado de naturaleza» que el *code Napoleón* esboza, es una sociedad de hombres libres, iguales, independientes entre ellos, en la cual los burgueses no gozan de privilegios ni ocupan posiciones de ventaja sobre las otras clases sociales. Se trata del código de una burguesía convencida aún de la existencia de leyes económicas universales y necesarias, que, de un modo «natural» actúan a su favor. La burguesía sólo exige a las leyes del Estado que restablezcan «el estado de naturaleza» violado, y remuevan los obstáculos que impiden el curso natural de las leyes económicas. Esto no es poco:

> «El capitalismo puede decir que no pide nada» –son también palabras de Ripert[19]–, «que solamente necesita libertad y puede repetir: dejad hacer, pero no hubiera podido hacer nada si el legislador no le hubiese dado o permitido tomar los medios propios a la concentración y explotación de los capitales. El derecho común no le bastaba. El capitalismo ha creado su derecho».[20]

El *code civil* transformará concretamente, y de manera profunda, la estructura de la sociedad civil. El nuevo derecho civil extirpa las instituciones,

---

16 V. Ripert, *Aspectos jurídicos del capitalismo moderno, cit.,* p. 14.

17 Sobre este «Libro preliminar» v. G. Solari, *Individualismo e diritto privato,* Torino, reimpresión de 1959, pp. 56, 169 y ss.

18 Sobre esta idea dominante en las codificaciones y en especial entre las francesas v. G. Solari, *Individualismo e diritto privato, cit.,* pp. 57 y ss., 85 y ss.; D. Corradini, *Garantismo e statualismo– Le codificazione civilistiche dell'Ottocento,* Milano, 1971, pp. 12 y ss. 37 y ss.

19 Ripert, *Aspectos jurídicos del capitalismo moderno, cit.,* p. 15

20 Gramsci, *Antología, cit.,* p. 401 (y *La política y el Estado moderno, cit.,* p. 95): «el mismo librecambismo es una «reglamentación» de carácter estatal, introducida y mantenida por vía legislativa y coactiva: es un hecho de voluntad consciente de sus propios fines, y no expresión espontánea automática del hecho económico».
Del análisis del pensamiento de Turgot resulta que «el legislador debió alterar el orden jurídico vigente en Francia, derivado de un orden económico erróneo, es decir, no conforme al orden natural, y sustituirlo por un orden distinto y opuesto» (v. Rebuffa, *Origine della ricchezza e diritto di proprietà, cit.,* p. 125).

en virtud de las cuales se había perpetuado el control aristocrático de la tierra y de sus recursos, introduciendo otras que abren a la burguesía un amplio acceso a la propiedad y a la explotación de la riqueza. En este sentido, el nuevo derecho sucesorio suprime los fideicomisos (art. 896), que habían sido instrumento de concentración de la riqueza en manos de la aristocracia y, al mismo tiempo, habían impedido la utilización plena de los recursos; se eliminan los mayorazgos y los derechos de primogenitura, se introduce el principio de igualdad entre los coherederos (art. 745), que tiene por fin fragmentar las grandes propiedades y cancelar la relación entre el linaje y la propiedad de la tierra, creando las condiciones para el acceso de la burguesía a la propiedad de aquélla. Las relaciones de propiedad se regulan en función de la explotación «burguesa» de los recursos, o sea, de su máxima explotación económica; se establece que los particulares, como principio, «tienen la libre disposición de sus bienes, salvo las limitaciones establecidas en la ley» (art. 537); en el centro del sistema se coloca a la propiedad, cuyo contenido es «la facultad de gozar y disponer de las cosas» (art. 544), y es correlativo, según la construcción de Pothier,[21] al antiguo dominio útil, es decir, al *ius in re* tradicionalmente burgués, en vez de serlo al dominio directo aristocrático. El propietario puede gozar y disponer de las cosas «de un modo absoluto»; la copropiedad, que establece limitaciones al disfrute de los bienes, es vista con recelo (art. 815). Los contratos se regulan de modo que permitan una circulación libre y rápida de la riqueza: la autonomía contractual no tiene ningún límite, excepto el respeto al orden público y las buenas costumbres (art. 6), y es libre de determinar el tipo y el contenido del vínculo contractual (art. 1134); el acuerdo de las partes basta para producir los efectos traslativos de la propiedad (art. 1138). Para facilitar la realización de los negocios, se reducen a cuatro los requisitos necesarios para la validez de los contratos (consentimiento de las partes, capacidad para contratar, objeto cierto y causa lícita) (art. 1108). La patria potestad cesa con la mayoría de edad de los hijos (art. 372). La familia patriarcal de origen romano, fundada sobre la patria potestad perpetua (extendida sobre los hijos, las hijas y los nietos *ex filio)* y sobre la unidad del patrimonio familiar, que «bloqueaba cualquier tipo de iniciativa económica emprendida por los hijos»,[22] es sustituida por la familia conyugal.

El concepto de derecho privado significaba, antes de la revolución, la antítesis global de la sociedad civil al Estado; antítesis no sólo al Estado-aparato (el derecho privado regulaba las relaciones entre particulares, que eran ajenas al Estado), sino también respecto al Estado-ordenamiento (la sociedad civil poseía sus propias fuentes del derecho, separadas del Estado). Ahora el derecho privado es derecho del Estado; su diferencia con el derecho público se establece en el interior del Estado-ordenamiento, en un *continuum*

21 *Cfr.* Tarello, *Storia della cultura giuridica moderna, cit.,* pp. 186 y ss.; del mismo modo Rebuffa, *Origine della ricchezza e diritto di proprietà, cit.,* pp. 97 y ss. con referencias tanto al pensamiento de Pothier como al de Turgot.

22 Rebuffa, *Origine della ricchezza e diritto di proprietà, cit.,* p. 72; también P. Ungari, *Storia del diritto di famiglia in Italia,* Bologna, 1974, pp. 60 y ss.

dentro del cual la diversa naturaleza, pública o privada, de las normas se fija de modo especulativo (el criterio de distinción entre ambas partes del derecho será uno de los problemas más arduos de la ciencia jurídica).

Queda la antítesis al Estado-aparato o, como ya puede llamarse, al Estado-persona. La vieja desconfianza de la burguesía hacia el Estado no se extingue, aunque hayan desaparecido las causas que en el pasado la producían; causas que eran, especialmente, políticas, fijadas en el hecho de hallarse las instituciones del absolutismo monárquico gobernadas por una clase antagónica. Ahora, la burguesía no tiene nada que temer, desde el punto de vista político, del Estado; y no temerá nada mientras dure el sufragio político restringido, y el Estado sea un Estado monoclase, es decir, el Estado de la dictadura de la burguesía. Las causas de la desconfianza son de tipo económico; la desconfianza de una clase que basa su prosperidad en la posesión, y explotación, de los recursos, y que, por lo tanto, es más próspera cuanto mayores son los recursos que puede poseer, y explotar. Por esta razón la burguesía será hostil a la propiedad pública y, en general, a la utilización pública de los recursos, viendo allí un límite a las posibilidades de explotación y una amenaza a la propia prosperidad. Este es el significado de la política de «privatización» de las tierras, realizada inmediatamente después de la revolución, con la masiva venta de «bienes nacionales». Y también éste es el significado de las solemnes declaraciones de principio.

La proclamación, en la Declaración de 1789, de la propiedad como derecho del hombre, sagrado e inviolable, significa la supresión de cualquier tipo de derecho del Estado sobre la tierra y sus recursos; el *dominium eminens,* que había sido prerrogativa del soberano absoluto (con facultad para apropiarse en cualquier momento de los bienes de los súbditos), ya no lo es del Estado burgués. La tierra y sus recursos deben pertenecer por derecho natural a los «burgueses». El principio sancionado en el art. 17 de la Declaración —y luego refundido en el art. 545 del *code Napoleón*—, establece que el propietario no puede ser despojado de sus bienes por la autoridad, salvo «cuando la necesidad pública, legalmente verificada, lo exija de modo evidente», y previa «la justa indemnización» (en lugar de la «graciosa indemnización» del monarca absoluto).

Estatalismo y antiestatalismo, cada uno en su ámbito propio, hallan, así, la manera de coexistir: el primero domina en la legislación, el segundo lo hace en la administración. La soberanía del Estado, en el primer ámbito, es ilimitada (la ley es la conversión en acto de la «razón universal»); en el segundo, en cambio, es limitada por la exigencia de reservar el derecho burgués a la amplia disponibilidad de los recursos. El límite a la acción del Estado, erigido por el art. 17 de la Declaración (y por el art. 545 del *code Napoleón),* es la base sobre la cual la burguesía decimonónica levantará el Estado de derecho; el principio de legalidad aparece en el hecho de la «verificación legal» de la «necesidad pública», que legitima el sacrificio de la propiedad.

4.3. Dos códigos y dos sistemas para el derecho privado

El proceso de estatalización de las fuentes del derecho no se detiene ante el derecho mercantil; aunque en este caso se produjo por obra de la monarquía absoluta, en una época precedente, sin el concurso activo de la burguesía. La ley 2-17 marzo 1791 proclama la libertad del comercio y de la industria: «la voluntad sola otorga el derecho a ejercitar el comercio», el cual «se ha convertido en la profesión de un gran número de franceses», señala el ponente Maret en 1807 ante el Cuerpo legislativo convocado para examinar el proyecto de *code de commerce*. Las relaciones mercantiles son ahora relaciones «entre particulares»: el derecho que las regula puede verse, según la clasificación de Domat, como derecho privado; y sin embargo el código de comercio, establecido cuatro años después del código civil «no era más que una copia de las dos grandes ordenanzas de Luis XIV sobre el comercio terrestre y el marítimo».[23]

---

[23] El juicio es de Ripert, *Aspectos jurídicos del capitalismo moderno, cit.*, p. 14; *cfr.* también Mariage, *Evolution historique, cit.*, p. 126; Berlinguer, *Sui progetti di codice di commercio, cit.*, pp. 21 y ss.
La oportunidad de la codificación mercantil es justificada por Regnaud de Saint Jean d'Angély en su Discurso pronunciado ante el Cuerpo Legislativo de Francia (v. *Código de comercio de Francia con los Discursos, cit.*, p. 3), considerando que: «Las costumbres generales de la Nación y en particular los usos mercantiles, no solo han padecido grandes mutaciones, sino que no se han fijado todavía. Es, pues, de la mayor importancia tomarlos en este estado de oscilación (sic) —evolución— fijarlos y convertirlos en hábitos útiles y honrados: dirigirlos, y digámoslo claro, encaminarlos hacia aquella honradez y buena fe que tuvieron su cuna en nuestras principales plazas de comercio, en las que todavía se hallan dignos modelos». El proyecto consistía, en especial, en realizar la uniformación de las normas reguladoras del comercio, es decir, «la concordancia del sistema jurídico con el sistema económico» (según los términos empleados por Rebuffa, *Origine della ricchezza e diritto di proprietà*, pp. 126 y ss., analizando el pensamiento económico de los ilustrados), generalizando los principios consuetudinarios y jurisprudenciales formados en Francia: «es de la mayor importancia» —señala Regnaud de Saint Jean d'Angély (v. *Código de comercio de Francia con los Discursos, cit.*, p. 4)— «refundir en un sistema común los usos y la jurisprudencia de la metrópoli, y de los países reunidos, hacer desaparecer el influjo de los decretos reglamentarios de los parlamentos que formaban una segunda legislación en el seno de la legislación primitiva: borrar todo vestigio de las reglas establecidas por las costumbres locales y por las leyes municipales». En el código de comercio «todo comerciante ó agente de Comercio hallará reunida la legislación á que le sujeta su profesión» (v. *idem.*, p. 7).
La intervención reguladora de la ley nace también de la necesidad de reprimir el fraude: «se han visto comerciantes sin libros, libros sin exactitud, y muy comúnmente libros en que la exactitud aparente de un año no era sino el fraude efectivo de una semana: asientos dispuestos para encubrir la mala fe a los acreedores, y ocultar la falta de probidad a la justicia. Se han visto convertidas las bancarrotas en medios de enriquecerse: se han visto mujeres que han fundado su opulencia en la ruina de los acreedores de sus maridos, y por una separación de bienes concertada, reservarse de antemano los medios de ostentar un luxo culpable, sostenido con la sangre de muchas familias. (...). De aquí nace, señores, la severidad de las disposiciones que hallareis en el Código de Comercio. (...). Así renacerán las buenas costumbres del seno de buenas leyes» (v. *Ídem*, pp. 10 y ss.). El tema de la necesaria severidad de la ley mercantil está presente también en el Discurso que hace el Consejero de Estado Segur al Cuerpo Legislativo. Refiriéndose al libro III del código de comercio, que trata de las «quiebras y bancarrotas», subraya el papel de mediación que el Estado debe asumir entre la clase mercantil y el resto de la sociedad: «Por nuestra desgra-

La desestatalización del derecho mercantil se realiza más tarde y sólo en un aspecto particular: se produce con los códigos de la segunda mitad del siglo XIX, a causa de su constante remisión a los usos mercantiles, que adquieren, nuevamente, el antiguo carácter de fuente de producción normativa directa de la clase mercantil; y también por el lugar que se asigna a los usos mercantiles en el sistema de las fuentes —jerárquicamente, tras el derecho mercantil y antes del derecho civil.[24]

Sobre los usos mercantiles prevalece, sin embargo, el derecho mercantil escrito, producto del Estado. Esta primacía del derecho mercantil de procedencia estatal sobre el de origen profesional constituye un cambio en la estrategia de la clase mercantil: la aceptación de la mediación estatal para la regulación de las relaciones entre ella y las demás clases sociales. La clase mercantil no pretende ser, como fue antaño, el artífice directo y exclusivo de su derecho: la valoración de sus intereses, y la traducción de esta valoración en normas

---

cia esta ley represiva es ya de pública necesidad: la indignación general la pide, y todos los comerciantes honrados la reclaman» (v. *Código de comercio de Francia con los Discursos, cit.*, pp. 108 y ss.). Se trata de la función mediadora propia del bonapartismo que en relación al *code de commerce* se manifiesta tanto en la gestión eminentemente política que tuvo la iniciativa legislativa (v. al respecto Mariage, *Evolution historique, cit.*, pp. 124 y ss.), como en la amplia consulta sobre el proyecto promovida por Napoleón antes de someterlo al Cuerpo Legislativo («Para hallar lo más justo ha querido el Emperador» —señala Ségur en su Discurso— «rodearnos de luces: ha enviado el proyecto a todos los Tribunales de Comercio: se han impreso las observaciones que han hecho, y conforme a ellas han modificado el Código los primeros compositores; y en fin el Consejo de Estado se ha ocupado... en comparar el proyecto y las observaciones con las antiguas Ordenanzas, y con las leyes de las naciones más comerciantes de Europa», v. *Código de comercio de Francia con los Discursos, cit.*, p. 110).

Ungari, *I precedenti storici, cit.*, pp. 7 y ss., señala: «sólo un error de perspectiva histórica colocaría en el mismo nivel de modernidad el *code de commerce* y el *code civil.* En el breve número de años que van desde el comienzo del siglo hasta 1807, Francia vivió un cambio fundamental. El prestigioso *Conseil d'Etat* fue perdiendo la independencia que gozaba en los primeros tiempos, mientras que, por otro lado, cada vez tenía menor influjo sobre el Emperador: el dirigismo económico, inherente a la política del bloqueo continental contra el tráfico inglés, y el espectro de la crisis forzaban la tendencia a las medidas económicas de carácter restrictivo. Se asistía a una especie de retorno neo-mercantilista que explica la timidez con la que se abandonaba el modelo de las grandes ordenanzas del siglo XVII (...). El derecho mercantil del Imperio «burgués» nació con un aspecto muy poco capitalista, o por lo menos singularmente arcaico respecto a las ideas económicas entonces dominantes». Una interpretación diversa se encuentra en Jean Maillet, *Codifications napoléoniennes, développement économique et formation de la société française capitaliste* en «Quaderni fiorentini» dirigidos por P. Grossi, 1973, p. 117.

24 En este sentido son explícitos los códigos de comercio italianos: véase el art. 89 del código de 1865 en lo referente a los contratos; y el art. 1 del código de 1882 para toda la materia mercantil. Del mismo modo el art. 2 del código de comercio español de 1885.

El *code de commerce* había significado la máxima centralización estatal de las fuentes de producción normativa (cfr. Berlinguer, *Sui progetti di codice di comercio, cit.*, pp. 26 y ss. también para el tema de la relación *Ordonnance-code).* No obstante, la jurisprudencia reconoció inmediatamente a los usos como fuentes integradoras del *code:* v., J. M. Pardessus, *Cours de droit commercial,* I, París, 6.ª edición, 1856, p. 1; y A. Frémery, *Etudes de droit commercial, cit.*, pp. 3 y ss.

jurídicas, es obra de la clase política, que no es sólo emanación de aquélla, ya que en el órgano legislativo del Estado se hallan los representantes de todas las clases poseedoras de la riqueza.

Los frutos de esta mediación, que proporciona al derecho privado decimonónico el aspecto de un derecho de compromiso, son visibles en los rasgos formales que asume el derecho privado, primero en Francia y luego en todo el continente europeo, con su sistema de códigos separados: un código civil y un código mercantil. En la duplicación de códigos se refleja la división interna de la burguesía: el código civil era, fundamentalmente, el código de la burguesía terrateniente, el código de los estratos cuya prosperidad estaba ligada a las rentas del suelo urbano y, sobre todo, rural (al margen de ser el código de la nueva nobleza de la tierra y de los supervivientes de la antigua); el código de comercio, por el contrario, era el código de la burguesía comercial y de la burguesía industrial que nacía.[25] El primero «desconocía a la empresa, conocía sólo a la propiedad»,[26] y sobre todo a la propiedad inmobiliaria:

> «a esta forma de propiedad» —escribe Solari respecto al *code Napoléon*— «dedica el Código la mayoría de sus disposiciones: constituye el instituto fundamental que da valor y significado a los otros institutos y a las relaciones civiles. Basta recordar que el hijo es protegido en la medida que es propietario, que la tutela tiene por objetivo, sobre todo, garantizar los intereses patrimoniales del menor, que el matrimonio semeja más una unión de bienes que una unión de personas, que son, precisamente, los contratos que tienen relación con la propiedad, como la compraventa, la sociedad, el depósito, el secuestro, los regulados con más detalle».[27]

Aunque modelado en algunos aspectos según las exigencias generales de una sociedad burguesa —y por tanto según las exigencias de la clase mercantil (basta pensar en el derecho de familia)—, el *code Napoleón* era aún el derecho de una economía agraria. Era

> «el derecho de la explotación rural del siglo XVIII. Los redactores del código apenas si prestaron atención a la industria que nacía. El objeto de su preocupación (era) la propiedad de la tierra libre de la directa señorial. Los contratos para los cuales (daba) reglas (eran) los contratos que el antiguo derecho francés (heredó) de Roma: la venta y el arrendamiento se refieren a los inmuebles, la sociedad se presenta en una forma antigua, el arrendamiento del trabajo industrial se asimila al del trabajo doméstico».[28]

---

25 De todo ello se tenía plena consciencia en la primera mitad del siglo pasado, no sólo en relación a la codificación francesa, sino también en lo que afectaba a las codificaciones italianas preunitarias: G. Montanelli, *Introduzione allo studio del diritto commerciale positivo*, Pisa, 1847, p. 80, escribía que «si el derecho comercial es el que corresponde a la clase comerciante, el derecho civil se refiere a la clase de los propietarios» (sobre el argumento v. actualmente, Berlinguer, *Sui progetti di codice di commercio, cit.*, pp. 63 y ss.)

26 Ripert, *Aspectos jurídicos del capitalismo moderno, cit.*, p. 16.

27 Solari, *Individualismo e diritto privato, cit.*, p. 193.

28 Ripert, *Aspectos jurídicos del capitalismo moderno, cit.*, p. 14.

El sistema del código civil, en su conjunto, gravitaba en tomo al derecho de propiedad: era, para la clase terrateniente, el «derecho perfecto»; era el instrumento que aseguraba el disfrute, y al mismo tiempo la conservación de la riqueza inmobiliaria. Incluso la disciplina de los contratos se concebía, principalmente, en función de la propiedad; regulándose en un libro —el tercero— cuyo título es *De los modos de adquirir o transmitir la propiedad y los demás derechos sobre las cosas.* La libertad contractual, además de ser facultad de disponer de la propiedad, era garantía de conservación de la misma: la protección rigurosa de la autonomía y efectividad de la voluntad —establecida por las normas sobre las *Condiciones esenciales para la validez de los contratos* (art. 1108 y ss.)— era protección al propietario en el momento de la «transmisión de la propiedad». La libertad contractual se traducía, bajo este aspecto, en principio según el cual nadie podía ser privado de sus propios bienes, ni padecer modificaciones de su propiedad, sin su concurso y su voluntad libre y efectiva.

El código de comercio, por el contrario, era el código de la burguesía comercial e industrial: no era la riqueza inmobiliaria, y las exigencias de su conservación y explotación, el objeto a regular, sino la riqueza mobiliaria y su valoración correspondiente. En el *code de commerce* el centro del sistema normativo se trasladaba de la propiedad a los «actos de comercio» (enumerados en los arts. 632-33: compra de frutos y mercancías para revenderlos, ya sea en primera materia o en bruto, ya sea después de haberlos trabajado; operaciones de cambio, corretaje; operaciones de los bancos públicos; empresas de manufactura, transporte, construcciones marítimas...) cuya esencia podía identificarse —tal como señalarían los intérpretes— en la común circunstancia de tratarse de actos, o actividades, «especulativos» (o «intermediarios» en la circulación con finalidad especulativa), y susceptibles de clasificarse, según el tipo de especulación realizada, en: «especulación sobre mercancías», «especulación sobre créditos», «especulación sobre el riesgo» o, en el caso de la empresa de manufactura, incluso, «especulación sobre el trabajo».[29]

---

[29] *Cfr.* entre otros Pardessus, *Cours de droit commercial, cit.*, I. p. 38; Massé, *Le droit commercial dans ses rapports avec le droit des gens et le droit civil,* I, París, 1844, p. 23. No debe sorprender que estos juristas no tuvieran ningún reparo en considerar al empresario como un «especulador sobre el trabajo»: en el ambiente social del que procedían no resultaba reprobable que entre los posibles objetos de especulación figurara. además de las mercancías, el trabajo. Es dudoso que esto significara —como ha señalado W. Bigiavi, *La «piccola impresa»,* Milano, 1947, p. 48— «un fundamento marxista de su pensamiento, quizá inconsciente», como mínimo por razones cronológicas. El carácter despreciable que posee el término «especulador» y el poco interés en su revisión, que demuestran los juristas citados, se explica con una consideración de «sociología jurídica»; los juristas de la época no eran socialmente la expresión de la burguesía mercantil, sino de las clases agrarias, es decir, los representantes de aquellas clases acostumbradas a mirar con desprecio a los «comerciantes» y a la actividad mercantil. La concepción del empresario como «especulador sobre el trabajo» asumirá *a posteriori* un ligero sabor marxista, como en el caso del «socialismo jurídico» de C. Vivante: pero este jurista que la había adoptado en las primeras ediciones de su *Trattato di diritto commerciale,* tuvo que repudiarla con posterioridad (v. apartado 4.4).

El código de comercio francés definía a los actos de comercio con una intención doble: en primer lugar para atribuir, a quien los cumpliera como «profesión habitual», la condición de «comerciante» (art. 1), que era la condición necesaria para aplicar sobre él las normas relativas a la llevanza de los libros de comercio y a la quiebra en caso de insolvencia —donde se perpetuaba, aunque de modo atenuado, el rigor con el cual la *Ordonnance* había «asegurado entre los comerciantes la buena fe contra el fraude»—; por otro lado servía para reservar la jurisdicción sobre los actos de comercio —y a estos efectos era indiferente que fueran realizados o no por comerciantes (art. 631, 3)— a los tribunales mercantiles integrados todavía por comerciantes (art. 615 y ss.). Empero, los tribunales mercantiles debían aplicar, en la mayoría de los casos, el código civil, salvo en aquellas materias reguladas exclusivamente en el código de comercio (títulos de crédito, comisión, seguros marítimos) o en aquellas que el código de comercio regulaba con derogación de las disposiciones civiles (las sociedades cuyo objeto era el ejercicio del comercio). Los contratos y las obligaciones mercantiles, en cambio, carecían de una disciplina general; el caso de la compraventa era paradigmática: en el código de comercio sólo habían las normas que otorgaban amplias facultades a los tribunales mercantiles para la admisión de los medios de prueba (art. 109).

El particularismo jurídico del *code de commerce* se manifiesta en la jurisdicción de forma más clara que en el ámbito legislativo. Los miembros de los tribunales mercantiles se elegían en una asamblea compuesta por «comerciantes notables, y principalmente por los cabeza de las casas más antiguas y reconocidas por su probidad, su sentido del orden y de la economía» (art. 618); no obstante, la lista de notables era establecida ñor el prefecto y aprobada por el ministro del interior (art. 619). La apelación se instaba ante los tribunales ordinarios de apelación (art. 645) que actuaban sin embargo mediante un procedimiento sumario (art. 648). Las partes debían comparecer, ante los jueces mercantiles. en persona; la función de postulación estaba prohibida a los abogados (art. 627). Las controversias entre socios se sustraían al conocimiento de los propios tribunales mercantiles, llevándose, en primer grado a los árbitros designados por las partes o, en su defecto, a los designados por los tribunales mercantiles (arts. 51, 55); sólo la apelación se hacía ante los tribunales de apelación ordinarios (art. 52).

Los códigos de comercio de la segunda mitad del siglo XIX significarán un cambio en esta materia: en ellos tomará forma un sistema autónomo de los contratos y las obligaciones mercantiles concurrentes con el sistema del derecho civil en este tema. La duplicación de códigos se corresponderá con una duplicación de sistemas de derecho privado que afectarán a la disciplina de una misma materia. En el caso del código de comercio italiano de 1882 (modelado según el ejemplo alemán del HGB de 1861) el fenómeno presentaría caracteres de particular importancia. He aquí la descripción que proporciona F. Ferrara:

> «La antítesis ya se manifestaba a propósito de la formación del contrato. El código de comercio no sólo regulaba los contratos celebrados por

correspondencia (art. 36), que habían sido ignorados por el código civil de 1865, y suprimía para algunos contratos el requisito de la forma escrita necesaria «bajo pena de nulidad» (art. 44 aptdo. últ.), sino también establecía normas adecuadas para completar las lagunas de la voluntad manifestada por las partes, haciendo posible, en determinados casos, perfeccionar contratos que no podrían serlo de acuerdo con las normas del derecho civil (art. 60). Por otro lado, en el terreno de la prueba el código de comercio había suprimido la rígida exclusión, establecida por el derecho civil, de la prueba (art. 44), que facilitaban la realización judicial de los derechos e, indirectamente, venían a favorecer la formación de relaciones jurídicas de las cuales derivan estos derechos. La reivindicabilidad de los bienes muebles extraviados o robados, admitida, de modo general, en el terreno civil (art. 708 *Codice civ.* 1865) —aunque atenuada de manera notable, en el caso de la adquisición hecha en feria, mercado, venta pública, o a un comerciante dedicado a la venta al público de objetos análogos, en cuyo caso el actual poseedor debía ser reembolsado del precio pagado (art. 709 *Codice civ.* 1865)—, estaba excluida totalmente del ámbito de los títulos al portador frente al tercero de buena fe (art. 57 *Codice comm.* 1882). En el derecho civil el devengo de intereses de las deudas pecuniarias estaba condicionado a la mora, mientras que en el ámbito mercantil las deudas líquidas y exigibles de sumas de dinero (producían) intereses de pleno derecho (art. 41 *Codice comm.* 1882); por otro lado, la tasa de los intereses por las deudas mercantiles era más elevada que para las civiles. Esto significaba, en definitiva, una mayor tutela a los acreedores. Las obligaciones asumidas en el ámbito civil por varios sujetos se fraccionaban de tal modo que cada deudor sólo lo era de su parte; en cambio en el derecho mercantil se presumía la solidaridad de los deudores (art. 40 *Codice comm.* 1882), con lo cual no miraba el interés de quien debía dar, sino el de quien debía recibir.

»Antes de pronunciar la resolución de un contrato bilateral, por incumplimiento, si el contrato era de naturaleza civil, el juez podía conceder una dilación al deudor con el fin de permitirle el cumplimiento tardío de la prestación debida (art. 1165 *Codice civ.* 1865); por el contrario, si el contrato era de naturaleza mercantil se excluía la posibilidad de establecer términos de gracia para no lesionar el interés del otro contratante (art. 42 *Codice comm.* 1882). En el caso de la cesión de créditos litigiosos el derecho civil otorgaba al deudor la facultad de reembolsar al cesionario el solo precio que había pagado para adquirir el crédito, con los intereses y derechos accesorios, de modo que extinguiéndose la deuda por este método se eliminaba, prácticamente, la utilidad económica de la cesión; el derecho mercantil, en cambio, negaba la mencionada facultad al deudor (art. 43 *Codice comm.* 1882), asegurando la estabilidad de la convención. El término general de prescripción era de treinta años en el ámbito civil (art. 2135 *Codice civ.* 1865); mientras que en el terreno mercantil era de diez años (art. 917 *Codice comm.* 1882), o incluso menor en contratos particulares».[30]

Más aún. Tras la disciplina «De las obligaciones en general» (arts. 36-58), que derogaba la disciplina correspondiente «De las obligaciones y de los contratos en general» del *Codice civ.*, 1865, el *Codice di commercio,* 1882, regulaba la venta mercantil (arts. 59-75), de manera contraria a la venta civil (arts. 1447-1548); las sociedades mercantiles (arts. 76-228), de manera contraria a la sociedad civil (arts. 1697-1736); el mandato mercantil (arts. 349-387), de manera contraria al mandato civil (arts. 1737-63). Los contratos del código civil eran concebidos como medios de adquisición o disposición de la propiedad. En contraposición a éstos, los contratos del código de comercio surgían, desancorados de la propiedad, como instrumentos de especulación: el interés protegido jurídicamente era la expectativa de beneficios del comerciante.

4.4. Un particularismo jurídico nuevo

Con la codificación francesa de principios del siglo XIX el derecho mercantil había abandonado el «sistema subjetivo», según el cual este derecho afectaba, sólo, a quienes estaban inscritos como comerciantes en el correspondiente registro, adoptando el «sistema objetivo»: el derecho mercantil se aplica a los «actos de comercio», realizados por quienquiera, incluso de modo esporádico (art. 631, 3); mientras que la realización de los «actos de comercio», como profesión habitual, y la consiguiente adquisición de la cualidad de «comerciante» (art. 1) sería el presupuesto para la aplicación de normas específicas, como las relativas a la llevanza de los libros contables y, en caso de insolvencia, las relativas a la quiebra.

La citada transformación deriva de considerar irrelevante las diferencias de clase entre los individuos y la consiguiente superación de cualquier derecho particular de clase, que son las características generales de la codificación.

> «La objetivación del derecho responde, a su vez, a la formación del Estado nacional que afirma su soberanía frente a los particularismos de diverso orden y se inspira en el principio de la igualdad de los ciudadanos, siendo por ello hostil a una diferenciación de disciplinas jurídicas basada en criterios subjetivos».[31]

El derecho, que nace de la codificación, quiere ser un derecho igual para todos los ciudadanos, sin distinción de clase,[32] un derecho establecido en fun-

---

30 F. Ferrara jr., *Gli imprenditore e le società,* Milano, 6.ª edición, 1975, p. 8 y ss.

31 Ascarelli, *Iniciación, cit.,* p. 74.

32 Puesto que se trata de «igualación de desiguales» realizada de manera formal, aparece «como máscara moderna de la desigualdad»: *cfr.* Cerroni, *La libertad de los modernos, cit.,* p. 109; la igualdad formal se hace posible y necesaria a medida que «el individuo se integra a través no ya de una vinculación política directa, sino de una relación económica pura y simple», y «la relación social no es una relación «subjetiva», sino sólo «objetivamente»

ción de la «unidad del sujeto jurídico».[33] Los distintos códigos sólo querían diferenciarse en virtud de «predicados accidentales del sujeto jurídico único», tales como la cualidad de propietario o la de comerciante, en torno a las cuales se centraban el código civil y el código de comercio, respectivamente (mientras que los demás «predicados accidentales» permitían distinguir un código de enjuiciamiento civil, para el ciudadano en juicio, o un código penal, para el ciudadano que delinque).

El sentido revolucionario de la codificación es doble: derecho igual para todos, sin distinciones de clase, significa, especialmente, supresión de los privilegios de clase que había gozado la nobleza; pero sobre todo significa que la nueva clase dominante se concibe a sí misma como clase socialmente abierta, cualidad que no se podía hallar ni en la clase depuesta, ni en el pasado de la propia burguesía. Por lo menos hasta mediados del siglo XVIII, la clase mercantil había sido una clase rígidamente cerrada: la actividad mercantil era permitida, solamente, a los inscritos en las corporaciones; el acceso a ellas estaba celosamente controlado por los órganos corporativos. El sistema subjetivo del derecho mercantil había sido el reflejo de esta clausura, que desde su origen, y durante toda la Edad Media, obedecía a la política de monopolio de las corporaciones mercantiles y, en la época de la monarquía absoluta, a las exigencias de control político sobre la actividad de los comerciantes. Sin embargo, las corporaciones estaban en crisis desde mediados del siglo XVIII, escapando de su control las iniciativas económicas más importantes.[34]

La libertad de iniciativa económica, que la nueva burguesía había alzado como estandarte, escondía un impulso históricamente contingente: el deseo de la clase mercantil de liberarse de los controles e injerencias que sobre ella realizaba la monarquía absoluta: empero, también simbolizaba una estrategia universal de conquista, que explica por qué aquel estandarte no fue arrinconado tras la revolución. La nueva burguesía, como ha señalado Marx, es una clase que cambia y se amplía constantemente, reclutando a su servicio nuevas fuerzas desde los sectores más bajos de la sociedad.[35]

No obstante, acabará rechazándose la fe en la igualdad del derecho, así como la apertura social de la clase. La estructura monopolista, que en lo sucesivo irá adquiriendo la economía capitalista, llevará a reproducir de hecho lo que fue una clausura social de derecho en el sistema corporativo. Las codifica-

---

operante» (pp. 91 y 94). Sobre la necesidad económica de la igualdad formal, «necesaria para que se establezcan las relaciones de mercado entre sujetos económicos», v. Rebuffa, *Origine della ricchezza e diritto di proprietà, cit.*, p. 64, 126 y ss., donde analiza el pensamiento ilustrado y especialmente el de Turgot.

33 Tarello, *Storia della cultura giuridica moderna, cit.*, pp. 37 y ss.; v. también sobre la relación entre la unidad del sujeto jurídico y la unidad del sujeto económico Rebuffa, *Origine della ricchezza e diritto privato, cit.*, p. 128.

34 *Cfr.* Luzzatto, voz «Corporazione (storia)», *cit.*, p. 675; v. en Rebuffa, *Origine della ricchezza e diritto di proprietà, cit.*, p. 126, la constatación de que «la polémica contra las corporaciones es un elemento constante en el antifeudalismo de los ilustrados».

35 *Cfr.* Thaller, *Traité élémentaire de droit commercial, cit.*, pp. 34 y ss.

ciones de la segunda mitad del siglo XIX fraccionaron la unidad del sujeto jurídico privado, dando nuevas fuerzas a la desigualdad de la ley. El principio de igualdad había conformado, realmente, la codificación napoleónica, no obstante, la permanencia contradictoria, en el ámbito mercantil, de los tribunales de comercio, integrados todavía por jueces-comerciantes, con sus específicas reglas procesales, y reconociendo las amplias facultades en materia de admisión de pruebas. La unidad sustancial de derecho privado, a pesar de hallarse distribuido en dos códigos distintos, no se correspondía con la duplicidad jurisdiccional: los tribunales de comercio aplicaban indistintamente el código civil y el código de comercio, según que la materia se hallara en uno o en otro regulada. Las codificaciones sucesivas introdujeron una duplicidad de sistemas normativos: código civil y código de comercio establecían sistemas de normas contrapuestos; reproducían, más allá de la duplicación formal de los textos normativos, la antigua duplicidad de sistemas de derecho privado concurrentes en la regulación de la materia común, como las obligaciones y los contratos; determinaban, en esta materia, un conflicto de normas y de jurisdicciones que era el reflejo de un conflicto de clase entre la burguesía terrateniente (la nueva y los restos de la antigua) y la burguesía mercantil, entre las razones de la renta y las razones del beneficio.

La solución de este conflicto surge, en la segunda mitad del siglo, con el frágil compromiso entre la clase terrateniente y la clase mercantil. Este equilibrio depende de la relación de fuerzas existentes en un momento y en un país determinado entre las diversas clases detentadoras de la riqueza. Técnicamente el asunto era considerado como un problema de «actos mixtos», es decir, «unilateralmente mercantiles», o mercantiles por una de las partes. Sucedía con frecuencia que un mismo acto era «mercantil» de un lado y «civil» de otro (como la venta que el propietario de un fundo hacía de sus productos a un comerciante o a un industrial, «civil» para el primero y «mercantil» para el segundo; o la venta que hacía este último a los consumidores, que era «civil» de esa parte): código civil y código de comercio eran aplicables al mismo acto; y tanto la jurisdicción civil como los tribunales de comercio eran competentes para examinarlo, por lo menos desde un punto de vista abstracto.

En la aplicación del código de comercio francés, que no contenía ninguna norma al respecto, se había impuesto una interpretación favorable a la clase terrateniente que gozaba aún de gran fuerza. El comerciante que actuaba frente a un no comerciante en un juicio estaba obligado a emplazar a este último ante el tribunal civil, sufriendo, por tanto, las consecuencias de la aplicación de unos principios más rigurosos en materia de prueba que los mercantiles; a su vez, el no comerciante tenía la facultad de emplazar a su oponente, comerciante, ante los tribunales civiles o los mercantiles, eligiendo, por consiguiente, el derecho aplicable al caso.[36] El antiguo privilegio del fuero mercantil, conquistado por los comerciantes de la época comunal, se había perdido: el nuevo criterio funcionaba en beneficio de la clase terrateniente, que

[36] Vivante, *Tratado*, I, *cit.*, p. 32.

no podía estar sometida, sin su consentimiento, a la disciplina mercantil; ésta, en última instancia, regulaba exclusivamente las relaciones entre comerciantes. De igual modo el código de comercio italiano de 1865 establecía que «si el contrato es mercantil con respecto a una de las partes y no lo es respecto a la otra, las obligaciones que se derivan se regulan por la ley mercantil o por la civil, según la persona del demandado» (art. 91), y se precisaba que «si el acto sólo es mercantil del lado de una de las partes contratantes, aquella que promueva la acción debe emplazar a la otra ante la jurisdicción mercantil si es comerciante, y ante la civil si no lo es» (art. 725).

Una regla distinta, que significaba el retorno al antiguo derecho, era establecida por el código de comercio alemán de 1861, sobre la base de una relación de fuerzas completamente favorable a la clase mercantil: el art. 277 (del mismo modo que el § 345 del código sucesivo de 1900) disponía que «las normas sobre los actos de comercio se aplican por igual a ambas partes, incluso si el asunto es solamente de un lado acto de comercio». La difusión de la nueva regla era cada vez mayor, en conexión con el progresivo ascenso de la clase mercantil: a esta regla se adecuó el código de comercio italiano, de 1882, estableciendo que «si un acto es, solamente, mercantil de una parte, todos los contratantes, no obstante, están sometidos a la legislación mercantil, exceptuando las normas relativas a la persona del comerciante y salvo las disposiciones contrarias a la ley» (art. 54), y añadiendo —aunque la disposición tendría una corta vigencia a causa de la supresión de los tribunales mercantiles en 1888— que «si el acto fuera mercantil por una sola de las partes las acciones que se derivan pertenecen a la jurisdicción mercantil» (art. 870).

En caso de conflicto entre ambos códigos prevalecía el criterio del código de comercio. Su campo de aplicación adquiría proporciones desmesuradas. «El código ha dicho, poco más o menos, esto:

> «quien contrate con un comerciante debe someterse a ley comercial, y por tanto, cada convenio que hacéis para alimentaros, para vestiros, para viajar, para aseguraros, para depositar vuestros ahorros, para comprar un libro, está sujeto al Código de comercio».[37]

El derecho mercantil se extendía más allá del límite tradicional de las relaciones mobiliarias: incluso la compraventa de inmuebles, realizada con fines especulativos de carácter mercantil (art. 3, 3 *Codice comm.* 1882), era considerada acto de comercio.

La objetivación del derecho mercantil, concebido como derecho de los «actos de comercio», había creado la apariencia de un sistema jurídico basado sobre la unidad del sujeto de derecho y, por tanto, sobre una ley igual para todos. La unidad era, realmente, frágil y podía fraccionarse con facilidad en cuanto se considerara que la realización de actos de comercio es una actividad normal del comerciante y en cambio el no comerciante los efectúa de un

---

[37] Vivante, *Tratado,* I, *cit.,* p. 32.

modo marginal. El mito de la ley igual para todos era vulnerado cada vez que sobre los actos «mixtos», mercantiles, exclusivamente, de una parte, se aplicaba la disciplina del código de comercio en perjuicio de la civil: el ciudadano era sometido a una ley diversa según entablara relaciones con otro ciudadano común o con un comerciante; el código civil en el primer caso, el de comercio en el segundo. La ley aplicable no dependía de un «predicado» referido a ella, sino de un «predicado» del sujeto que entablara la relación.

Las codificaciones del siglo XIX se convirtieron en la fuente de un derecho profundamente desigual, llegando a producir un particularismo jurídico nuevo, esta vez de origen estatal. La procedencia de clase discriminaba, todavía, a los individuos como en la época precedente; aunque con la diferencia que ahora la diversa ley aplicable procedía de una misma autoridad, de carácter estatal. El derecho mercantil volvía a ser —como decía Vivante— un «derecho de clase», la negación del principio de igualdad proclamado:

> «Deploro que una ley de clase perturbe aquella solidaridad social que debería ser el supremo intento de todo legislador. Fuerte en su ley profesional el comerciante tiene derecho a negar toda dilación a sus deudores (art. 42); puede exigir para sus créditos un interés más alto y hacerle correr a cargo de aquéllos, aun cuando el código civil no lo consiente; puede probar sus derechos con gran amplitud de medios; puede amenazar a sus clientes con vencimientos inflexibles y con rápidas prescripciones; puede invocar del juez contra ellos, sin que tengan tiempo de defenderse, providencias excepcionales, como el embargo, la peritación, la venta en pública subasta; puede recurrir a procedimientos abreviados y sumarios, y puede obligar a sus deudores a defenderse como demandados en donde él tiene el centro de sus negocios».[38]

La coordinación de los intereses del grupo dominante con los intereses de los demás grupos, que había sido el objetivo originario, era falseado por la mediación estatal que regulaba las relaciones económicas. El Estado utilizaba su autoridad para imponer los intereses del primer grupo sobre los demás:

> «como el Código de comercio contiene exclusivamente las normas que el comercio, el comercio en grande especialmente, ha venido creándose para proteger sus propios intereses, se obliga a todas las personas que contratan con los comerciantes a someterse a una ley que ha sido hecha en

---

[38] Vivante, *Tratado*, I, *cit.*, p. 32.
Y S. Castagnola, *Nuovo codice di commercio italiano. Fonti e motivi.* I, Tonino, 1884, p. 21, recuerda que en la discusión parlamentaria sobre el código de comercio el diputado Varè observó en la sesión del 21 de enero de 1882 que «era un defecto grave de la vigente legislación mercantil la de formar una clase especial de ciudadanos con el nombre de comerciantes, haciendo con ello una excepción a la regla general según la cual todos son iguales ante la ley. Excepción que se refleja en el matrimonio, en la capacidad de la mujer; excepción que impone deberes especiales como los de tener determinados registros, favores especiales por el hecho de llevar los libros, todo ello ausente en relación a los demás ciudadanos...».

favor de dicha clase mercantil, infinitamente menos numerosa. Nuestro legislador llamó para ampliar el nuevo Código a los industriales, banqueros, aseguradores, representantes de las grandes sociedades ferroviarias, a las Cámaras de comercio, a todos los tutores del gran comercio, a los hombres que en la profesión, en la enseñanza, estaban habituados a defender sus intereses, y después dijo a los consumidores: he aquí el Código que debe valer también para vosotros. Salió por tanto una ley de clase que dejó sin tutela suficiente a quien trata con los comerciantes».[39]

Vivante denunciaba el modelo de desarrollo que el código de comercio quería imponer a la sociedad italiana:

> «como si todo el mundo se encontrase floreciente cuando el comercio florece, como si el supremo interés de la sociedad fuese la prosperidad de los comerciantes».[40]

En el severo juicio de Vivante, es digna de señalarse la emersión, entre los intereses marginados por la clase mercantil, de unos intereses de carácter general distintos de los intereses de la propiedad del suelo. Vivante se preocupaba de los «consumidores», los cuales estaban en manos de los comerciantes a causa de una «ley de clase». Sus consideraciones se dirigían

> «al ciudadano que se provee de alimento, de una medicina, de un libro; que deposita en la banca sus ahorros; que asegura una dote para su hija; que contrata una pensión para la vejez (...); desde el nacimiento hasta la tumba, pasando por el cortejo bautismal, por la fiesta de bodas, por las celebraciones de los difuntos, es siempre el código de comercio quien gobierna ya, el acto de la persona que contrata con una empresa mercantil».[41]

Empero, su pensamiento se dirigía también a los trabajadores, planteándose el problema de cómo conciliar la «rígida disciplina del taller, con la tutela del obrero».[42] La protección del ciudadano como «consumidor» y la protección del obrero requerían, según Vivante, la superación de un derecho privado ordenado en dos códigos: su propuesta era la de un código unitario

---

39 Vivante, *Tratado,* I, *cit.,* p. 33.

40 Vivante, *Tratado,* I, *cit.,* p. 28.

41 Vivante, *Tratado,* I, *cit.,* p. 40; y la «rígida disciplina del taller» a la que se refería Vivante era el «durísimo régimen de las fábricas que hallamos descrito por R. Morandi, *Storia della grande industria in Italia,* Torino, 1966, pp. 157 y ss.

42 T. Ascarelli, *La dottrina commercialista italiana e Francesco Carnelutti* en «Rivista delle società», 1960, pp. 3 y 8.
Sobre el «socialismo jurídico de Vivante» v. P. Ungari, *In memoria del socialismo giuridico.* I. *Le scuole del diritto privato sociales,* en *Politica del diritto,* 1970, pp. 263 y ss.; una referencia sobre Vivante «socialista» se encuentra también en M. Sbriccoli, *Elementi per una bibliografia del socialismo giuridico italiano,* en «Quaderni fiorentini» dirigidos por P. Grossi, 1974-1975, II, pp. 873 y 1.005.
G. Procacci, *Appunti in tema di crisi dello Stato liberale e di origini del fascismo* en «Studi storici», 1965, pp. 227 y ss. señala que era la época en la que el partido socialista «miraba con simpatía a la mayor parte de los intelectuales y a una parte de la misma burguesía productiva; constituyendo la primera coordinación entre la democracia de los trabajadores y las instancias democráticas en retraso de las provincias italianas». De este modo se

en el interior del cual fuesen coordinados los intereses en conflicto y restablecida «la solidaridad social, objetivo supremo de todo legislador». Sin embargo, no existían aún las condiciones histórico-políticas para esa propuesta: la Italia de la época era todavía la Italia del sufragio electoral restringido, la Italia de los dos millones de electores. ¿Quién podía enfrentarse, con una propuesta semejante, a los compiladores que habían sido llamados a elaborar el *Codice di commercio* de 1882? O, en palabras de Vivante, ¿quién podía enfrentarse a «los industriales, banqueros, aseguradores, representantes de grandes compañías ferroviarias, etc.»? La unificación de los códigos será realizada en Italia, como si fuera una dura réplica de la historia, por el fascismo. La unificación no tendrá la orientación «vivantiana», sino el signo de una comercialización forzosa del derecho privado en su conjunto, como un aspecto particular de la reorganización «forzosa» del sistema económico y de la vida social y civil italiana.

El «socialismo jurídico» de la época de Vivante era, desgraciadamente, un «socialismo jurídico ingenuo, incapaz de traducirse en términos jurídicos». La valoración de Ascarelli señala «que el límite de la posición vivantiana era, probablemente, el mismo límite de la Italia de Giolitti».[42a] El propio Vivante, unos años después, será plenamente consciente del problema. En 1911, interviniendo en el séptimo congreso jurídico nacional y a propósito de la intervención de Umberto Navarrini sobre la reforma de la sociedad anónima, dirá Vivante:[43] «el problema está más allá del derecho privado: afecta a la constitución del país».[44]

---

dibujaba «la perspectiva de un nuevo bloque de poder basado en un contrato y en un compromiso entre el movimiento obrero y la burguesía productiva. Burgueses y proletarios tenían ante sí un largo camino que recorrer antes de la batalla decisiva de la lucha de clases». Pero el techo de la Italia «gialittiana» era la inestabilidad de su base social: «por un lado, a causa de la crisis, el bloque de las clases dominantes tendía a reducir el margen de las concesiones, concentrando en el Estado los hilos del poder constituido, por otro lado, el movimiento obrero y democrático experimentaba una profunda crisis que iba marginando a masas campesinas y ciudadanas cada vez más amplias».

[a] Giovanni Giolitti (1842-1928) fue una de las principales figuras políticas de Italia, encarnación «última» —según Gramsci— del «transformismo» (en el léxico político italiano significa desplazamiento político desde la izquierda hacia posiciones conservadoras). Aunque el último gobierno Giolitti se sitúa en 1920-1921, coincidiendo con las ocupaciones de fábricas (v. P. Spriano, *Storia del Partito comunista italiano,* Tormo, Einaudi, 2.ª edición, 1978, I, pp. 78 y ss.), la *età giolittiana* comprende un período anterior: el período de la industrialización italiana de principios de siglo cuyo límite es el comienzo de la primera guerra mundial (v. los rasgos del desarrollo industrial en R. Romeo, *Breve storia della grande industria in Italia, cit.,* pp. 65 y ss.). Este límite temporal, es al mismo tiempo el punto en el que se destruyen las bases del compromiso de clase (entre industriales y minoría obrera organizada) que caracterizó la revolución industrial de la época. Giolitti, artífice de esta alianza, será desplazado a medida que la burguesía italiana emprende el camino nacionalista, fundado sobre un bloque conservador en alianza con los católicos, que concluirá en el fascismo (v. P. Grifone, *Il capitale finanziario in Italia,* Torino, Einaudi, 1971, pp. 13 y ss.). *Cfr.* sobre el período v. G. Candeloro, *Storia dell'Italia moderna, VIII. La crise di fine secolo e l'età giolittiana,* Milano, Feltrinelli, 1978.

[43] V. Úngari *I precedenti storici, cit.,* p. 38.

[44] Sbriccoli, *Elementi per una bibliografia, cit.,* p. 873, coloca a Vivante junto a Salvioli y Zerboglio, juristas que «concluyeron —como tantos otros— su período «socialista» mu-

cho antes de cesar su actividad científica». De hecho, Vivante cambiará radicalmente — v. apartado 1.1— abrazando la causa del «economicismo» jurídico. El fenómeno afectará a todos los ámbitos de la cultura italiana: Procacci, *Appunti in tema di crisi dello Stato liberale, cit.* p. 228, menciona la «relativa rapidez con la cual una parte de la cultura italiana se desplaza de sus simpatías socialistas iniciales hacia una ideología que podría llamarse de «renovación nacional» (el caso de *La Voce* en su primera época) hasta llegar por fin al nacionalismo». Este fenómeno y este desenlace, es comentado por Ascarelli, «La dottrina commercialistica italiana», *cit.*, pp. 9 y ss. Alfredo Rocco, nacionalista primero, fascista después, será un adelantado en esta nueva orientación, reconociéndosele en el ámbito del derecho mercantil la «capacidad de traducir jurídicamente el giro conservador», su «rigor formal será un instrumento de li sistematización, dirigida a bloquear las transformaciones que su producían en las relaciones de poder» (también el nombre de Alfredo Rocco, como el de su hermano Arturo, estará vinculado a los «códigos penales que significaron la antítesis del liberalismo «zanardelliano» de los códigos precedentes»).

CAPÍTULO QUINTO

LÍNEAS DE EXPANSIÓN DEL DERECHO MERCANTIL

5.1. La revolución industrial y la comercialización de las relaciones civiles

En la época moderna, el derecho mercantil presenta una doble línea de expansión. La primera es una tendencia que se manifiesta en el interior de cada unidad política, y consiste en la creciente «comercialización» del derecho privado, o, si se desea observar el fenómeno desde el punto de vista histórico-económico, en la adecuación de las relaciones civiles a las exigencias del desarrollo de la economía capitalista. «El derecho mercantil —como ha escrito Pašukanis[1]— ejerce la misma función respecto al derecho civil que la que desempeña este último respecto a todos los demás sectores, es decir, les indica la vía de desarrollo». Es la tendencia expansiva que conduce, cuando alcanza una realización integral, a la extinción formal del derecho mercantil en cuanto tal y a su absorción en un derecho civil «comercializado».[2]

La otra tendencia expansiva es la producida por la superación de los límites de las respectivas unidades políticas. Si en la baja Edad Media esta tendencia correspondía a la aspiración, descrita anteriormente, de universalidad del derecho mercantil, en la Edad Moderna, la tendencia se expresa con la aparición de un derecho mercantil internacionalmente uniforme, establecido por convenciones entre Estados nacionales, o incluso como derecho supranacional, tal es el caso del producido por la Comunidad Económica Europea.

---

1 E. B. Pašukanis, *Teoría general del Derecho y Marxismo, cit.*, p. 33.

2 La fórmula de la «comercialización» *(commercialisation)* del derecho civil es empleada por G. Ripert en *Aspectos jurídicos del capitalismo moderno, cit.*, p. 345: «El código civil ha dejado de ser el breviario de la vida corriente. Es el libro de razón que se abre solamente en las circunstancias excepcionales de la vida familiar: matrimonio y sucesión. En la vida diaria hay que tratar con los comerciantes. Puede darse el caso de no entrar jamás en el despacho de un notario pero es imposible el no tener que penetrar en una banca». Es significativo que sea precisamente un jurista francés quien exprese este juicio en relación a una codificación que desconoce actos mixtos (unilateralmente mercantiles). Ripert fundamenta su juicio en la circunstancia de un «mundo moderno que se ha comercializado» porque la «vida civil está dominada por el espíritu mercantil» (A. Tune, «Rapport sur l'unification du droit privé en France» en *L'unification interne du droit privé,* París, 1954, p. 112, donde deduce de aquella circunstancia que el derecho privado en Francia se ha unificado de hecho).

La primera tendencia, que surge en las respectivas unidades políticas del continente europeo, se manifiesta con la extensión del ámbito de aplicación de los códigos de comercio, los cuales superan el campo de las relaciones entre comerciantes (según el modelo francés), para regular también las relaciones «mixtas» (según el modelo alemán) de los comerciantes con los no comerciantes. Pero se manifiesta también en la transformación intrínseca de los códigos civiles, los cuales denotan una cierta «comercialización», aunque de grado desigual, recogiendo de su propio seno, con el fin de regular relaciones entre no comerciantes, principios que originariamente pertenecían a las relaciones mercantiles. En este sentido —como se ha visto en el capítulo precedente respecto a la disciplina de los contratos[3]— es destacable la regla: «la posesión equivale al título», acogida por el código civil francés, desvinculada del antiguo requisito de: «haber sido adquirida (la cosa) de un comerciante»; exceptuando, no obstante, el caso de los bienes robados o desaparecidos, para los cuales está admitida la reivindicación del propietario (art. 2279). En Alemania una regla análoga fue establecida por el código de comercio de 1861 (§ 306, sobre adquisiciones hechas a un comerciante) y luego pasó, generalizándose, al código civil de 1900 (§ 932). Este es sólo un ejemplo de la obra de recepción de los principios formulados en el código de comercio de 1861, realizada por el código civil de 1900.

Fuera del continente europeo —en Inglaterra y, por efecto de la recepción del derecho inglés, en los Estados Unidos de América del norte— la tendencia a regular las relaciones entre no comerciantes según el derecho mercantil produjo, a fines del siglo XVIII, la unificación del derecho privado bajo el signo de la «comercialización» integral. El fenómeno se había realizado, técnicamente, con la unificación de las jurisdicciones civil y mercantil en una corte única de *common law* (unificación que debe ligarse al nombre de Lord Mansfield). La antigua costumbre mercantil se había incorporado al *common law*, convirtiéndose en vinculante para todos los ciudadanos, fuesen o no comerciantes, y dando vida a un derecho de las obligaciones y de los contratos unitario, en contraposición a la duplicidad de sistemas de derecho privado propio de los sistemas jurídicos continentales.[4]

La expansión ulterior, comprendiendo no sólo las relaciones entre comerciantes y no comerciantes, sino también las relaciones entre no comerciantes exclusivamente, significa, para el derecho mercantil, el traspaso de un límite ante el cual el antiguo derecho de clase se había detenido. La participación de un comerciante en la relación era el criterio que servía para establecer el límite del derecho de clase y, precisamente, por tratarse de un derecho de clase podía alcanzar, como máximo, las relaciones externas de

---

[3] V. apartado 4.2.

[4] Sobre este acontecimiento v. H. Burin des Roziers, *La distinction du droit civil et du droit commercial et le droit anglais*, París, 1959, pp. 24 y ss., donde se explica como Lord Mansfield «extendió a todo sujeto la aplicación de las normas que, antiguamente, en la *Law Merchant* se referían sólo a los comerciantes».

sus miembros. Mientras el capital era, esencialmente, capital comercial, y la explotación capitalista se realizaba mediante la «explotación a través del comercio», estaba justificada la idea, según la cual, las relaciones entre no comerciantes eran indiferentes para la clase mercantil, no afectando al proceso de acumulación del capital comercial en la medida que no estaba implicado un comerciante en ellas.

La «comercialización» de las relaciones civiles se produce a medida que se va realizando aquella decisiva transformación económico-social que se conoce como revolución industrial. A partir de la segunda mitad del siglo XVIII se abren —y en Inglaterra más que en ningún otro sitio— nuevas perspectivas a la acumulación capitalista. Las innovaciones tecnológicas permiten la introducción de las máquinas en el proceso productivo, haciendo técnicamente posible la producción industrial en masa que hacer crecer la productividad del trabajo y permite la reducción de los costes de producción. El desarrollo demográfico, la creciente expropiación de grandes masas de productores libres de la ciudad y del campo, sobre todo, y su concentración urbana crean una enorme disponibilidad de fuerza de trabajo. El gran capital, que era hasta entonces comercial, se transforma en capital industrial, impulsado por las elevadas tasas de ganancia de la inversión en este campo. El antiguo modo de extracción de plusvalía, basado en la comisión del comerciante al artesano y al campesino, es sustituido por uno nuevo, fundado en la propiedad capitalista de los medios de producción y en la proletarización de los productores que enajenan como mercancía su propia fuerza de trabajo.[5]

En la era de la revolución industrial no es posible distinguir ya relaciones relevantes y relaciones indiferentes a la clase mercantil, o, como desde ahora conviene llamarla, a la clase empresarial. La unificación del derecho privado

> «es un movimiento general de superación de aquella dicotomía, que contrapone agricultura e industria y comercio, clases nobles y tercer estado mercantil» —tal como ha observado Ascarelli—; responde «al alcance asumido por la producción industrial en masa, que ya no se traduce en instituciones aisladas, que se yuxtaponen a las tradicionales, ni en normas particulares para determinados sectores, sino que significa una transformación general de todas las instituciones, de toda la estructura económica, de todas nuestras costumbres».[6]

---

[5] Estos caracteres definen en sentido estricto al capitalismo como modo de producción; M. Dobb, *Estudios sobre el desarrollo del capitalismo, cit.*, pp. 32 y ss., critica a quienes sitúan el origen del capitalismo en la baja Edad Media y se expresan en términos de «capitalismo comercial»; la misma opinión sostiene R. Zangheri en la «Introducción» a la versión italiana de la obra de M. Dobb, *Problemi di storia del capitalismo,* Roma, 1971, pp. 8 y ss.; sin embargo se sigue admitiendo (v. M. Dobb, *Estudios sobre el desarrollo del capitalismo, cit.*, p. 41) que «fue el comercio el terreno del cual surgió por vez primera una burguesía», y los mercados fueron «los moldes en que se instaló la industria».

[6] T. Ascarelli, *Instituciones, cit.*, p. 122.

Para justificar la plena consolidación en Gran Bretaña de un derecho privado «enteramente objetivo», así como la «aversión de cualquier desigualdad social», Vivante había destacado la

> «tendencia a establecer los derechos de crédito en títulos que para circular con seguridad necesitan ser juzgados por lo que son, como títulos de venta, de préstamo, de depósito, y no por la persona que les ha dado vida».[7]

El asunto es que la producción industrial en masa requiere que todas las relaciones, y no sólo aquellas en las que se halla un comerciante como parte, estén sometidas a las exigencias de la clase capitalista. Principios como la facilidad para la conclusión del contrato o la facilidad para el acreedor o la facilidad para el adquirente de buena fe de los bienes muebles —fundados en el antiguo derecho mercantil para el caso en que el comerciante fuese parte en el contrato o acreedor o causante de la adquisición de buena fe— se transforman en principios de derecho común, aplicables incluso a los casos en que ninguna de las partes es comerciante. La facilidad para el comerciante se convierte en elemento, no diferenciado, de una ventaja general en favor de la circulación de la riqueza. No se trata ahora de colocar al comerciante en posición ventajosa para realizar actos de cambio; se trata de colocar al empresario en condiciones de producir y de lanzar al mercado la mayor cantidad posible de bienes; la noción inspiradora es que la cantidad de bienes, que el empresario introduce en el mercado, depende de lo rápida e intensa que sea la circulación de los mismos.[8]

5.2. La uniformidad meta-nacional del derecho mercantil

Es evidente que el impulso a la unificación y a la «comercialización» del derecho privado, en cuanto apoyo a las exigencias de acumulación del capital en el interior de cada país, no ha logrado una realización plena en todas partes. La rápida afirmación, que al principio se produjo en Inglaterra y Estados Unidos —países de la primera industrialización— no fue continuada inmediatamente en los países del continente europeo. Salvo la limitada experiencia suiza, que en 1883 estableció un código único de obligaciones, no se produce otra en el mismo sentido hasta 1942 en Italia con el código civil unificado. En Alemania surge, a fines del siglo pasado, un movimiento contrario a la unificación que prevalece en la codificación de 1900, basada en dos códigos distintos, civil y mercantil. Es el comienzo de la inversión de la tendencia aparecida en Inglaterra a fines del siglo XVIII: al proyecto de la jurisprudencia inglesa, los codificadores alemanes oponen un nuevo proyecto de política jurídica, consistente en un derecho capaz de secundar las exigencias de expansión internacional —antes que la expansión interior— del capitalismo.

---

7 C. Vivante, *Trattato di diritto commerciale,* Torino, Fratelli Bocca Editori, 2.ª edición, 1902, p. 79, vol. I.

8 V. Alfredo Rocco, *Principios, cit.,* p. 40, señala: «posibilitar y facilitar el cambio, representa aumentar el valor de los productos, puesto que, como es notorio, el valor de ellos depende precisamente de la mayor o menor facilidad de cambiarlos por otros».

En el último cuarto de siglo, la «gran depresión» había mostrado que el ritmo de acumulación decrecería si no se extendía el campo de las inversiones y se ampliaban los mercados. La crisis de sobreproducción había golpeado, en especial, al país más avanzado industrialmente: Inglaterra; pero en Alemania, cuya revolución industrial había comenzado tras la unificación política, «el golpe inicial fue más violento que en Inglaterra, y entre 1873 y 1877, el consumo de hierro en Alemania decayó en un 50 %».[9] La política económica que permitió superar la «gran depresión» fue, tanto para Alemania, como para Inglaterra y Estados Unidos, la expansión imperialista, la conquista de grandes mercados y el aumento incesante de la inversión exterior. Esta política económica exigía una política jurídica semejante: el derecho mercantil, al igual que la economía, debía superar los límites nacionales.

En Alemania, la opción de los códigos separados se hacía atendiendo a las consideraciones siguientes: las relaciones civiles están fuertemente caracterizadas por el ambiente nacional, tanto que su reglamentación es, necesariamente, distinta de país a país y debe poseer un cierto grado de estabilidad; en cambio, las relaciones mercantiles tienen un carácter internacional, y su reglamentación debe tender hacia la uniformidad ultranacional. La unificación del derecho privado se habría limitado a «nacionalizar» la regulación mercantil, haciendo imposible una reglamentación internacional uniforme. El caso era —como señaló Goldschmidt— que «un derecho mercantil cosmopolita es concebible, mientras que el derecho civil no puede, en general, superar un cierto limite territorial».[10] Alemania, por otro lado, había poseído el primer modelo

---

[9] *Cfr.* M. Dobb, *Estudios sobre el desarrollo del capitalismo, cit.*, p. 367.

[10] L. Goldschmidt, «Universalgeschichte des Handelsrechts», *cit.*, p. 11.
El propio Goldschmidt fue llamado a presidir la Comisión encargada por el parlamento de dictaminar el método a seguir en la redacción del código civil alemán. La opinión de la Comisión tue hecha pública por Goldschmidt en el artículo «La *codificación del derecho civil y mercantil de Alemania*», en Zeitschrilt, XX, 1874, pp. 134 y ss.
A continuación reproduciré un fragmento esencial del citado documento de política de la codificación. Se habla pedido, en particular, a la Comisión «método y plan para la presentación de un proyecto de ley de código civil». La Comisión contestó, en el aspecto que aquí interesa (*ibidem.*, pp. 139 y ss.), que «plan y método de trabajo derivan de la extensión del código. En este aspecto es necesario sostener como principio que aquella parte del derecho privado que, bajo el nombre de derecho mercantil, suele recibir un tratamiento separado, debe permanecer en su autonomía tradicional. Argumentos específicos apoyan este criterio, el cual está recogido en la mayoría de las legislaciones extranjeras. Por un lado, existen en el comercio institutos particulares y principios jurídicos que se hallan en tal conexión entre sí que es difícil imaginar cómo insertarlos sistemáticamente en el código civil. Por otro lado, emergen del derecho mercantil principios específicos relativos al derecho de la circulación cuya simple extensión a todo el ámbito del tráfico provoca notables dudas; el derecho mercantil requiere un grado de universalidad y de homogeneidad con el derecho de otros países muy superior al exigido por el restante derecho privado (...). Por el contrario, se han separado del código de comercio aquellos principios que parecían susceptibles de aplicación al entero ámbito de la circulación y, por consiguiente, eran aptos para ser incorporados al código civil; una vez redactado el código civil podrán establecerse las necesarias excepciones a los principios del derecho, como por ejemplo los referentes a los intereses, las penas convencionales, la forma de los negocios jurídicos, etc. que convenga

de derecho mercantil pluriestatal: el código general de comercio de 1861 había precedido a la unificación del país; había sido el código de comercio uniforme de Prusia y de los otros Estados germánicos, integrados económicamente en la unión aduanera. Con el código de comercio de 1900, separado de su coetáneo civil, el *Reich* alemán adecuaba su estructura jurídica interna a un posible derecho mercantil internacionalmente uniforme, y ofrecía al mundo el modelo de un derecho mercantil moderno, despojado de rasgos nacionales y pensado en función de una economía meta-nacional.

Nace una nueva fase del derecho mercantil que todavía hoy está presente. El terreno de la propiedad industrial y el de la competencia es el primero sobre el que se manifiestan aquellos caracteres. La internacionalización de los intereses empresariales postula la existencia, satisfecha por la Convención de París de 1883, de una protección ultra-nacional de la propiedad industrial (invenciones, marcas de fábrica y de comercio, indicaciones de origen y de procedencia de productos y mercancías, nombre comercial) y de una represión ultra-nacional de la competencia ilícita. En la Convención de La Haya de 1925 se produce un acontecimiento relevante en relación a este último aspecto. Se define como acto de competencia desleal todo aquél que «sea contrario a los usos honestos en materia industrial y comercial» (art. 10 bis). El acontecimiento no es tanto por la disciplina uniforme que se adopta como por la desestatalización de las fuentes normativas. El criterio de los «usos honestos en materia industrial y comercial», que se incorporará al código civil italiano de 1942 traducido como *correttezza professionale* (art. 2598), es un criterio «que garantiza una disciplina íntimamente ligada a los intereses profesionales dominantes, sin interferencia alguna de parámetros comunes de carácter extraprofesional».[11] Emerge la antigua vocación de la clase a ser artífice de su propio derecho, rechazando la mediación política.[12]

---

introducir en la circulación mercantil. De este modo podrá llevarse a cabo la revisión del código de comercio vigente que desde hace tanto tiempo se reclama».
Una argumentación análoga, relativa a la autonomía legislativa del derecho mercantil, se encuentra en el volumen misceláneo *Unification du droit,* Roma, 1948; sostiene la opinión de que el derecho mercantil, a diferencia del civil, está destinado a una unificación internacional: A. Bagge, *L'unification international du droit commercial* en pp. 252 y ss.; J. Hamel, *Les conventions de Genève sur les effets de commerce et les méthodes d'unification du droit privé* en pp. 270 y ss.; H. C. Gutteridge, *La Grande-Bretagne et le mouvement pour l'unification* en pp. 284 y ss.

11 Ghidini, *La concorrenza sleate, cit.,* pp. 225 y ss. (en la versión castellana de A. Rojo *cit.,* p. 38).

12 Ghidini (v. la nota anterior) señala: «Se conseguía que en los países que se adhiriesen... los conflictos en materia de competencia desleal se enjuiciasen según el derecho de clase de los comerciantes —si se nos permite utilizar la definición vivantiana de usos de comercio— y, más exactamente, de los comerciantes más fuertes». Según la noticia que proporciona A. Mignoli, en «Rivista delle società», 1960, pp. 667 y ss., en la Conferencia de La Haya de 1912 sobre unificación de derecho cambiario, el gobierno británico afirmó que «los banqueros y comerciantes conocen mejor que cualquier cuerpo legislativo lo referente a sus negocios, y que los intereses del comercio están mejor servidos si se deja libremente, en la medida de lo posible, que aquéllos estipulen sus negocios».

La tendencia a la unificación internacional tiene como consecuencia, en los derechos nacionales, el fenómeno que Ascarelli ha definido como «fraccionamiento» del derecho mercantil.[13] El realizar por sectores el proceso de unificación es la causa de que el correspondiente sector, que es regulado uniformemente por las convenciones internacionales, escape del ámbito del código de comercio, constituyéndose en objeto de leyes especiales. El centro de agregación es, cada vez más, meta-nacional. La especialidad de las leyes de ejecución de las convenciones internacionales acentúa la autonomía de estas normas en relación al derecho nacional restante. Así sucedió en Italia, tras la Convención de Ginebra de 1930, con respecto a la letra de cambio y el cheque que se convirtieron en la materia específica de las leyes de 14 de diciembre de 1933, núm. 1669, y de 21 de diciembre de 1934, núm. 1736, quedando fuera del código civil unificado de 1942. Lo mismo ocurre con respecto al derecho marítimo, articulación interna tradicional del derecho mercantil; por iniciativa del Comité marítimo internacional, fundado a fines de 1897, se sucedieron en los primeros decenios del presente siglo las convenciones internacionales para la unificación del derecho marítimo, adquiriendo éste en el sistema italiano autonomía definitiva con la emanación del código de la navegación en 1942.

El proceso de integración interestatal del derecho mercantil proseguirá, con nuevas formas, tras la segunda guerra mundial. Pero en este proceso se interfiere un fenómeno de signo opuesto: la unificación italiana de los códigos de derecho privado.

5.3. La unificación de los códigos del derecho privado en Italia

La unificación de los códigos del derecho privado en Italia se ha producido al menos por dos motivos. El primero de carácter ideológico y el otro de naturaleza político-económica, conexos ambos con la experiencia autoritaria de aquel período.

Las razones ideológicas, que se oponían a la perpetuación de dos códigos distintos, civil y mercantil, tenían su fundamento en la naturaleza clasista —denunciada reiteradamente de modo vigoroso por Vivante— del código de comercio de 1882. En la intención de los autores del código la unificación servía para enmascarar el carácter clasista —ley de favor para una clase social— del antiguo código de comercio. La existencia de un código concebido, técnicamente, para ser «ley de clase» (y, más aún, la coexistencia de dos «leyes de clase» contrapuestas, como eran el código civil y el de comercio), era incompatible con las posiciones ideológicas del fascismo que declaraba fundarse para la superación de todo conflicto de clase. Un código unitario, aplicable a todo tipo de relaciones y a cualquier categoría de sujeto, debía ocupar el sitio de los códigos separados. El derecho de las obligaciones y de los contratos en Italia ha sido unificado de esta manera. La unificación, que ha realizado, formalmente, la extinción del derecho mercantil, se presenta, en sustancia,

[13] T. Ascarelli, *Iniciación, cit.*, p. 117.

como una intensiva «comercialización» del derecho privado; el derecho de las obligaciones y de los contratos, contenido en el cuarto libro del código civil de 1942, se inspira en la disciplina correspondiente del código de comercio derogado, y no en la del precedente código civil.

La unificación, por tanto, ha creado, sólo formalmente, una ley igual para todos. La «comercialización» del sistema de derecho privado ha reforzado, en sustancia, los intereses de la empresa sobre los de la propiedad, ha sellado la definitiva derrota de las clases terratenientes y ha confirmado, en su posición de absoluta hegemonía, a las clases capitalistas.[14] La *Relazione* al libro de las obligaciones ha justificado, rozando el ridículo, la supresión del anticuado derecho civil, afirmando que el *bonus pater familias* se ha convertido actualmente en un empresario. Allí se lee:

> «bajo el renovador influjo de la disciplina coordinada de todos los factores de la producción, establecida por el sistema corporativo, la economía agraria, reservada, tradicionalmente, al derecho civil, ha logrado conseguir una organización que tiene los caracteres de las empresas comerciales e industriales: el buen padre de familia, como se ha dicho, aparece como empresario tanto en la economía agrícola como en la comercial o industrial».[15]

La *Relazione* se ocupa de describir, minuciosamente, el tránsito, desde el viejo código de comercio al nuevo código civil unificado, de los principios sancionados por el primero.[16] Se mencionan las disposiciones correspondientes al término esencial, a las obligaciones pecuniarias, a la formación del contrato, al devengo de los intereses, a las obligaciones alternativas, a las obligaciones con pluralidad de deudores, a la representación, a la resolución del contrato, a la venta, y en particular, al examen de la cosa vendida y a la reclamación por sus defectos, a su depósito, a la ejecución coactiva, a la venta de cosa ajena, al mandato, al secuestro voluntario, al mutuo, al depósito; y además, al lugar del pago, a la entrega de la cosa, al inaplazamiento del pago, a la abolición del retracto litigioso. Se subraya el rechazo de la «tendencia humanitaria del *code Napoléon,* que infravaloraba la función crediticia», y se insiste en la generalización del *favor creditoris,* limitado anteriormente a las obligaciones mercantiles, con argumentos que muestran «al crédito, tras la difusión del ahorro, como un hecho de carácter general». Manifestaciones específicas son:

> «la abolición del poder de conceder dilaciones, que tenía el tribunal; la nueva regulación de los intereses devengados, que aumenta el fruto del capital reconociéndole su fecundidad natural; la eliminación, con res-

---

14 Cottino, *Diritto commerciale, cit.,* I, p. 40: «no estoy de acuerdo con los que afirman que el derecho mercantil, superando formalmente «su originario carácter de clase» (Ascarelli), se ha convertido *sustancialmente* en derecho de *todos los ciudadanos,* es decir, en la expresión de una democracia real y no simplemente nominal».

15 *Relazione al libro delle obbligazione,* núm. 5.

16 *Relazione al libro delle obbligazione,* núm. 7, 10, 11.

pecto al término esencial, de todo automatismo perjudicial para el acreedor; la presunción de solidaridad de las obligaciones con pluralidad de deudores; la regla que establece, como lugar de pago de las obligaciones pecuniarias, el domicilio del acreedor». Por último, se afirma que «un sistema como el fascista, que rechaza toda piedad para con quien asume obligaciones, no puede contener un principio de parcialidad».[17]

El resultado concreto será que sólo los empresarios se hallarán en condiciones de gozar de determinadas normas, aunque éstas aparezcan, legislativamente, destinadas a favorecer a cualquiera. Un ejemplo típico es la norma, establecida en el art. 1341 del código civil de 1942, sobre las «condiciones generales» del contrato: «las condiciones generales del contrato establecidas por una de las partes sólo son eficaces frente a la otra parte si ésta en el momento de la perfección del contrato las conocía o podía conocerlas usando la diligencia ordinaria». La norma es fruto del actual sistema de producción en masa que comporta la sustitución del contrato aislado por la contratación en serie. El sistema de producción conlleva la necesidad de sustituir el efectivo conocimiento de la regulación del contrato por la mera cognoscibilidad de la misma, de tal modo que el contratante queda vinculado, incluso si de hecho la desconoce, y a pesar de que no ha podido quererla. En abstracto, la norma puede ser invocada por quien quiera que establezca «condiciones generales de contratación»; en concreto, es utilizable solamente por el empresario en relación a los usuarios de su empresa. El proceso de «objetivación» del derecho mercantil de las obligaciones y de los contratos ha llegado, así, al límite extremo que significa la formal desaparición del derecho mercantil en cuanto tal.[18]

En favor de un único código civil «comercializado» había, también, una específica consideración que partía de los notables obstáculos que hallaba el desarrollo del capitalismo en Italia. El capitalismo no se había impuesto en Italia de un modo espontáneo, según mecanismos objetivos: el proceso de acumulación se había puesto en movimiento gracias a la actividad del Estado, a las medidas proteccionistas, a la política de incentivos a la producción, y a las nacionalizaciones (realizadas, como en el caso del servicio telefónico y ferroviario, por gobiernos liberales, en períodos de auge, incluso, de la política

---

17 *Relazione al libro delle obbligazione,* núm. 11.

18 Entre los intérpretes del código civil italiano de 1942 prevalece, contrariamente, la opinión de que este último ha significado el retorno a un sistema subjetivo, basado en la figura del empresario y su respectivo «estatuto» regulado en el libro V. Debemos decir, sin embargo, que el citado «estatuto» dejando al margen la sustitución del concepto de comerciante por el de empresario, siempre ha tenido un carácter subjetivo (el ejercicio profesional de la actividad económica); mientras que actualmente la parte más conspicua históricamente del derecho mercantil, esto es, la disciplina de las obligaciones y de los contratos, ha desaparecido, absorbida en un proceso de extrema «objetivación».
La contraposición de esta última disciplina a la de las obligaciones y contratos civiles se ha considerado! v. K. Wieland, *Handelsrecht,* I, München u Leipzig, 1921, p. 4) el rasgo que recogía lo esencial del derecho mercantil (la misma opinión sostiene F. Ferrara Jr., *Gli imprenditori e te società, cit.,* p. 8).

liberal).[19] La mediación pública había desempeñado —como lo hace hoy— un papel determinante, tanto por su participación directa en el proceso de reproducción del capital, como —y aquí es significativo el código de comercio de 1882— en la regulación legislativa, favorable a la clase capitalista, de aquel proceso.

La «comercialización» del derecho privado en su conjunto era un paso adelante en el camino emprendido. Su objetivo era una conversión forzosa al capitalismo de la sociedad italiana en cada una de sus esferas de relaciones, tanto civiles como comerciales. En este sentido se debe interpretar la regulación de las relaciones entre no comerciantes, consideradas, en una época anterior, indiferentes al interés comercial y, actualmente, relevantes para la producción en masa. En este tema se ha ultrapasado todo límite; es paradigmático, en el terreno de las transformaciones modernas del derecho civil, la disciplina que se ha establecido en relación a las adquisiciones *a non dominio* y que no tiene equiparación en ningún otro ordenamiento, produciendo, incluso, en determinados lugares, una fuerte reprobación.[20] No sólo la protección al adquirente de buena fe funciona sin necesidad de estar condicionada al antiguo requisito de adquirirse la cosa de un comerciante (requisito eliminado de la orientación general de las codificaciones modernas), sino que se protege también la adquisición de cosas robadas o desaparecidas, con el fin de satisfacer «la circulación amplia y segura de los bienes muebles» —así se expresa la *Relazione* al código en el núm. 543—, admitida en otros códigos para el caso exclusivo de la adquisición hecha de un comerciante.[21]

Muchas normas relativas al contrato resultan también, a semejanza de lo anterior, funcionales a los intereses de la clase empresarial. Así, por ejemplo, la norma —sin equiparación posible fuera de Italia— del art. 1431, que subordina la acción de anulación a la circunstancia del error reconocible, y la norma del art. 1433 que somete también al requisito de la reconocibilidad los efectos anulatorios del error obstativo; en virtud de estas normas, tanto si quien yerra es un empresario, o es el sujeto con quien éste contrata, o una de las partes de un contrato realizado entre no empresarios el resultado es que todos ellos quedan vinculados al contrato. Lo mismo puede decirse con respecto al art. 428 pár. 2.° que subordina la anulación del contrato concluido con un incapaz a la prueba de la mala fe del otro contratante, o la norma del art. 1415 que hace inopinable a terceros adquirentes de buena fe la simulación, o la del art. 1445 que establece la excepción de los derechos adquiridos a título oneroso por terceros de buena fe cuando se trata de la acción general de anulación.

Estas normas permiten observar cómo los intereses que protege la regulación del contrato son externos a la relación contractual. Tanto la posición del

---

[19] V. F. Galgano, *Las instituciones de la economía capitalista, cit.*, pág. 47 y ss.; cfr. A. Caracciolo, *Stato e società civile. Problemi dell'unificazione italiana,* Tormo, 1960; v. también apartado 7.1.

[20] *Cfr.* L. Mengoni, *Gli acquisti «a non domino», cit.*, pp. 90 y ss.

[21] L. Mengoni, *Gli acquisti «a non domino», cit.* pp. 99 y ss. nota 44, para las referencias de derecho comparado.

declarante, como la del destinatario de la declaración, como la del tercero de buena fe son posiciones de intereses equivalentes entre sí. No hay razón alguna, plausible para el sentido común, en virtud de la cual la primera posición deba sucumbir a las otras (como tampoco existe ninguna razón plausible por la cual en la adquisición *a non domino,* el interés del ilícitamente desposeído deba sacrificarse frente al tercero posesor de buena fe). El fenómeno seguirá sin explicarse mientras se razone con la lógica del acto; sólo podrá comprenderse situándose en una diversa lógica, que abarque la totalidad del hecho circulatorio. Resulta evidente, entonces, que el interés protegido no es el de quien ocupa, en relación al acto, la posición de parte contratante o la de tercero de buena fe (interés protegido de modo ocasional), sino el interés del empresario, aunque sea ajeno al contrato que se examina: es el interés de quien lanza, de modo profesional, bienes al mercado y está interesado en lograr una circulación lo más extensa, segura y rápida posible.

La conversión al capitalismo, en la medida que era forzosa, ha sido un proceso estatalizado, dirigido por la primacía del derecho del Estado. Desde la unificación de los códigos, los usos de comercio han sido, significativamente, sacrificados, es decir, se ha suprimido la participación directa de la clase empresarial en la producción normativa. En los sistemas basados en la duplicidad de códigos, los usos de comercio ocupan, jerárquicamente, el segundo lugar, tras el código de comercio, de la producción normativa, prevaleciendo sobre la ley civil; en el código civil italiano de 1942, los usos del comercio se aplican en ausencia de la ley, o cuando ella misma reclame su aplicación (arts. 8 de las disposiciones preliminares y 1374 del *Codice civ.* 1942),[22] sin perjuicio de una cierta subsistencia marginal (art. 1638, 2), en el caso del uso (interpretativo) «empresarial».

Las exigencias internas de una forzosa conversión capitalista prevalecieron en Italia sobre las exigencias de uniformación internacional del derecho del tráfico que hubiera implicado la separación del derecho mercantil del código civil. Sobre los motivos que impulsaron a este juicio de prevalencia debió influir, sin duda, la posición política y económica que ocupaba este país en el contexto internacional de la época de la reforma (el código civil de 1942 puede ser definido, en este sentido, como el código de la autarquía).

5.4. El derecho mercantil uniforme de los Estados Unidos de América

Tras la segunda guerra mundial nuevos acontecimientos exigían la uniformidad del derecho mercantil. Junto a la búsqueda de una uniformidad profunda, extendida por todo el mercado mundial, y realizada por sectores específicos normativos, aparece, en los Estados Unidos de América, una tendencia ulterior, de aspecto más limitado, pero dirigida a conseguir una uniformidad orgánica y global. El fenómeno responde a las exigencias de los grandes monopolios; desarrollándose en América a medida que se acentúa el proceso de

[22] V. A. Asquini, *Lezioni di diritto commerciale. Titoli di credito,* Padova, CEDAM, 1951, p. 13.

concentración industrial y situándose en el marco de la política americana de «racionalización» del amplio mercado interior. Los monopolios, que invierten en la producción enormes recursos financieros, tienen necesidad de una economía libre de incertezas y de un mercado regulado por reglas fijas y uniformes. En política económica exigen una intervención planificadora del Estado federal, que sirva –según la expresión de Galbraith– para «suspender» la operación del mercado;[23] pero solicitan también una política del derecho nueva que sea capaz de eliminar la «irracionalidad» producida por la discontinuidad legislativa de los Estados federados.

De este modo se configura en los Estados Unidos un derecho mercantil uniforme. Los precedentes pueden situarse a fines del pasado siglo. El fenómeno comienza, tras la actitud favorable a nivel federal, con la adopción de específicas leyes uniformes en cada uno de los Estados (en 1896 la ley sobre títulos negociables, en 1906 la ley sobre títulos representativos de mercancías, en 1918 la ley sobre la venta con reserva de la propiedad, etc.) que sustituyen a la heterogénea legislación precedente; posteriormente, entre los años 1943 y 1952, se elabora un *Uniform Commercial Code,* que en 1962 es adoptado por todos los Estados excepto Luisiana (que había rechazado también, en su momento, al *common law).* El *Uniform Commercial Code* se presenta, con respecto a las materias reguladas (venta, contratos bancarios, títulos de crédito, etc.), a modo de código de las obligaciones y de los contratos.

El *Uniform Commercial Code* es destacable por dos razones. Primera: por la normativa uniforme que ha establecido, o tiende a establecer, en los cincuenta Estados que lo han adoptado, con el fin de satisfacer las exigencias de disciplinar, homogéneamente, las relaciones inherentes a un mismo mercado (a pesar del riesgo que significa para la uniformidad el hecho de que algunos Estados lo hayan recibido con ciertas modificaciones y otros lo hayan alterado posteriormente).[24] Segunda: porque la uniformación normativa se ha realizado bajo el signo de la «mercantilidad» de las materias reguladas, instaurando, en un contexto que hasta entonces la había ignorado, no sólo la idea de un código, sino también la categoría formal del derecho mercantil.

En su conjunto, se trata de un sistema objetivo de derecho mercantil. La aplicación del código no está limitada, en principio, a las relaciones en las que participa un comerciante, y por tanto no da lugar a una duplicidad de sistemas de derecho privado como sucede en el continente europeo. Relaciones determinadas se regulan en un código de comercio uniforme en virtud de su vinculación objetiva al comercio al margen de que sean entabladas por no comerciantes. No existe una venta mercantil, regulada por el código, y una venta civil reservada a la legislación de los correspondientes Estados, sino que hay una regulación uniforme de la venta. La distinción entre venta civil y

---

23 V. J. K. Galbraith, *The new industrial State,* 1967, trad. cast. M. Sacristán, *El nuevo estado industrial,* Barcelona, Ariel, 1970, p. 48.

24 *Cfr.* A. Tunc, *Préface al Code de commerce uniforme des Etats-Units,* París, 1971, pp. 13 y ss.

venta mercantil está contenida en el propio código uniforme. En este punto la diversa regulación del contrato está mucho más acentuada que en el continente europeo, cuando una de las partes o ambas reviste la cualidad de comerciante. El principio de la «ley igual para todos los ciudadanos, comerciantes o no», no es precisamente un mérito de la sociedad americana.[25]

5.5. Integración europea y derecho mercantil uniforme

En Europa, la relación entre unidad del mercado y uniformidad del derecho se establece con el Tratado de Roma de 1957 constitutivo de la Comunidad Económica Europea. Aquí, y a diferencia de lo que ocurre en América, la relación no se crea en el seno de un mercado unitario preexistente, a fin de racionalizarlo, sino que, ante todo, se pretende crear ese mercado unitario. Con la finalidad de «establecer un mercado común» —objetivo enunciado por el art. 2 del Tratado— se adoptan, entre otros, instrumentos de tipo jurídico, como el relativo a «la creación de un régimen destinado a garantizar que la competencia no sea falseada en el mercado común» (art. 3, f). En este aspecto toman cuerpo normas de derecho mercantil supra-nacional. Así ocurre con las normas del art. 85 y siguientes del Tratado aplicables directamente, en el territorio de la comunidad, al «comercio entre los Estados miembros». Un instrumento ulterior, que no debe reducirse al exclusivo comercio interestatal, es la «aproximación de las legislaciones nacionales en la medida necesaria al funcionamiento del mercado común» (art. 3, h) y, particularmente, la equivalencia de las «garantías que los Estados miembros exigen de las sociedades con el fin de proteger los intereses, tanto de los socios como de terceros» (art. 54, § 3, g) Corresponde al consejo de la Comunidad Económica Europea establecer las directrices respecto a las cuales debe adecuarse la legislación interna de los distintos Estados (art. 100).

La idea de un mercado «común» europeo responde a las exigencias del desarrollo de las grandes empresas de Europa occidental. A semejanza de la experiencia americana, las empresas europeas adoptan un modelo de desarrollo en el interior de un amplio mercado (el mercado «común» entre varios Estados debe funcionar como un mercado unitario) hasta conseguir las dimensiones óptimas de las grandes concentraciones industriales americanas e impedir el paso al capital extraeuropeo. El Tratado no oculta su apoyo a las

---

[25] Este mérito era señalado, para los países del *common law,* por J. W. Smith, *A Compendium of Mercantile Law,* I, London, 1931, 13.ª edición, p. LXXXII. La opinión corriente entre los juristas anglosajones es que el derecho mercantil, lejos de ser una «rama separada del *common law*», es «la mera extensión de los principios generales del derecho de la contratación a las operaciones especiales de carácter mercantil» (v. H. C. Gutteridge, *Contract and commercial law* en «Law Quarterly Review», 1935, p. 91). Sin embargo, Burin des Roziers, *La distinction du droit civil et du droit commercial et te droit anglais, cit.,* pp. 4 y ss. y 88 y ss., que refiere la anterior posición, destaca que desde hace cierto tiempo vienen formándose en los países anglosajones costumbres comerciales contrarias a los principios del *common law,* y al mismo tiempo las *Common Law Courts* «tienden a juzgar las causas mercantiles según el interés del comercio». La conclusión de este autor es que dentro del *common law* se está reconstruyendo el derecho mercantil.

fusiones y, en general, a las concentraciones empresariales; en este sentido, promueve la superación de los obstáculos que presentan las «distintas legislaciones nacionales» (art. 220); mientras que las normas relativas a la competencia, establecidas por los artículos 85 y siguientes, se ocupan de reprimir el abuso, no la formación, de «posiciones dominantes». En los actos oficiales de la comisión de la Comunidad europea, como el *Memorándum* del 1 de diciembre de 1965, se enuncia tanto la política de apoyo a la concentración, como el objetivo de la misma, dirigido al «incremento del poder competitivo de las empresas europeas en la lucha con las otras grandes empresas europeas de terceros países». La directriz sobre la armonización de las legislaciones nacionales, emanada el 9 de marzo de 1968, que es la única establecida con este fin,[a] es vista por el Informe de la comisión del siguiente modo: «la idea que inspira la directriz es la necesidad de asegurar la rapidez y la certeza del derecho en las transacciones internacionales». La certeza del derecho, que ha sido un principio de civilización, se convierte en necesidad económica; su función es la de allanar a las grandes empresas el camino que les ha de conducir a la conquista de los mercados europeos, secundando su estrategia de expansión.

El poder de establecer directrices, reconocido por el Tratado de Roma, no tiene paralelo, ni siquiera en la Constitución de los Estados Unidos (el Estado federal puede legislar en materia de comercio entre Estados, pero no puede hacerlo, y de ahí la necesidad del *Uniform Commercial Code,* en materias relativas al comercio interior de los Estados). Este poder, que se ha ejercido en todo el ámbito delimitado por el art. 3, h del Tratado, es decir, el correspondiente a «la medida necesaria al funcionamiento del mercado común», conduciría al renacimiento de un derecho mercantil unitario en Europa (y sería útil para reelaborar un derecho mercantil en cada uno de los países miembros).[26]

Sin embargo, es inútil esperar tanto de los mecanismos previstos por el Tratado de Roma; ni siquiera es legítimo esperarlo. La separación de la economía de la política, la abstracción del derecho de la sociedad, la concepción del derecho mercantil, en particular, como «accesorio» de la economía, mera técnica de regulación de las relaciones económicas, son teorías frágiles cuando no insidiosas. Es cierto que la burguesía medieval fundó sobre bases semejantes su expansión más allá de los límites de las respectivas comunidades políticas, entonces mucho más reducidas. Aquel acontecimiento dominó el panorama de la baja Edad Media, esfumándose cuando otras fuerzas supieron recons-

---

[a] Desde la publicación de la primera edición del presente libro, tres nuevas directrices de la CEE se han añadido a la mencionada: la de 13 de diciembre de 1976, relativa a la constitución de la sociedad anónima, y a la integridad y modificación del capital social; la de 9 de octubre de 1978, relativa a la fusión de sociedades; y la de 25 de julio de 1978, relativa a las cuentas anuales de algunos tipos de sociedad. *(Nota del Traductor).*

[26] T. Ascarelli, *Iniciación, cit.,* pp. 136 y ss.: «es quizás en función de su unificación europea, ya que no internacional que podrá ser señalada la autonomía del sistema jurídico equiparable, bajo este aspecto, al derecho mercantil tradicional» y «la posibilidad de una disciplina mercantil unitaria en un ámbito territorial más vasto del ámbito del derecho civil».

truir la unidad del Estado, imponer el primado de la política sobre la economía y reinstaurar la relación del derecho con la sociedad. La burguesía europea llegó a China, pero lo hizo desde la unidad política del Estado; reconquistó la hegemonía perdida, pero lo hizo en el interior de la estructura del Estado; desarrolló un dominio desmesurado, desconocido hasta entonces, pero lo hizo gracias a la fuerza del poder del Estado.

El intento renovado de establecer una unidad económica sin unidad política, y de una unidad jurídica agregada, meramente, a una unidad económica, nace, quizás, del deseo de las fuerzas económicas europeas, de liberarse del apoyo prestado por el poder político y de la confianza en su capacidad de dominar sin necesidad del Estado, y, por ello, más allá de los límites estatales. Es una nueva confianza en el postulado clásico de la «objetividad económica», en una economía libre de intermediaciones políticas y dirigida, por las normas jurídicas necesarias —como deseaba Levin Golschmidt—, a las intrínsecas exigencias de las relaciones económicas. Si la aspiración es ésta se puede señalar ya su fracaso no sólo en el ámbito comunitario, sino también en el nacional. Cada vez es más difícil organizar la economía sin la intervención del Estado, sin su apoyo a la producción y sin la mediación política entre las diversas fuerzas sociales y económicas. Por otro lado, es opinión unánime que el proceso de integración europea no ha logrado superar el nivel de una simple unión aduanera. Los mecanismos comunitarios destinados a la uniformación del derecho de los Estados miembros sólo han producido la directriz de 9 de marzo de 1968, núm. 151, que ha introducido algunas, no por ello despreciables, innovaciones relativas al derecho de las sociedades de capital; mientras que ha quebrado el proyecto de una «sociedad mercantil de tipo europeo».

Las vicisitudes de la uniformación del derecho vigente en la Comunidad Económica Europea significan el fracaso de toda una concepción del derecho mercantil como derecho «especial» y «universal» por naturaleza propia, y de toda una política del derecho mercantil basada en códigos de comercio separados de los civiles y dispuestos a una uniformidad meta-nacional. Un siglo después de la polémica que enfrentó a dos grandes maestros del derecho mercantil europeo, puede afirmarse que los hechos han desmentido a Levin Goldschmidt dando la razón a Cesare Vivante.

Si la unidad del derecho mercantil europeo no quiere ser una ilusión —mantenida como unidad jurídica sin unidad política— o, algo peor, convertirse en un abuso —abuso realizado por el Estado económica y políticamente más fuerte, dictando su derecho a los demás Estados a través del órgano comunitario correspondiente (la idea del abuso ha sido evocada por la referida directriz comunitaria, así como por otras que no han pasado de proyecto, las cuales están modeladas, fundamentalmente, según el derecho nacional de Alemania Federal, lo que hace evidente que la uniformidad del derecho, según el mecanismo del Tratado de Roma, se produce nivelándolo con el derecho nacional del país comunitario más fuerte, dominado por las empresas más potentes)— deberá buscarse por otros caminos. La unificación jurídica, así como la económica, deberá acompañarse de la unificación política y social, procediendo simultáneamente con ésta. Y el derecho uniforme deberá nacer, igual que la política económica del mismo tipo, de las instituciones europeas que posean, cuanto menos, la misma fuerza representativa y la misma capacidad de mediación que las correspondientes instituciones nacionales. Las reglas que presidan la formación del derecho europeo no podrán ser distintas de las que presiden la formación del derecho de los respectivos Estados. Tanto en el ámbito nacional, como en el europeo, el derecho deberá nacer de las instituciones representativas, tras el debate entre todas las fuerzas políticas actuantes en la Comunidad, confrontándose abiertamente las fuerzas económicas y las sociales.

CAPÍTULO SEXTO

LA SOCIEDAD ANÓNIMA Y LA «DEMOCRACIA ECONÓMICA»

6.1. La sociedad por acciones en el Estado absoluto

Con las compañías de las Indias del siglo XVII y XVIII[1] aparece, por vez primera, el fenómeno que con el paso del tiempo será llamado «socialización» del capital, formado con las aportaciones de la clase mercantil y de las demás clases poseedoras de riqueza. Aunque en las compañías inglesas[2] la base accionaria está reducida a la clase mercantil y a la aristocracia, en Francia la socialización del capital toma dimensiones colosales,[3] y lo mismo ocurre, de

---

1 Sobre los orígenes v. apartado 3.3.

2 G. M. Trevelyan, *English social History,* London, Longmans, Green and Co. Ltd., 1944, trad. it. 1948, p. 493, se refiere a la compañía inglesa señalando que era «un instituto adaptado perfectamente a la estructura social de aquel siglo aristocrático, al tiempo que era adecuado a la iniciativa mercantil. El magnate agrario, sin necesidad de asumir la figura, por aquel entonces «aborrecible», de comerciante, se encontraba con el hombre de la *City* en el consejo de administración, actuando de acuerdo con él en la medida que la influencia de uno se conjugaba con el ingenio comercial del otro».

3 La monarquía hará todo lo posible para apoyarlas. «La Compañía de las Indias orientales» —se lee en el art. 1 de la «Déclaration du Roy» constitutiva de la misma (v. *Conferences des Ordonnances de Louis XIV,* II, *cit.,* pp. 483 y ss.)— «estará formada por todos nuestros súbditos, sea cual sea su condición, con tal que quieran formar parte aportando la suma que consideren oportuna, sin que por ello tengan que renunciar a su nobleza y privilegio». (Sin embargo, la suscripción no podía ser inferior a mil libras.) La misma disposición figura en el art. 2 de la «Déclaration du Roy» constitutiva de la Compañía de las Indias occidentales del mismo año (1664).
También se establecía que «todos los extranjeros y los súbditos de cualquier príncipe o Estado podrán formar parte de la citada Compañía, y aquellos que aporten veinte mil libras serán reputados súbditos de nuestro reino, sin que sean necesarias cartas de nacionalización, pudiendo sus parientes, independientemente de su carácter extranjero, sucederles en todos cuantos bienes tengan aquellos en nuestro reino» (art. 3 de la Compañía de las Indias occidentales). Además «las partes o porciones que pertenezcan a los respectivos miembros de la citada Compañía no serán pignoradas ni confiscadas por Nos, en beneficio nuestro, ni siquiera cuando pertenezcan a súbditos de príncipes o Estados contra los cuales Nos estuviéramos en guerra» (art. 4 de la Compañía de las Indias orientales).
Troplong, *Du contrat de société, cit.,* pp. 26 y ss., refiere, citando *Le siècle de Louis XIV* de Voltaire, los siguientes datos: «El rey y Colbert estaban asociados... El rey aportó más de seis millones; la reina, los príncipes y la corte aportaron dos millones; las cortes superiores

modo muy especial, en Holanda. En 1610, Tomaso Contarini, embajador veneciano en Amsterdam, describe de este modo la composición social del capital de la *Oost-Indische Compagnie,* que puede considerarse la primera sociedad de la época moderna:

> «el capital de esta compañía de las Indias es de seis mil millones seiscientos mil *florines* de Flandes, equivalente cada uno a cincuenta *sueldos.* En ella están interesadas personas de toda cualidad, habiendo comerciantes, tanto del país como extranjeros, caballeros ingleses y franceses, diciéndose, incluso, que el propio Rey de Francia se halla interesado. Estando constituida ya, es posible que quienquiera que lo desee forme parte de ella aportando, en el plazo de seis meses, la cantidad que más le plazca. Hay además en estas tierras muchos que siendo servidores o sirvientes de las casas han querido tener una porción, ora de treinta ora de cincuenta florines más o menos, según la medida y fuerza de sus pobres fortunas».[4]

La socialización del capital no condujo a un equiparable fenómeno de socialización del poder económico. Los grandes comerciantes holandeses solicitan la aportación de la riqueza de todas las clases sociales pudientes; sin embargo, no reclaman su consentimiento. La Compañía Holandesa de las Indias orientales asume pronto caracteres descaradamente oligárquicos, que se acentúan con el paso del tiempo.

Ariberto Mignoli ha descrito, actualmente, su organización de este modo:

> «la expresión «un Estado en el Estado», usada frecuentemente para describir a las grandes compañías de la época en los diversos países, a ninguna se adapta mejor que a la Compañía Holandesa «dominada por la arrogante seguridad del rico comerciante» (Heckscher, *Mercantilism,* I, London, 1935, pág. 361). Su organización interna se distingue claramente de la inglesa: poder absoluto de los administradores, sin posibilidad alguna de que los accionistas hagan sentir su influencia, y división – aunque el *octrooi* originario no estableciera diferencias– entre «participantes principales» y «participantes de segunda», que eran considerados, a menudo, como una especie de acreedores. La posición jurídica de los «participantes principales» fue reconocida legalmente en la renova-

---

lo hicieron con algo más de mil doscientas libras; los financieros con dos millones; la corporación de comerciantes con seiscientas cincuenta mil libras» (v. Voltaire, *Le siècle de Louis XIV,* Dresde, 3.' edición, 1752, p. 112, donde se refiere como «toda la nación siguió a su maestro (!)»).

4 *Le Compagnie olandesi del secolo XVII nelle Relazioni deglt ambasciatori veneti* en «Rivista delle società», 1960, p. 584. V. también en *loe. cit.,* p. 587 el informe de Alvise Contarini (1626): «Pocos son, en los Países Bajos, aquellos que poseyendo dinero sin invertir no lo empleen en esa Compañía. Así por ejemplo, el Príncipe de Oranges mismo y muchos otros, tanto príncipes como particulares de Alemania, Francia y de otras partes, invierten en ella». Sobre el «juego accionario» en la Holanda del siglo XVIII, v. también L. de Pinto, *Traité des fonds de commerce ou jeu d'actions* en «Rivista delle società», 1960, pp. 388 y ss.

ción del *octrooi* de 1662, otorgándoles el derecho de nombrar a los *bewindhebbers* (administradores) y un control limitado sobre la gestión; no obstante la situación permanecía de hecho inalterada a causa de la solidaridad existente entre aquéllos y los administradores que eran sus iguales, tanto en el plano económico como en el social, y cuyo puesto esperaban un día ocupar. En cambio, los «participantes de segunda», de quienes derivará el moderno accionista, eran excluidos sistemáticamente de cualquier forma de control, y ni siquiera su nombre podía figurar en los libros de la sociedad; éstos tampoco podían adquirir directamente sus acciones, debiéndolo hacer a través de los *bewindhebbers,* sobre quienes, en definitiva se apoyaba todo el sistema».[5]

Los propios beneficios estaban «socializados» de un modo bastante limitado, a pesar de que el *octrooi,* con duración de veintiún años, establecía un derecho a los beneficios, al reembolso del capital y al control.

«Ninguno de estos derechos fue respetado en la práctica por los administradores. Los dividendos se pagaban cuando y como les iba bien a los *bewindhebbers,* quienes llegaron en cierta ocasión a amenazar con suspender totalmente el pago si los accionistas no abandonaban su actitud indócil ante sus «amos y señores» (Heckscher, *op. cit.,* p. 366). El derecho al reembolso del capital fue suspendido por los Estados Generales de 1611 a instancias de los administradores, y aplazado a veintiún años; motivándose con el doble argumento del interés de la sociedad y de la posibilidad, que tenían los socios, de vender sus acciones. El ejercicio del derecho al control de la compañía fue impedido por todos los medios. En 1621, los accionistas exigieron de manera urgente la rendición de cuentas; los administradores, conscientes de su fuerza y del apoyo de los Estados Generales, respondieron que gran parte de los registros se hallaban en las Indias y que la guerra con España no hacía aconsejable la divulgación pública de noticias concernientes a la situación de los establecimientos lejanos. Las dificultades materiales (entre las cuales destacaba la extrema dificultad de lectura de las escrituras contables, llevadas con sistemas complicadísimos), se añadían a las graves «cuestiones de Estado» *(materie van Staat),* argumento que se utiliza todavía hoy allí donde los ordenamientos jurídicos establecen límites cómodos al derecho de información del accionista. A pesar del *octrooi* de diciembre de 1622, que obligaba a los administradores a rendir cuentas a los «participantes principales» durante los seis meses sucesivos al vencimiento del privilegio, «según el estilo, y la forma de las puertas y ventanas abiertas, habitual entre los comerciantes», y las tentativas de control de los viejos registros, realizadas en el verano de 1623, los administradores continuaron su política: escondieron los registros de las Indias, afirmaron que otros habían sido destruidos, y se limitaron a presentar algún libro en donde era

---

5 A. Mignoli, *Idee e problemi nell'evoluzione della «company» inglese,* en «Rivista delle società», 1960, pp. 639 y ss.

imposible verificar la exactitud de las cifras. Tras largas luchas los accionistas tuvieron que capitular al fin. Y cuando en 1647 fue renovado el privilegio, no se volvió a hablar ni «de la rendición de cuentas ni de las puertas y las ventanas abiertas»».[6]

Al modelo holandés, Mignoli contrapone el «democrático» modelo inglés: «la sociedad por acciones, en Inglaterra, nace y se desarrolla sobre bases democráticas. La primera gran compañía inglesa, la *East India Company,* fundada en 1600, tras un secular trabajo del derecho corporativo inglés a través de las *gilds,* las *corporations* y la *regulated companies,* de las cuales conserva —por lo menos en su origen— los rasgos peculiares, se presenta con un carácter esencialmente democrático. Este carácter de su ordenamiento viene subrayado por los accionistas de la gran Compañía Holandesa de las Indias orientales, quienes en 1622 hacen una descripción objetiva y polémica que significa el primer esfuerzo comparativo en el campo de la sociedad por acciones. Su *charter* de incorporación les permite *«to make reasonable laws by the greatest part of a general assembly»:* la soberanía pertenece, por tanto, al conjunto de participantes, colocados en pie de igualdad, «que cada año, por mano alzada, elegían a los administradores a quienes se les concedía una gratificación sólo cuando los negocios iban bien y con el consentimiento de los socios. Cuando regresaban las naves se reunían los accionistas, y en público se daba lectura a las cartas de las Indias; las mercancías eran subastadas, y cada participante en cualquier momento podía consultar los libros de la compañía» (R. Ehrenberg, *Das Zeitalter der Fugger,* II, *Die Weltbörsen und Finanzkrisen,* etc., Jena, 1922, pp. 328 y ss.). En la asamblea cada socio tenía derecho a un voto (uno sólo cualquiera que fuese la medida de su participación en el *joint stock);* derecho que podía ejercitar sólo personalmente, del mismo modo que podía ejercitar el derecho de inspección de los libros de la sociedad. El socio tenía, además, derecho al reparto periódico de dividendos y al reembolso del capital en caso de liquidación de la sociedad».[7]

La comparación, sin embargo, se ha establecido entre realidades no homogéneas. Las reglas de organización interna, que Mignoli reputa «democráticas», operaban en Inglaterra en el interior de una sociedad por acciones caracterizada, a diferencia del caso holandés, por una base accionaria reducida. Si en la *Oost-Indische Compagnie* valía el principio, establecido por el art. 10 de la *octrooi,* según el cual todos podían participar aportando «la cantidad que más les plazca»; en Inglaterra —y el propio Mignoli lo ha destacado[8]— este principio aparece mucho más tarde. Aquí, los obstáculos puestos

---

[6] A. Mignoli, *Idee e problemi, cit.,* pp. 641 y ss.
El embajador veneciano Alvise Contarini (v. nota 4) señala: «Cada cierto número de años se hace balance, repartiendo entre los interesados la parte del usufructo, que corresponde entre 8 y 10 según el año, y si alguno tiene necesidad de valerse del capital, no faltan compradores que desembolsan la correspondiente cantidad con notable ventaja para los vendedores».

[7] A. Mignoli, *Idee e problemi, cit.,* pp. 637 y ss.

[8] A. Mignoli, *Idee e problemi,cit.,* pp. 671.

a la transmisión de las acciones, la limitación, a determinadas categorías de personas, de la posibilidad de ser socio, la desconfianza frente a los *outsiders,* las altas tasas para la admisión (a menudo abusivas), etcétera demuestra «con cuanto celo la sociedad por acciones inglesa defendía los intereses de una casta».

La «democracia» interna de la Compañía era correlativa, por tanto, a un límite externo «no-democrático» que bloqueaba la posible participación de la media y pequeña burguesía (cuya aportación parecía superflua, a diferencia del caso holandés). El capital social se concentraba en las manos de los comerciantes más potentes y de los aristócratas más ricos e influyentes: deseosos los primeros, probablemente, de gobernar la Compañía con la misma «arrogancia» que sus colegas holandeses; pero no dispuestos los segundos, por cierto, a dejarse dominar como los «participantes de segunda» de la *Oost-Indische Compagnie.* El nexo existente entre la diversa estructura organizativa de la *East India Company* y su base accionaria distinta es observado por Mignoli cuando escribe que esta última «en cierto modo explica a la primera».[9] La organización interna de la *East India Company* más que significar el nacimiento de la «democracia económica», que anuncia en Inglaterra el advenimiento de la democracia política (éste es el tema de Mignoli), refleja el equilibrio de fuerzas entre la aristocracia y la burguesía en la Inglaterra del siglo XVII, que obligaba aún a la nueva clase a pactos, y a notables concesiones con la clase antagónica. Posteriormente, reconoce Mignoli, «con la difusión de las acciones se produce en Inglaterra el mismo fenómeno que hemos observado en Holanda, es decir, el absentismo de los accionistas y la disociación entre la propiedad y el poder».[10]

Las compañías francesas adoptan el modelo holandés, tanto en su gobierno oligárquico como en la amplitud de la base accionaria. La «socialización» del capital —socialización a veces forzosa, determinada por la participación de accionistas con «nombramiento regio»— se une a la exclusión de los pequeños accionistas de la gestión de la empresa. Para la Compañía de las Indias orientales se establece, según el art. 13 del Edicto de Luis XIV, que

> «ninguno de los interesados en la Compañía podrá tener voto deliberante en las elecciones a directores de la misma, si no tiene por lo menos 6.000 libras; ni podrá ser elegido como director general si no tiene al menos 20.000 libras, ni tampoco para director de las provincias sin 10.000 libras de interés en la Compañía».

El art. 4 del Edicto relativo a la Compañía de las Indias occidentales dispone:

> «aquellos que confieran de 10 a 20.000 libras a la Compañía, sean franceses o extranjeros, podrán asistir a las asambleas generales y tener voto

[9] A. Mignoli, *Idee e problemi, cit.,* pp. 669 y ss.

[10] A. Mignoli, *Idee e problemi, cit.,* pp. 672.

deliberativo en ellas. Aquellos que confieran 20.000 libras, o más, podrán ser elegidos directores generales».

Administrador de la Compañía no podía ser cualquiera. Los dos Edictos disponían al respecto que:

> «tres cuartas partes del número de directores serán elegidos entre comerciantes y hombres de negocios, la cuarta restante entre comerciantes retirados del comercio, nuestros secretarios de Casa y de la Corona, que se hayan ocupado en el comercio y dos burgueses aunque no hayan realizado ningún tipo de comercio, y sin que su número pueda aumentar, de modo que ninguna otra persona de cualquier estado, clase y condición pueda ser elegido director».[11]

6.2. La mediación del Estado burgués

Las codificaciones del siglo XIX expresan, en el ámbito de la sociedad por acciones, la búsqueda de la mediación estatal en las relaciones entre clases de un modo más intenso que en cualquier otro terreno del derecho mercantil.

Inmediatamente después de la revolución, con el decreto de 26 germinal del año II, todas las sociedades por acciones existentes habían sido disueltas por considerarse que eran un residuo de los privilegios de concesión soberana. No obstante, la medida fue rápidamente revocada, bajo el Directorio, por la ley de 30 de brumario del año IV, señalándose que «es necesario devolverles la libertad que ha sido la fuente de la prosperidad francesa». La supresión de los privilegios soberanos no significó la abolición de la sociedad por acciones, sino su desvinculación de cualquier clase de privilegio y su transformación en un tipo ordinario de sociedad, junto a los demás tipos ordinarios de sociedad existentes: la sociedad colectiva y la sociedad en comandita. La producción industrial en masa, que había sido posible gracias a la introducción de la maquinaria en el proceso productivo, imponía esta transformación. La gran empresa ya no era, como en tiempos de las compañías de las Indias, un fenómeno excepcional por su naturaleza, ligado a específicas contingencias políticas y a determinados proyectos de colonización. Se había convertido, gracias a la técnica, en un fenómeno ordinario de la economía, que podía generalizarse del mismo modo que era generalizable, es decir, reproducible en una múltiple serie de aplicaciones, la nueva técnica productiva. Las máquinas sólo ofrecían a la clase empresarial la posibilidad técnica de producir a gran escala. La gran empresa industrial exigía el empleo de ingentes capitales que no poseía la clase empresarial por sí misma, y, por otro lado, exponía a ésta a un riesgo que no estaba dispuesta a correr. La clase empresarial pidió, una vez más, privilegios conexos a la gran empresa; privilegios similares a los ya gozados en la época de las grandes

---

[11] *Cfr. Conferences des Ordonnances de Louis XIV*, II, *cit.*, pp. 483 y ss.; también v. H. Lévy-Bruhl, *Histoire juridique des sociétés de cotnmerce en France aux XVII et XVIII siècles*, París, 1938, p. 193.

empresas coloniales. Sin embargo, esta vez se pidió mucho más: la técnica había convertido a la gran empresa en un ordinario fenómeno de la economía; la clase empresarial pidió una transformación correspondiente en el mundo del derecho: que la sociedad por acciones se convirtiese en un instrumento jurídico ordinario.

La transformación se produjo, por vez primera, en el código de comercio francés de 1807. Allí la sociedad por acciones (mejor, la sociedad anónima) aparece como un tipo común de sociedad, junto a los demás existentes. Según el art. 19, del texto citado, «la ley reconoce tres especies de sociedades mercantiles: la sociedad colectiva, la sociedad en comandita y la sociedad anónima». El beneficio de la responsabilidad limitada y la división del capital social en acciones ya no son privilegios: son las características propias de un tipo específico de sociedad (arts. 33 y 34). Aquello que hasta entonces había sido privilegio excepcional arrancado, en cada caso, al soberano, se convierte en norma de derecho común sobre la cual se funda el ordinario desarrollo de la actividad empresarial.[12]

Los progresos de la técnica habían incrementado, notablemente, la productividad del trabajo; ofreciendo a la iniciativa económica la perspectiva de enormes ganancias. La ambición de la clase empresarial hallaba respaldo en las otras clases detentadoras de riqueza que en la inversión accionaria descubrían una nueva y lucrosa fuente de renta. Ante la asamblea legislativa, que debía examinar el proyecto de código de comercio, la intervención de Regnaud de Saint Jean d'Angely presenta a la sociedad anónima en los mismos términos apologéticos de la época colbertiana:

> «son un medio eficaz de favorecer las grandes empresas y de atraer a Francia los fondos extranjeros; de admitir a la medianía, y aun a la pobreza misma, a participar de las utilidades de las grandes especulaciones».[13]

Sin embargo, añade inmediatamente:

> «ha sucedido muy comúnmente que estas compañías mal combinadas en su origen, o mal dirigidas en sus operaciones, han expuesto los cau-

---

12 Acontecimientos semejantes sólo ocurren en Inglaterra a mediados de siglo con *Limited Liability Act* de 1855. Hasta aquel momento el Parlamento (y posteriormente el *Board of Trade* a quien le correspondió la competencia al respecto) se había mostrado muy cauto en la concesión de la *incorporation,* porque el beneficio de la responsabilidad limitada significaba la derogación de un principio que la tradición inglesa consideraba de derecho natural. En los Estados Unidos la evolución fue más rápida. Aquí el principio de la *general incorporation,* es decir, la libre constitución de la sociedad por acciones fue introducida en el estado de Nueva York a fines de 1811. V. Mignoli, *Idee e problemi, cit.,* pp. 674 y ss.; P. Verrucoli, *Il superamento de la personalità giuridica delle società di capitali nella common law e nella civil law,* Milano, 1964, pp. 29, 75 y ss.; P. Rescigno, *Immunità e privilegio,* en «Rivista di diritto civile», 1961, I, p. 442.

13 *Cfr. Código de comercio de Francia con los discursos, cit.,* p. 16.

dales de los accionistas, han alterado momentáneamente el crédito general, y hecho peligrar la tranquilidad pública».[14]

La transición del antiguo al nuevo sistema viene atenuada, en este sentido, por la norma que exige la autorización gubernativa para la constitución de la sociedad. «La sociedad anónima no puede existir» —establece el art. 37— «si no es autorizada por el gobierno y no se aprueba el acto de constitución. La aprobación deberá realizarse en la forma prevista en las normas de la administración pública».[15] Una orden del ministerio del interior, del 16 de enero de 1808, señala las comprobaciones que deben realizar los «prefectos» durante el expediente preliminar: deberán

> «verificar la cualidad y moralidad tanto de los autores del proyecto, como de los peticionarios; expondrán su parecer sobre la utilidad del negocio y sobre la probabilidad de éxito que pueda tener; declararán si la empresa no les parece contraria a las costumbres, a la buena fe del comercio, y al buen orden de los negocios en general; harán las oportunas investigaciones sobre la facultad de los peticionarios en relación a sus posibilidades de aportar la suma que declaran estar interesados».[16]

---

14 Troplong, *Du contrat de société, cit.*, p. 29, refiere el caso desastroso del Banco de John Law cuyo recuerdo era vivo en la época: «en el siglo XVIII, el crédito francés estuvo sometido a una dura prueba. La famosa banca de Law, constituida en forma de sociedad por acciones, adquirió el privilegio de la Compañía de las Indias orientales, al mismo tiempo que se encargó de toda la contratación pública del reino. Todas las finanzas del Estado, señala Voltaire, dependían de una compañía de comercio. Las acciones de ésta tuvieron un éxito fulgurante, llegando a valer veinte veces su valor originario. La circulación de los títulos dobló y cuadruplicó la riqueza nacional. El comercio accionario de la *rue Quincampoix* causó inmensas fortunas. La fe en el crédito fue tan ciega que la fiebre especulativa llegó hasta límites delirantes. Es sabido lo que ocurrió. El sistema de Law cayó víctima de su propia exageración. Arruinó a Francia y a su autor. Entre sus restos sólo quedó la Compañía de las Indias, conservando el comercio y el nombre francés en Pondichéry y en las orillas del Ganges. Sostenida la Compañía con el esfuerzo del tesoro público no consiguió dar dividendos a sus accionistas. (Para una bibliografía sobre el *sistema de Law* v. «Rivista delle società», 1960, p. 155).

15 P. Ungari, *I precedenti storici, cit.*, pp. 8 y ss. señala: «Durante los trabajos preparatorios, fue decisiva en esta materia la actitud de Napoleón. Toda resistencia debió ceder al fin frente a las razones expuestas en su nombre por Cambacérès: garantizar especialmente a los suscriptores y a los terceros contra los peligros y seducciones de la especulación, desbrozar el camino de las insidias y las cláusulas vejatorias instituidas por los promotores. Permanente control administrativo, justificado, no obstante, con precisos argumentos de carácter privatístico. Un fundamento racional más elevado sólo es citado de pasada por el Archicanciller del Imperio, cuando observa que podría reivindicar, con justo título, la libertad de gestión quien arriesga capital propio, no quien difundiendo las acciones en el mercado reclama el capital de la nación». Para Ungari, «la verdadera, aunque no declarada, preocupación napoleónica era de «alta policía», de política autoritaria. La lógica centralista del sistema imperial no consentía la formación de grandes potencias sociales independientes. El gobierno debía tener en un puño a la sociedad anónima».

16 V. Locré, *Esprit, cit.*, I, pp. 95 y ss.
En Italia se formula una directriz político-administrativa semejante en relación al código de comercio de 1865: «el gobierno» —declara la circular de 26 de noviembre de 1866— «se

La mediación estatal entre la clase empresarial y las otras clases poseedoras de riqueza adquiere la forma de la mediación político-administrativa. Corresponde al gobierno comprobar si la iniciativa económica, para la cual se promueve la constitución de una sociedad anónima, presenta un grado suficiente de seriedad. Los intereses, que el control gubernamental se ocupa de proteger, son de dos tipos: por un lado, los intereses de quienes suscriben las acciones a fin de evitar, que en caso de fracasar la empresa se encuentren entre las manos un simple trozo de papel; por otro lado, los intereses de los acreedores de la sociedad (proveedores, auxiliares, dependientes, etc.) que, a causa de la responsabilidad limitada de los socios, arriesgan la realización de su expectativa en el caso de insolvencia de la sociedad. La valoración de este segundo tipo de intereses aparece, incluso, preferente si se considera que del control gubernativo previsto para la sociedad anónima está exenta la sociedad en comandita por acciones con socios colectivos de responsabilidad ilimitada.

La mediación estatal se produce también, en el interior de la sociedad anónima, en lo relativo a las relaciones de poder. En las formas de «socialización» precedentes, realizadas por las compañías coloniales, las relaciones de poder entre los diversos componentes sociales del capital accionario se configuraban en beneficio de la clase mercantil. La socialización del capital no se había acompañado de un paralelo fenómeno de socialización del poder económico, sino de un gobierno de la empresa centralizado y despótico. La vocación autoritaria de los grandes comerciantes de las compañías coloniales había sido secundada por el Estado absoluto:

> «en Holanda las compañías no son obstaculizadas por la autoridad pública, antes bien son apoyadas por ésta, con la cual existen estrechos vínculos que protegen, normalmente, a los administradores contra los accionistas indóciles».[17]

En Francia los poderes públicos habían llegado a expropiar los poderes a la asamblea de accionistas, a pesar del reconocimiento de éstos realizados por el *octroi* de constitución de la compañía.

> «La lectura de las actas de las asambleas de las Compañías de las Indias occidentales muestra claramente que las decisiones no eran tomadas por los accionistas, sino por el rey o por sus ministros, limitándose los accionistas a aprobar las decisiones ya acordadas. La historia de las grandes

---

ocupa de tutelar el interés de los accionistas que confían sus ahorros a entes anónimos, del movimiento de los grandes capitales que gobiernan el mercado, de la seguridad de los terceros que contratan con las compañías anónimas (...). Los estados de cuentas y los balances serán publicados a cargo del gobierno, el cual entiende ayudar, con todos los medios que la legislación pone a su alcance, a las reclamaciones legítimas de las minorías» (v. C. De Cesare, *Il sindacato govemativo, le società commerciali e gli istituti di credito del Regno d'Italia,* Firenze, 1867, pp. 45 y ss.).

17 A. Mignoli, *Idee e problemi, cit.,* p. 645.

compañías nos demuestra, ampliamente, que los accionistas no tenían, en modo alguno, la dirección de la empresa».[18]

El Estado burgués asume, ante la sociedad anónima, una actitud totalmente diversa. Los códigos de comercio decimonónicos no sancionan el dominio de la clase mercantil sobre los demás grupos sociales (del «capital en activo», en la terminología marxiana, o «capital de mando» o de «control», como se presenta en la sociedad anónima, sobre el «capitalista de dinero»), sino que procuran coordinar los intereses de cada uno, fundando un modelo de empresa capitalista basado más sobre el acuerdo que sobre la autoridad. Esta es la finalidad del control gubernamental: en una orden ministerial del 22 de octubre de 1817[19] se lee que, en el examen de los estatutos de la sociedad anónima que se constituya, la autoridad debe comprobar si éstos al regular la administración «ofrecen a los socios la suficiente garantía moral, y, en todo caso, los instrumentos de control y el ejercicio de los derechos que les corresponden en orden a la utilización de su dinero».

En el mismo *code de commerce* se establece, por otro lado, el principio de la «soberanía» de la asamblea. Aquí se sitúa el origen de todo el poder de dirección de la empresa; los administradores sólo son «mandatarios temporales, revocables, socios o no socios, asalariados o no retribuidos» (art. 31); la asamblea de los accionistas puede imponerles, como a cualquier mandatario, las obligaciones necesarias:

> «las asambleas generales tienen el derecho –señala Delangle, argumentando a partir del art. 31 del *code de commerce*– de imponer al ejercicio social las condiciones que juzguen convenientes y pueden tomar todas las medidas que se refieran a la ejecución del contrato. Si los administradores no son otra cosa que mandatarios revocables, es evidente, a todas luces, que los socios pueden regular el ejercicio del mandato a su gusto».[20]

Se trataba de un modelo de sociedad anónima que hacía posible –por lo menos en teoría– el debate entre los socios. Cada socio, incluso minoritario, estaba en condiciones de censurar la gestión social y los asuntos particulares de la sociedad. Las minorías podían, convocando la asamblea, provocar un debate sobre cualquier tema, incluso de carácter particular, que afectara al

---

[18] Lévy-Bruhl, *Histoire juridique des sociétés de contmerce, cit.*, p. 195. La regla establecida por la «Déclaration du Roy» reconocía en cierta medida la soberanía de la asamblea (aunque en ella sólo tenían voto los grandes accionistas, v. apartado 6.1): «todos los años» –declaraba el art. 18 de la «Déclaration du Roy» constitutiva de la Compañía de las Indias orientales, y en el art. 9 para la de las Indias occidentales– «el segundo día de mayo (el primero de julio la segunda) se celebrará una asamblea general para deliberar sobre los asuntos más importantes de la Compañía; a ella podrán asistir aquellos que tengan voto deliberativo, y allí se nombrarán por mayoría de votos a los directores generales» (v. *Conferences des ordonnances de Lotus XIV, cit.*, II, pp. 483 y ss.).

[19] V. J. C. Colfavru, *Le droit commercial comparé de la France et de l'Angleterre*, París, 1863, p. 64.

[20] M. Delangle, «Sociétés commerciales», en Troplong, *Du contrat de société, cit.*, p. 549.

ejercicio de la empresa social. La mayoría estaba obligada, en consecuencia, a dar cuenta en la asamblea de cada opción realizada en la dirección de los asuntos sociales.[21]

En la segunda mitad del siglo XIX el control gubernamental se abandona en Francia con las leyes de 1863 y de 1867, así como en Inglaterra con las leyes de 1856, 1862 y 1867.[22] En Alemania, el primer código de comercio (el código preunitario de 1861), conserva, en principio, la autorización gubernativa (§ 208), pero permite a los respectivos Estados hacerla superflua (§ 249). La supresión se produce en todas partes bajo el signo de la libertad de iniciativa económica; previendo la sustitución de la protección gubernativa de los intereses en juego con la autotutela de los interesados:

> «nosotros no creemos» —declara Robert Lowe en los Comunes en 1856[23]— «que el gobierno tenga el poder de sustituir a los individuos en la vigilancia de aquellos fraudes que éstos son los primeros interesados en descubrir, ni que se puedan bloquear noventa y nueve proyectos buenos para impedir el que hace cien».[24]

La mediación del Estado-aparato es sustituida por la mediación del Estado-ordenamiento o, mejor todavía, por una ampliación de la mediación ya efectuada por él. Se construyó, como ha escrito Paolo Ungari

> «un amplio sistema de garantías legales objetivas que en la mente de los liberales debía sustituir al confiado a la intervención administrativa y, por otro lado, debían consolidarse criterios y máximas verificadas en la práctica de la autorización y la vigilancia pública».[25]

---

21 El código de comercio alemán de 1900, establecerá en este punto una detallada reglamentación: «la asamblea general deberá convocarse cuando el interés de la sociedad lo exija» (§ 253); «deberá convocarse, indicando el objetivo y las razones de la convocatoria, si los accionistas representando una veintésima del capital fundacional lo piden por escrito. Si el derecho de convocar a la asamblea general está vinculado a la posesión de una cuota menor, según el contrato de fundación, se atenderá a esta última. Los accionistas tienen el derecho, del mismo modo, de solicitar que determinados asuntos sean incluidos en el orden del día para su deliberación asamblearia. Si la dirección o el consejo de vigilancia no dan satisfacción a las anteriores peticiones el tribunal competente puede autorizar a los accionistas, que han hecho la demanda, para que convoquen la asamblea e introduzcan los asuntos correspondientes en el orden del día (...). La asamblea general decide si los gastos que se deriven deben ser asumidos por la sociedad» (§ 254).

22 En Francia «tras el tratado comercial con Inglaterra, se hizo lo mismo con las empresas francesas, con el fin de dar un trato equiparable a las del otro lado del canal en la perspectiva del gran mercado común que se iba determinando» (v. P. Ungari, *I precedenti storici, cit.*, p. 18).

23 Según la transcripción de Mignoli, *Idee e problemi, cit.*, pp. 663 y ss.

24 V. también en «Rivista delle società», 1972, pp. 1190 y ss., la enérgica defensa del principio de la libre constitución de la sociedad anónima desarrollada en Francia por C. F. Coquelin en *Des sociétés commerciales en France et en Angleterre,* en «Revue des deux mondes», 1843 (hay nota introductoria de I. Lucchini).

25 Ungari, *I precedenti storici, cit.*, p. 28, documenta, en relación a Italia, «la línea seguida por las respectivas comisiones de reforma que se ocuparon de «sustituir la acción del Gobierno por una vigilancia eficaz de los verdaderos interesados», desde 1869».

Tomaron cuerpo normas, que se dirigían a proteger a los acreedores sociales sobre la publicidad de los actos sociales, sobre la integridad del capital, sobre la responsabilidad de los administradores; así como normas que, tutelando a los accionistas, reforzaban los poderes de la asamblea y establecían la regulación de las impugnaciones contra los acuerdos asamblearios. En este camino se derribaron todas las barreras. Para garantizar a las minorías una participación en los procesos decisorios se estudiaron medidas que pusieran freno al natural impulso de dominio del capital de control, hasta la ruptura del principio «plutocrático» de la proporcionalidad del poder económico a la propiedad de la riqueza: la *Companies Act* inglesa de 1862 (s. 44), la ley belga de 1873 (art. 61), y el código de comercio italiano de 1882 (art. 157) establecieron la norma según la cual todo accionista tiene un voto por cada cinco acciones, salvo «aquellos que posean más de cien, los cuales tienen un voto por cada veinticinco acciones».[26]

6.3. La democracia accionaria

La expresión «democracia accionaria», que se ha acuñado para significar el modelo decimonónico de sociedad anónima expresa, de manera adecuada, las analogías que en el siglo pasado se establecieron entre la constitución del Estado y la de la sociedad anónima, entre democracia política y democracia económica. Analogías que los escritores de la época tendían a subrayar, como lo hacía Matteo Pescatore cuando definía a la sociedad anónima como

> «una especie de Estado económico financiero, cuyo gobierno debe ordenarse a semejanza de los Estados libres y representativos».[27]

Estas analogías derivan de la unidad fundamental del proyecto estratégico de la burguesía decimonónica y de la consciencia madura que adquiere de los instrumentos aptos para asegurarle el consenso de la sociedad. No es casual que el proceso de democratización de la sociedad anónima sea paralelo, durante el siglo XIX, a la ampliación del sufragio electoral, que marca la llegada de las clases medias a la escena política (en Italia hay, entre la reforma electoral y el código de comercio de 1882, una singular coincidencia de fe-

---

26 Durante los trabajos preparatorios del código de comercio de 1882, el ministro Finali esgrimió la argumentación, según la cual, «sería perjudicial que una sola persona, poseyendo un gran número de acciones, pudiera constituir la mayoría; siendo por ello necesario que se establezcan límites al número de votos que puede detentar cada accionista» (*cfr.* Castagnola, *Nuovo codice di commercio,* I, *cit.,* p. 504).

27 M. Pescatore, *Filosofia e dottrina giuridiche,* II, Roma, 1879, p. 43; primero, siguiendo los términos empleados por Pirmez en Bélgica a propósito de la ley accionaria, señala: «constituyen pequeños Estados financieros, con frecuentes abusos, para los cuales el remedio más eficaz es el que sirve también para las naciones: el gobierno de los miembros según un régimen de amplia publicidad». Luego, en ocasión del proyecto de ley Vigliani-Finali sobre las sociedades y asociaciones mercantiles, añade Pescatore ante el Senado: «estas grandes compañías son como Estados; por ello la *población* de accionistas no necesita ni pedagogos ni poetas, sino garantías constitucionales eficaces, tal como la opinión general considera necesarias en todo buen gobierno» (el discurso completo se puede ver en «Rivista delle società», 1961, pp. 311 y ss., junto al discurso del senador Alessandro Rossi que lleva por título, *Gli idilli sul piccolo azionista).*

chas). Estas clases son, al mismo tiempo, las llamadas por el derecho público a concurrir en el gobierno del Estado, y por el derecho mercantil a participar en la dirección de la economía (incluso si posteriormente se muestran como clases «abstencionistas» en el terreno electoral y «absentistas» en la sociedad anónima). La filosofía política, que predicaba una clase política sometida al juicio electoral, se conjugaba con la filosofía económica que necesitaba una clase empresarial sometida al juicio de las asambleas de los accionistas y, en general, al «juicio del mercado» expresado por la multitud de grandes y pequeños ahorradores en las contrataciones cotidianas de la bolsa, donde se realizaba un «control social» sobre la conducción de la empresa.[28]

La mediación del Estado produjo, sólo en parte, los resultados previstos. El pluspoder del capital de control lo inundó todo, a pesar de los cauces legales dirigidos a frenarlo. En el discurso ante el senado de 1875, ya citado, Matteo Pescatore denuncia el «poder dictatorial» de los «grandes accionistas», ejercido por los «directores, y flanqueados, claro está, por los principales accionistas», frente a la «turba de los pequeños».[29]

Posteriormente Vivante criticará con dureza el código de comercio italiano de 1882, el cual

> «en la sociedad anónima ha puesto a los accionistas en manos de los administradores, quienes, con la ayuda de los poderes en blanco y de los *riporti,*[a] se convierten en los jefes absolutos de las asambleas. evaporándose, incluso, la acción de responsabilidad, establecida como instrumento de defensa de los accionistas frente a los administradores; tolera, con el silencio, el sindicato de acciones que anula, en realidad, la función de la asamblea; tolera la cadena de sociedades que, con la concurrencia recíproca en la formación del capital, reducen efectivamente la garantía patrimonial de los acreedores y de los socios; tolera balances tan esquemáticos que una banca que gire millones de asuntos puede rendir cuentas con cuatro palabras».[30]

---

28 Una evocación de esta filosofía económica se encuentra en L. Mengoni, *Recenti mutamenti nella struttura e nella gerarchia dell'impresa* en «Rivista delle società», 1958, pp. 692 y ss.

29 *Gli idili sul piccolo azionista, cit.*, pp. 316 y ss.

a El contrato de *riporto,* regulado actualmente por los arts. 1548-1551 del *Codice civile-1942,* es aquel mediante el cual una parte *(riportato)* transfiere la propiedad de una determinada clase de títulos a la otra parte *(riportatore)* por un precio determinado; el *riportatore* se obliga a transferir al *riportato,* en un plazo determinado, la propiedad de otros tantos títulos de la misma clase a cambio del reembolso correspondiente que puede ser aumentado o disminuido en la medida que se acuerde. La liquidación del pago se hace por diferencia en la fecha de vencimiento. Es significativo, en relación a lo que aquí interesa, que el derecho de voto (si se trata de acciones) corresponde, tal como señala el art. 1550 pár. 2.°, al *riportatore.*
Este instrumento sirve para legitimar, sin contrastación jurídica de ningún tipo (v. J. Garrigues. *Hacia un nuevo derecho mercantil.* Madrid, Tecnos, 1971, pp. 86 y ss.), el ejercicio del derecho de voto en las juntas de las sociedades anónimas por los Bancos («reportantes» ahora) de acciones. El reforzamiento ulterior de la posición de los administradores nace del vínculo real existente entre éstos y los Bancos. *(N. del Traductor).*

30 C. Vivante, *La riforma della legislazione commerciale* en «Monitore dei tribunali», 1823, pp. 161 y ss.

La estrategia propia de la burguesía está cambiando, tanto en Italia como en el resto del mundo. En el nuevo siglo se rompe la unidad del proyecto burgués. Los avances de la democracia política, tales como el sufragio universal y el principio de la proporcionalidad, la búsqueda del consenso de las masas populares, las instituciones representativas erigidas como sede de la mediación política entre la burguesía y la clase obrera en ascenso, vienen acompañados de retrocesos en el terreno de la democracia económica. Se abandona la «democracia asamblearia» y aquellos elementos, que hasta entonces se habían considerado como degeneraciones, se convierten en caracteres institucionales. La sociedad anónima reinstaurará formas de gobierno centralizadas y autoritarias, representadas claramente, en Alemania, por el *Führerprinzip* (la dictadura nazi sólo explica los tonos, no la sustancia, de la reforma accionaria de 1937, que sobrevivirá al nazismo, y servirá de modelo a otras legislaciones) o disfrazadas, en los países anglosajones, con la teoría de la «autosocialización» de la empresa.[31] El grado alcanzado por la acumulación capitalista —tanto privada como pública[32]— permitirá a la clase empresarial prescindir del «juicio del mercado» y del consenso, y de la aportación de riqueza de las clases ahorradoras tradicionales (la democracia accionaria será, significativamente, replanteada en España, en 1951, en una situación de limitado desarrollo capitalista y de permanente fuerza de las clases agrarias).

La «socialización» del capital accionario, que fue el orgullo de una era del capitalismo, será un acontecimiento del pasado junto al «control social» de la política económica de las empresas, derivado de la socialización del capital. La asamblea de los accionistas será desautorizada; su competencia ilimitada se transformará en competencia «especial», limitada a objetos específicos de los cuales estará ausente la gestión de la empresa social; mientras que la competencia del órgano administrativo será «general».[33] La desautorización de la asamblea alcanzará su límite máximo, con una vuelta singular a los orígenes, en Holanda, donde la reforma de 1971 privará a la asamblea del poder de nombrar a los administradores (cooptados periódicamente entre meras propuestas de la asamblea).

Los instrumentos del antiguo «control social» han desaparecido. La política económica de la empresa se desarrolla en un espacio vacío de derecho. La asamblea de accionistas, que es el único órgano que discute a la luz pública, es incompetente, por disposición de la ley, para deliberar sobre la gestión de la empresa. El capital de control toma sus decisiones al margen de la asamblea; del mismo modo señala las directrices a los administradores. Las deliberaciones del consejo de administración son secretas y las actas inaccesibles a los propios accionistas. El balance que, según la ley, se hace público y se somete al voto de la asamblea, es un balance «consuntivo», es decir, informa-

---

[31] V. F. Galgano, *Instituciones de la economía capitalista, cit.*, p. 138 y ss.
[32] V. F. Galgano, *Instituciones de la economía capitalista, cit.*, pp. 58 y ss. y 151 y ss.
[33] V. F. Galgano, *La società per azioni, le altre società di capitali, le cooperative,* Bologna, 2.ª edición, 1974, pp. 101 y ss.

ción de la gestión realizada sin referencia a las futuras orientaciones de la empresa que serán establecidas, discrecionalmente, por el capital de control y sobre las cuales responderán los administradores al finalizar el siguiente ejercicio. Los beneficios, que no se distribuyen entre los accionistas, se remiten al próximo ejercicio, como autofinanciamiento de la empresa. La deliberación sobre éstos afecta, exclusivamente, a la parte que se remite al siguiente ejercicio, sin referirse en absoluto a las intenciones del capital de control respecto al beneficio retenido; estas intenciones se deducirán de los balances de los ejercicios sucesivos cuando el destino de los beneficios se haya cumplido. El autofinanciamiento se realiza, también, mediante la práctica de las reservas ocultas, que se obtienen con la infravaloración «prudencial» de ciertas partidas del activo y la «prudencial» sobrevaloración de otras tantas del pasivo. De este modo se evita que la retención de los beneficios exponga a la sociedad a una mayor presión fiscal o salarial. El resultado es que se oculta no sólo el destino de los beneficios, sino su propio volumen.

6.4. Democracia económica y democracia política

La nueva clase no ha prestado demasiado interés sobre este fenómeno regresivo. L. C. B. Gower,[34] jurista inglés, ha constatado que «las ideas socialistas han tenido, aunque parezca sorprendente, un escaso influjo sobre el derecho de sociedades»; es una constatación, añade Gower, que se produce en cualquier reforma sobre la materia, «ya sea obra de un gobierno conservador, liberal o laborista». Sin embargo, la vieja unidad del proyecto estratégico burgués se reconstruye frente al ascenso del proletariado y su fuerza creciente. Se estudian nuevas formas de democracia económica que llaman a la participación en el capital a los trabajadores, como es el accionariado obrero, o reclaman su participación en la dirección de la empresa, como la *Mitbestimmung,* introducida, progresivamente, en Alemania Federal (primero con las leyes de 1951 y 1956, en las empresas mineras y siderúrgicas; luego, tras la reforma accionaria de 1965, en todas las empresas que tengan más de cien empleados), que ha sido la fuente de inspiración de otros países europeos, como Francia y la misma Holanda.[35] Tanto en economía como en política, la burguesía busca, nuevamente, el consenso; pero esta vez lo busca en el frente de las relaciones laborales, en el ámbito del proletariado industrial.

Las vicisitudes de la cogestión son un caso paradigmático, en ciertos aspectos. Me refiero al hecho que la *Mitbestimmung,* lejos de ser agradable a la clase empresarial alemana, enemiga acérrima de la misma (ni, menos aún, reclamada por los trabajadores), ha sido impuesta por el legislador federal[36] como instrumento que la clase política alemana, mediante una valoración autónoma, ha juzgado útil para la defensa y el desarrollo del capitalismo. Se

[34] L. C. B. Gower, «Business», en *Law and Opinión in England in the 20th Century,* London, 1959, p. 141.

[35] V. el amplio panorama referido por G. E. Colombo, *Il problema della «cogestione» alla luce dell'esperienza e progetti germanici,* en «Rivista delle società», 1974, pp. 89 y ss.

[36] V. Colombo, *Il problema della «cogestione»..., cit.,* pp. 100 y ss.

trata, por tanto, de una manifestación extrema de la separación entre el poder político y el económico de la burguesía que está en la base de la moderna organización de la sociedad burguesa, a la cual me he referido anteriormente.[37] Esta mediación, cada vez más explícitamente política, es el origen del derecho mercantil moderno, en contraste con la experiencia pasada.

El juicio sobre la cogestión, no obstante, debe ser negativo; negativo, incluso, a la luz de la experiencia alemana y de sus análogas (más moderadas) en otros países europeos. La confianza depositada en la capacidad persuasiva de la lógica empresarial ha dado buenos resultados en Alemania Federal. La Comisión Biedenkopf[38] ha comprobado que los acuerdos del *Aufsichtsrat,* formado por representantes de los trabajadores y de los accionistas, se toman, casi siempre, por unanimidad, y tras informales contactos directos entre el *Vorstand* y los representantes de los trabajadores en el *Aufsichtsrat;* lo cual ha sido juzgado útil por la Comisión en orden a la «comprensión» de los problemas empresariales por parte de los trabajadores, y, por ello, beneficioso en relación «al interés de la productividad de la empresa» (por no hablar de España, donde —según el testimonio de Garrigues[39]— los representantes de los trabajadores en los consejos de administración «no causan ningún problema y están siempre callados»).

El problema es que a nivel de las unidades productivas particulares la lógica económica es, fatalmente, la lógica de la necesidad; oponer a ella una lógica diversa es, según los términos de la Comisión Biedenkopf, un atentado contra la «productividad de la empresa». Los márgenes de maniobra se sitúan por encima de las unidades productivas particulares: la lógica de la discrecionalidad opera a nivel de los grandes holdings, donde la cogestión no llega; opera, en especial, a nivel de la organización total del sistema económico, donde la participación de los trabajadores no puede concebirse en términos de cogestión, sino como participación política. El vicio de fondo de la filosofía de la cogestión —o si se prefiere su arte sutil— está en el hecho de olvidar, o fingir ignorar, que la economía capitalista actual es una «economía» monopolista, y no de mercado, y que el poder político —se hable de «economía mixta» o de «capitalismo monopolista de estado»— se halla vinculada, mediante complicados hilos, al poder político. Los mecanismos reales del poder capitalista actual —tal como lo admite Galbraith para la economía americana— se hallan en la sede de la política.[40]

No es casual que las propuestas de cogestión renazcan siempre que el movimiento obrero reivindica su propio derecho a participar, y a hacerlo como fuerza de gobierno, en la dirección política de un país. Entre los dos terrenos sobre los cuales se desarrolla el conflicto social, el de las unidades producti-

---

37 V. apartado 4.1.

38 El tema se encuentra en Colombo, *Il problema della «cogestione»..., cit.,* p. 123.

39 V. *La riforma delle società di capitali in Italia,* I, Milano, Giuffrè, pp. 231 y ss.

40 Para el examen del fenómeno v. F. Galgano, *Las instituciones de la economía capitalista, cit.,* pp. 50 y ss.

vas particulares y el de la organización total del sistema económico, el capital propone, como terreno de posible acuerdo, el primero; los trabajadores adoptan el segundo. La propuesta de cogestión, por tanto, posee un significado estratégico preciso: si la participación de los trabajadores se opera en el primer nivel, es posible, entonces, exorcizarla a nivel político. Se piensa, en este punto, en un instrumento que ha sido capaz de desmembrar, en el lugar mismo donde se forma, la fuerza de clase del movimiento obrero.

Lo anterior no significa que no pueda buscarse una mediación institucional a nivel de la empresa, ni que sea inútil hablar de la reforma de la sociedad anónima. Significa, solamente, que tanto a nivel de la empresa como a nivel de la organización total del sistema económico, la mediación institucional debe llamar a concurrir a los trabajadores en su condición de ciudadanos y reclamar la participación en las formas constitucionales que son propias de la participación de los ciudadanos en el gobierno de las instituciones. La reforma de la sociedad anónima, que hoy se pide de manera general, no deberá abrir a los trabajadores las puertas de los órganos decisorios internos de la sociedad, sino que deberá permitir el diálogo entre los órganos decisorios de la empresa y las instituciones de la democracia política, instaurando la posibilidad de un vínculo permanente entre la formación de las decisiones internas de los órganos de la empresa y formación de la voluntad de las asambleas electivas.[41]

Cesare Vivante advirtió, a principios de siglo, que la reforma de la sociedad anónima no es sólo un problema de derecho privado, sino que afecta, dijo, a «la constitución del país».[42] Hoy, más que nunca, debe ser una reforma unida, de modo indisoluble, a la transformación democrática de las instituciones públicas: su presupuesto necesario es el reforzamiento, a todos los niveles, de las asambleas electivas, a las cuales se debe devolver los poderes de gobierno de la economía que el ejecutivo concentra en sí mismo. Este es, y no el de la cogestión, el camino que puede conducir a la clase empresarial a la reconquista del consenso social; el camino de la democracia económica que no es otro que el camino de la democracia política.

---

41 En el texto me refiero a la «mediación institucional». Un fenómeno distinto, que se produce actualmente en Italia, es la ampliación de la negociación sindical desde el campo de la reivindicación salarial al de las grandes opciones de política empresarial (inversiones, situación de establecimientos, ocupación, etc.). Se trata de un hecho, que sin negar su importancia histórica, debe seguir siendo un hecho: la fuerza del sindicato reside en la capacidad de elegir en cada momento sus objetivos de lucha y los medios para alcanzarlos. La institucionalización de la práctica de los «exámenes conjuntos» debilitaría al sindicato y reforzaría a la contraparte (o en el peor de los casos, como sucede con la «cogestión», destrozaría la fuerza sindical). Por otro lado, la acción sindical por sí misma no es suficiente, puesto que muchas decisiones fundamentales del poder económico se toman en niveles que son invulnerables —o sólo vulnerables esporádicamente— a la acción sindical; niveles situados al margen de la empresa, en sede política (sobre este punto v. F. Galgano en la mesa redonda «Gestione dell'economia e pluralismo sociale», en *Democrazia e diritto,* 1976, pp. 304 y ss.).

42 V. apartado 4.4.

Pero el asunto también es de derecho privado. La estructura interna de la sociedad anónima debe transformarse de modo coherente en relación a las exigencias de un diálogo democrático entre las instancias de las decisiones económicas y las de las decisiones políticas. He tenido ocasión, en otro lugar,[43] de referirme ampliamente al modo de esta transformación, y no es el caso repetirlo ahora. La verdadera reforma sólo puede efectuarse de este modo, es decir, con la efectiva adecuación de las estructuras institucionales a la realidad de las relaciones sociales.

---

[43] F. Galgano, *Le istituzione dell'economia di transizione, cit.*

CAPÍTULO SÉPTIMO

UN «DERECHO COMÚN» PARA LA ECONOMÍA MIXTA

7.1. Estatalismo y anti-estatalismo de la burguesía italiana del siglo XIX

La máxima expansión del Estado-ordenamiento, producida en la época de la codificación, debía ser inversamente proporcional, según los proyectos de la burguesía decimonónica, a la extensión del Estado-aparato, al cual la ideología liberal reconocía tareas ciertamente limitadas. Éstas obedecían a necesidades colectivas insuprimibles, tales como el mantenimiento del orden público, la observancia de la ley, la defensa de los límites nacionales, las relaciones exteriores, etc.; las mismas tareas, prácticamente, que la burguesía estuvo dispuesta a reconocer al Estado absoluto.[1] En cuanto a lo demás, la burguesía confiaba, directamente, en sus propias fuerzas: la economía era un «asunto privado»; el Estado sólo debía vigilar —como «guardián nocturno», según la expresión de Ferdinand Lassalle— las libertades económicas de los burgueses.

El antiguo anti-estatalismo de la burguesía, madurado bajo la monarquía absoluta, que se había manifestado como una antítesis global de la sociedad civil al Estado, afectando tanto al Estado-ordenamiento como al Estado-aparato,[2] fue sustituido por un nuevo anti-estatalismo, ya no de signo político, o preferentemente político, como el antiguo, hostil a una institución gobernada por una clase antagónica, sino de naturaleza estrictamente económica, que nacía de la aspiración burguesa a la explotación, amplia e intensa, de los recursos. La burguesía no tenía nada que temer del Estado; como tampoco tenía ninguna razón para hostilizarlo. Sin embargo, la burguesía tenía motivos para frenar la presencia competitiva del Estado (así como la de la Iglesia) en el dominio y explotación de los recursos; motivos para exigir al Estado que utilizase los bienes en la mínima medida necesaria para el desarrollo de la función pública, a fin de destinar la mayor cantidad posible a la actividad económica privada, fuente de toda la prosperidad burguesa.

---

1 V. apartado 4.2.

2 V. apartado 4.2.

La política liberal se manifiesta, sobre todo, en forma de «privatización». He señalado anteriormente las ventas masivas de «bienes nacionales» realizadas en la Francia postrevolucionaria; fenómeno análogo sucede en Italia tras la unificación:

> «el Estado «liberal» se caracteriza, ante todo, por las ventas y arrendamientos de bienes y empresas públicas de notables dimensiones: enajenación del demanio predial de los viejos Estados y de la Iglesia (1862); venta de las empresas del patrimonio de la Iglesia (1867); venta de otros bienes demaniales (de 1862 a 1900); arrendamiento de los bienes demaniales restantes. Cesiones, concesiones y ventas afectaron al demanio industrial: lagunas de Comacchio, establecimientos termales, minas del Elba, canales navegables y de regadío (con excepción de los canales de Cavour que fueron rescatados por el Estado en 1872-1874). La ola de privatizaciones afectó, incluso, al monopolio del tabaco (que junto al de la sal y la lotería constituían una sexta parte del ingreso del Estado entre 1868 y 1883)».[3]

Responde a las mismas razones la política de previsión, así como la relativa a las «manos muertas» de la Iglesia y de los entes con fines «ideales» en general.

También se debe destacar, en este sentido, la política referente a la «mano muerta administrativa», iniciada en el reino sardo con la ley Siccardi de 1850, que afectaba en particular a los ayuntamientos y a las provincias, subordinando sus adquisiciones inmobiliarias (la norma está todavía vigente) a la autorización gubernativa, que se concedía, solamente, bajo prueba de la necesidad de la adquisición.[4] Al aspecto restrictivo de la norma se añadió, posteriormente, el rigor de su aplicación: a fines de siglo, el *Consiglio di Stato* consideraba no admisible que un municipio adquiriera los terrenos necesarios para la construcción de una escuela si había espacio suficiente para albergarla en el propio edificio del ayuntamiento.[5] El principio imperante era el primado de la propiedad privada sobre la propiedad pública; el primado de la inversión privada sobre el gasto público. En términos generales, era la preferencia de la utilización privada de la riqueza como instrumento de prosperidad y de incremento de la misma, sobre la utilización pública, considerada como medio de empobrecimiento y destrucción.

Pero el verdadero monumento de la ideología liberal, limitando la acción pública, es la construcción del Estado como «Estado de derecho»; una construcción que la burguesía inicia, inmediatamente, como se ha visto,[6] con la Declaración de derechos de 1789, y cuya primera piedra es la proclamación de

---

[3] S. Cassese, «Istituzioni statali e sviluppo capitalistico», en *Studi in memoria di A. Gualandi*, Urbino, 1969, I, p. 112, reproducido con el título de «Aspetti della storia delle istituzioni», en *Gli apparati statali dall'Unità al fascismo*, dirigido por I. Zanni Rosiello, Bologna, 1976.

[4] V. Galgano, *Delle persone giuridiche, cit.* pp. 241 y ss.

[5] V. Galgano, *Delle persone giuridiche, cit.*, p. 242, nota 2.

[6] V. apartado 4.2.

la propiedad como derecho sagrado e inviolable por parte del Estado, el cual sólo puede expropiarlo cuando «la necesidad pública, legalmente verificada, lo exija de modo evidente». La soberanía del Estado ya no es poder ilimitado: sólo puede ejercitarse, frente a los sujetos privados, en las formas previstas por la ley; sólo puede traducirse en actos que causen perjuicios a las razones de los sujetos privados, si estos actos persiguen fines que la ley ha asignado a los poderes públicos. Las leyes, que juridifican a la actividad pública, vinculan a los poderes frente a los particulares interesados (en el Estado absoluto estaban vinculados, solamente, frente al soberano), a quienes se reconoce acción, ante los correspondientes órganos de la jurisdicción administrativa, independientes del ejecutivo, para que puedan ser anulados los actos contrarios a la ley o viciados de exceso de poder; sin perjuicio de la acción que poseen, ante la autoridad judicial ordinaria, para el resarcimiento del daño causado.[7]

El concepto «Estado de derecho» expresa, en relación a cada burgués en particular, la misma exigencia —límite a la acción pública para la salvaguardia de la iniciativa privada— que el concepto «Estado liberal» significa para la burguesía en su conjunto. El principio de legalidad, en el cual se resume el concepto del Estado de derecho, no se refiere a la actividad pública en cuanto tal, ni opera como garantía de la consecución de fines públicos. No es «una regla del contenido de la actividad administrativa», sino —como escribe Massimo Severo Giannini[8]— «una regla del límite de ésta, que se inscribe en la dialéctica entre la autoridad y la libertad». El único interés protegido es el interés privado; el principio de legalidad, precisa Giannini,[9]

«no afecta tanto a las disposiciones en sí mismas, sino en cuanto se refieren a una situación subjetiva del particular, sobre quien inciden con efectos extintivos o limitativos».[10]

---

[7] El proceso se produce en Italia con las leyes de 1865 y 1889; v. M. Nigro, *Giustizia amministrativa,* Bologna, 1976.

[8] M. S. Giannini, *Diritto amministrativo,* Milano, Giuffrè, 1970, I, p. 83.

[9] Giannini, *Diritto amministrativo, cit.,* I, p. 82.

[10] Es significativa, en este sentido, la definición de «Estado de derecho» que establece Vittorio Emanuele Orlando en «Introduzione al diritto amministrativo» en *Primo trattato completo del diritto amministrativo italiano,* Milano, 1897, I, p. 38: es aquel Estado que «impone a sí mismo el freno de las normas jurídicas capaces de contener la actividad de la administración pública de modo tal que se reconozcan y se respeten los intereses legítimos de los súbditos, y que el necesario sacrificio de la libertad individual esté motivado por un interés colectivo, proporcional al mismo» (la «proporcionalidad» entre interés público perseguido y sacrificio del interés privado que causa, será un criterio fundamental de la jurisprudencia del *consiglio di stato).*
La ciencia del derecho administrativo, que nace y se desarrolla con la juridificación de la actividad del Estado-aparato (para los orígenes de la ciencia v. M. S. Giannini, *Profili storici della scienza del diritto amministrativo* en «Quaderni fiorentini» dirigidos por P. Grossi, 1973, p. 179), lleva hasta el fondo la finalidad garantista: «admitiendo que el derecho administrativo sea la línea de separación entre la autoridad y la libertad, el estudio del derecho administrativo proporciona una visión «unilateral»: la administración siempre es autoridad (ausente la distinción entre autoridad y poder); el sujeto privado se halla institucionalmente en una posición de debilidad» (v. S. Cassese, *Cultura e politica del diritto amministrativo,* Bologna, 1971, p. 144); y «en sustancia, la ciencia italiana del derecho

Se había demostrado ya que el primitivo proyecto burgués de un Estado «mínimo» era una ilusión. Se había desvanecido el sueño de una sociedad totalmente privada con la mera «vigilancia» del Estado. La idea de imponer límites a las funciones y a los aparatos públicos había desaparecido. En su lugar surgió una idea opuesta, originada también en el seno de la burguesía, proponiendo la ampliación de las funciones del Estado y la dilatación de sus aparatos. El signo visible de esta tendencia se ve en el incremento de los presupuestos del Estado, que se produce en el reino sardo, donde

> «el presupuesto estatal, que había crecido poco durante los veinte primeros años de la Restauración, entre 1840 y 1847 se dobló; en 1850 se multiplicó, aproximadamente, cuatro veces, manteniéndose el desbalance entre límites tolerables».[11] El caso continúa en el reino de Italia: «bastará recapitular las cifras del presupuesto; pues si en 1862 se calculaban en 500 millones de liras, en 1871 superaban los 900 millones y en 1876 alcanzaban los 1.100 millones, a pesar del continuo hablar de economía».[12]

La clase dirigente denunciaba el continuo incremento del gasto público que sustraía recursos a la actividad económica; pero percibía, cada vez de modo más claro, que la acción pública era condición necesaria del desarrollo económico. La evidencia era inmediata para las empresas militares, causa principal del desequilibrio del balance público, que eran quienes allanaban el camino de la ampliación de los mercados. Pero es evidente que la intervención pública se produce también en sectores como el de la instrucción pública (las escuelas del Estado y la vigilancia estatal de las escuelas privadas son instituciones que surgen en 1857) donde la relación con el desarrollo económico parecía más distante. La productividad económica de las funciones sociales del Estado será evidente cuando, hacia fines de siglo, la higiene y la sanidad pública se convertirán en tareas del Estado: la idea será —tal como la expresa Crispí— que el Estado debe proteger la salud de los ciudadanos, entendida como potencia económica e inestimable capital de la nación».[13]

Entre las numerosas tareas nuevas del Estado burgués, las más onerosas son aquellas de carácter estrictamente económico. La burguesía predica el *laissez faire,* protesta por el incremento del gasto público, pero, mientras tanto, exige al Estado, antes incluso de la unificación, que se haga cargo de la creación de la infraestructura económica:

> «ferrocarriles, puertos, arsenales, toman un significado eminente, su cuidado es tarea del gobierno. «En tanto que se trate, solamente de obras públicas de no difícil ejecución, pero que excedan a las fuerzas de la

administrativo es en términos generales la obra de estudiosos cuya inspiración es liberal-conservadora» (*ibidem,* p. 33), estando ausente de ella la fase democrática y socialista (*ibidem,* p 31) que, entre fines del pasado siglo y principios del presente, caracterizó los estudios jurídico-privados (v. apartado 4.4).

11 Caracciolo, *Stato e società civile, cit.,* p. 28.

12 Caracciolo, *Stato e società civile, cit.,* pp. 30 y ss.

13 Caracciolo, *Stato e società civile, cit.,* p. 65.

industria privada, nosotros entendemos útil la directa intervención del poder social», afirmaba Cavour en el mismo momento en que hacía un máximo elogio al *laissez faire*».[14]

La presencia del Estado en el campo de las obras públicas se intensifica tras la unificación:

> «sólo en el bienio 1861-1862 las estadísticas hablan de más de 140 millones de liras empleadas en carreteras y puentes; una comparación entre el presupuesto general de 1862 y el de 1882 muestra que el gasto del ministerio de obras públicas aumentó en un 125 por ciento».[15]

La ventaja obtenida por la clase empresarial era doble: junto a la «socialización» del coste de las infraestructuras, cargado a la colectividad, obtiene ingentes beneficios de la concesión de las obras públicas:

> «sabemos cómo las vías férreas, mediante concesiones, arrendamientos de obras, y privilegios, fueron, durante varios decenios, el lugar donde eran más fáciles los beneficios de los capitalistas y mayores las posibilidades de formarse grandiosas fortunas; tanto que fue precisamente aquí donde se formó la mentalidad «estatalista» de la burguesía italiana, dispuesta a esperar de las medidas y de las ayudas del gobierno las condiciones para el éxito de sus propios negocios».[16]

La clase empresarial reconoce, entonces, que no se halla con posibilidades de autogobernarse. Junto a las obras públicas se solicitan ayudas del gobierno en forma de incentivos. Se instaura

> «el régimen, muy extendido en los primeros años de la unificación, de las ayudas a las empresas privadas (subvenciones, adelantos sin interés, financiamientos favorables): piénsese, sólo, en el caso de los transportes marítimos, donde las subvenciones para los fletes del transporte del correo se convirtieron, rápidamente, con las convenciones marítimas de 1861, 1877, 1893, y con las medidas legislativas de 1885, en auténticos medios de reequilibrar los balances».[17]

Se insinúa claramente aquello que, a fines de siglo, Salandra definirá como «la conexión entre las tendencias a la acumulación del capital y la extensión de las funciones del Estado».[18] El desarrollo ulterior de esta tendencia

---

[14] Caracciolo, *Stato e società civile, cit.*, p. 29.

[15] Caracciolo, *Stato e società civile, cit.*, p. 31.

[16] V. la nota anterior.

[17] Cassese, *Istituzioni statali e sviluppo capitalistico, cit.*, p. 116.

[18] La cita es de S. Cassese, *La formazione dello Stato amministrativo*, Milano, 1974, pp. 17 y ss.; expresando un juicio histórico plenamente aceptado hoy, señala R. Romeo, *Breve storia della grande industria in Italia*, Bologna, Capelli, 4.ª edición, 1975, pp. 111 y ss.: «proteccionismo, protagonismo de la banca en el desarrollo industrial, intervención del Estado, he aquí todos los aspectos que los observadores liberales consideraban decididamente como índices del carácter «patológico» de la vida económica e industrial italiana. Sin embargo, eran las condiciones históricas que hicieron posible «forzar» el proceso de industrializa-

—que el propio Salandra había criticado— será la gestión pública directa que domina a principios del nuevo siglo: en 1904 se produce la municipalización de los servicios públicos locales; en 1905 comienza la explotación estatal de los ferrocarriles; en 1907 la gestión pública de las líneas telefónicas. Es significativo comprobar cómo estas «estatalizaciones» se realizaron por gobiernos liberales, más aún, «durante la única fase histórica en la que la economía italiana tuvo una impronta auténticamente liberal».[19]

Véase el aspecto que presenta el fenómeno general:

> «Apenas ultimada la segunda fase de la unificación nacional con la anexión de Roma y del Lacio (1870), se manifestaron, en el propio seno de los grupos liberales que estaban en el gobierno, corrientes favorables al retorno de la gestión pública. Estas corrientes, por otro lado, eran mucho más intensas entre los grupos de derecha que entre los de la izquierda, hasta el punto que, cuando la llamada izquierda llegó al poder (marzo de 1876), se inició un período, de al menos quince años, en el cual se rechazaron nuevas gestiones públicas, e incluso se fue al encuentro de la gestión privada; en 1881 el Estado declaró el monopolio de los teléfonos, para darlo, inmediatamente, en concesión a los particulares; anteriormente, con la ley de 29 de junio de 1876, que establecía el rescate de la red ferroviaria de la Italia septentrional, se declaró que los ferrocarriles deberían ser, aunque por principio estatales, confiados a la gestión privada, desautorizando, de este modo, el proyecto que, pocos meses antes durante el gobierno de la derecha, preveía la actuación de un ejercicio estatal».[20]

En todo ello Giannini ha visto

> «una doble contradicción: la primera de tipo general entre la dirección de la política económica liberal y las propuestas de gestión pública de determinadas actividades; la segunda de tipo particular, consistente en una inversión de las opciones por la cual se ven a los grupos más conservadores inclinados, mayormente, a la gestión pública que los grupos progresistas».[21]

No obstante, la contradicción es, a la luz de lo hasta aquí visto, sólo aparente. Se desvanece si observamos que el Estado liberal había sustituido a los particulares en la gestión de determinadas empresas, o de determinados sectores de la producción, en interés exclusivo de la clase empresarial priva-

ción, permitiendo la inserción de Italia en la Europa industrial»; era un proceso que «en tanto se trataba de un país «atrasado», no podía desarrollarse según los esquemas «clásicos» del desarrollo industrial «inglés», que era, en última instancia, en el que estaban pensando los observadores y críticos liberales».

19 F. Santoro, *Economia dei trasporti,* Torino, 1966, p. 114.

20 M. S. Giannini, *Le imprese pubbliche in Italia,* en «Rivista delle società», 1958, pp. 232 y ss.

21 Giannini *Le imprese pubbliche, cit.*, p. 233; también v. la voz «Economía (disciplina della)», en *Enciclopedia del diritto,* XIV, Milano, Giuffrè, 1965, p. 276, donde utiliza el modelo conocido de Francesco Forte.

da: para exonerarla, en particular, de la gestión, con capital propio, de las infraestructuras necesarias al sistema productivo; gestión que no era remunerativa y en muchos casos era, incluso, gestión con pérdidas. El carácter subalterno de la actividad económica pública con respecto a la privada aparece, con toda claridad, en la «estatalización» de los ferrocarriles. Ocurre en una época en la cual las necesidades de expansión de la producción industrial exigían, tanto para la distribución de los productos como para el aprovisionamiento de materias primas, la intensificación de la red ferroviaria y su difusión capilar por todo el territorio nacional. Estatalizar los ferrocarriles significaba procurar una enorme ventaja a la clase capitalista, significaba exonerar al capital privado de la gestión del servicio; ventaja en términos de ahorro en los costes de producción o de distribución (y por tanto en términos de ganancia) del mismo volumen, por lo menos, que el déficit anual de la gestión estatal de los ferrocarriles, distribuido, posteriormente, mediante la imposición fiscal, entre todas las clases sociales.

7.2. Los «actos de comercio» del Estado

Las estatalizaciones del siglo pasado y de principios del actual habían ampliado el Estado-aparato, pero no habían modificado su estructura. Las estructuras que se habían creado presentan

> «algunas características en común: son estructuras internas a la administración; el personal dirigente de éstas es personal burocrático».[22]

Esta modalidad originaria de intervención pública en la economía se reflejaba en una norma contenida en el código de comercio italiano de 1882; una norma que en la época de su redacción parecía más un proyecto que una regulación de la experiencia presente. El art. 7 contemplaba la hipótesis, que al poco tiempo sería una realidad imponente, del Estado, la provincia y el municipio realizando «actos de comercio»; pero no se consideraba todavía la eventualidad, vislumbrada en la época sólo en casos marginales,[23] que sujetos públicos distintos del Estado, o por lo menos extraños «al gran edificio del Estado»,[24] fueran quienes realizaran «actos de comercio». La norma negaba que el Estado, la provincia y el municipio adquirieran, a causa del ejercicio profesional de la actividad mercantil, la condición de «comerciante» y que a ellos se les aplicara, por tanto, el correspondiente «estatuto» (llevanza obligatoria de escrituras contables, sujeción al procedimiento de quiebra en caso de insolvencia); sin embargo disponía que los determinados «actos de comercio» realizados fueran sometidos a la ley y a los usos mercantiles.[25] El derecho mercantil se

---

22 Cassese, *La formazione dello Stato amministrativo, cit.*, p. 16.

23 Como el muy polémico de las cajas de ahorro: *cfr.* L. Bolaffio, «Disposizioni generali» en *Il codice di commercio commentato,* I, Verona, 2.ª edición, 1902, *sub.* art. 7, pp. 324 y ss.

24 Comprendiéndose aquí la provincia y el municipio (*cfr.* Santi Romano, *La teoria dei diritti pubblici subbiettivi,* Milano, 1897, p. 146), porque «ejercitan funciones estatales y están dotados del *imperium* estatal».

25 De este modo se superaba el principio tradicional, según el cual «las adquisiciones hechas con intención de revender lo adquirido no se reputarán mercantiles (actos de comercio) si

convertía de este modo, aunque no integralmente, pero sí en sus aspectos más significativos, como los referentes a las obligaciones y contratos, en un derecho «común» a los agentes económicos, tanto públicos como privados.

> «La producción y la competencia libre es regla fundamental de la economía social moderna. Cada persona, física o moral, privada o pública, puede desarrollar su propio trabajo produciendo y haciendo circular la riqueza mediante aquellos actos que la ley considera y declara mercantiles (artículo 3 *codice comm.* 1882). Estos actos de comercio se reputan objetivos, porque al considerarlos mercantiles no se tiene en cuenta la persona que los realiza. Si el acto realizado se encuentra entre los enumerados en el art. 3, que son los que el código considera y declara mercantiles, cualquier consideración, que afecte al sujeto actuante, no influye sobre la naturaleza intrínseca del acto. Por tanto el Estado, la provincia y el municipio pueden realizar actos de comercio y las obligaciones, que de ellos se deriven, quedarán sometidas a la ley mercantil».[26]

La norma del artículo 7 del código de comercio adquiría sentido en relación al artículo 2 del código civil italiano de 1865, el cual reconocía al Estado, a la provincia y al municipio el «goce de los derechos», es decir, la llamada «capacidad de derecho privado». En virtud de la «doble capacidad», de derecho público y de derecho privado, aquéllos podían realizar, además de los respectivos actos de imperio, actos de autonomía contractual, regulados por el código civil. Mientras que el Estado se abstuvo de intervenir en la economía, la actividad de derecho privado de la administración pública fue un fenómeno marginal, limitado al aprovisionamiento en los productores y revendedores particulares del equipo e instrumental necesario a las oficinas públicas; la contratación de obras públicas presentaba, tal como se regulaba en la ley relativa a la materia de 1865, una naturaleza mixta, pública y privada al mismo tiempo. Las cosas cambiaron gradualmente a medida que el Estado se hizo intervencionista y asumió la gestión directa de las empresas, apareciendo una

---

están motivadas por un interés público» (v. Pardessus, *Cours de droit commercial, cit.*, I, pág. 12, tomando el ejemplo de las adquisiciones de papel hechas por la administración del registro con la intención de venderlo timbrado, o las de tabaco realizadas con fines fiscales por la administración financiera, o también, en la p. 38, el caso de la fabricación de papel, o la manufactura de tabaco, realizada por el propio Estado).

La innovación fue inspirada por el código de comercio alemán de 1861, el cual consideraba actos de comercio los realizados por la administración postal (§ 421); respecto a la evolución interna de la estructura del Estado italiana se observa (v. Castagnola, *Nuovo codice di commercio italiano*, I, *cit.*, p. 26 y ss.): «en 1865, se realizó una reforma audaz, aboliéndose el contencioso-administrativo; Italia, maestra en leyes, dio una vez más un hermoso ejemplo eliminando los tribunales privilegiados del Estado, su fuero excepcional, sometiendo sus controversias a las decisiones de la justicia ordinaria. La innovación que trajo el código de comercio, es el complemento de esta reforma. En cuanto a la administración de la justicia, el Estado se equipara a sus súbditos, y si realiza actos de comercio se disciplinan por las leyes mercantiles, correspondiendo al juez mercantil deducir las oportunas consecuencias jurídicas».

26 Bolaffio, «Disposizioni generali», *cit.*, p. 312.

intensa actividad de cambio. Al principio el Estado muestra una cierta reluctancia a utilizar su propia «capacidad» de derecho privado:

> «los servicios de transporte, gestionados por los poderes públicos, fueron configurados como concesiones de transporte en favor de los usuarios (por ejemplo: quien adquiría un billete ferroviario se beneficiaba de una concesión administrativa); el pago de los servicios divisibles no se articulaba como un precio, sino como una tasa; ciertos arrendamientos de inmuebles se convirtieron en concesiones de uso de bienes públicos; nacieron figuras nuevas, como la relación de empleo público, etc.».[27]

La utilización de instrumentos privados se impuso con posterioridad; es

> «significativo el desarrollo de los servicios postales y de telecomunicaciones: desde el correo, que se pagaba mediante un «sello», se pasó al servicio telegráfico mediante «contraprestación» y finalmente al servicio telefónico, donde la relación contractual se admitió sin reservas».[28]

Las razones del estatalismo, que imponen esa solución, eran las mismas que habían exigido la intervención pública en la economía militando por una acción económica pública lo más eficiente posible. Reclamaban la adopción, por parte de los poderes públicos, de los instrumentos privatísticos, mucho más ágiles que los publicísticos y más congeniables con el ejercicio de la actividad económica por la simple razón que han nacido en esta actividad y en función de ella.[29] Es significativo que hoy todavía se aduzca, para justificar la llamada «actividad administrativa de derecho privado», el principio de la eficiencia de la administración pública e, incluso, el artículo 97 de la Constitución italiana,[30] el cual establece que «las oficinas públicas se organizarán, según las disposiciones establecidas por las leyes, de modo tal que se garantice la buena marcha e imparcialidad de la administración».

El deseo de una eficiente acción económica del Estado, que contribuía a determinar la opción por los instrumentos de derecho privado, ofrece la clave

---

[27] Giannini, *Diritto amministrativo, cit.*, I, p. 656; v. también en G. Mantellini, *Lo Stato e il codice civile*, I, Firenze, 1882, pp. 13 y ss. y 353 y ss., todos los prejuicios que tenía la cultura jurídica de la época respecto a la utilización de la «capacidad» de derecho privado por parte del Estado.
Y el código de comercio alemán de 1900 sustrajo, en oposición a cuanto había establecido el código precedente, los actos de la administración postal de las reglas del contrato de transporte (§ 452).

[28] Giannini, *Diritto amministrativo*, I, *cit.*, p. 231.

[29] Giannini, *Diritto amministrativo*, I, *cit.*, p. 231: «los órganos gestores de tales actividades eran los primeros en hallarse en condiciones de inferioridad respecto a los empresarios privados, en la medida que estaban obligados a adoptar procedimientos administrativos complicados para realizar operaciones que los sujetos privados hacían con un simple negocio jurídico».

[30] No obstante, esto es paradójico, puesto que la norma Constitucional se refiere a la eficacia, textualmente a la «buena marcha», de la administración pública, mientras que la esencia del fenómeno comentado radica en que la eficacia que se desea para la administración pública, dando vida a un aparato diverso de ella, se realiza sustrayéndola del «estatuto» (público) de la misma y sometiéndola al «estatuto» (privado) de la empresa.

para comprender el art. 7 del código de comercio. La función de este artículo consiste en hacer aplicable a la actividad contractual de las empresas del Estado (en la medida que el Estado hubiera optado, en el ejercicio de la empresa, por el contrato y no por el acto administrativo) el código de comercio en vez del código civil, las normas sobre las obligaciones y contratos mercantiles en vez de las correspondientes civiles. Era una función que en tiempos de la codificación tenía pocas posibilidades de realizarse, por la presencia limitada de empresas públicas y, en cuanto a las existentes, por su reducida actividad de derecho privado. Pero era una función que, con el paso del tiempo, sería desplegada ampliamente: cuando se trasladara en favor de la empresa pública, para la eficacia de la iniciativa económica del Estado, la ventaja dada a la clase mercantil —la ventaja excesiva que había suscitado la denuncia de Vivante[31]— inspiradora del código de comercio.[32]

7.3. La privatización del poder económico público

Las estatalizaciones ulteriores, que se producen en los sucesivos decenios, en los años diez y veinte, hasta principios de los años treinta, determinan una modificación profunda del poder público en Italia. Las precedentes habían dilatado el cuerpo del Estado; estas últimas, en cambio, producen una especie de duplicación.

> «En 1910 comienza la constitución de los entes: *Istituto nazionale delle assicurazioni* (1912), *Banca nazionale del lavoro* (1913), *Consorzio per sovvenzioni su valori industriali* (1914-1915), *Consorzio di credito per le opere pubbliche* (1919). Se crean las condiciones para la existencia de un aparato, de un sistema administrativo completamente diverso, de un factor de estabilización que ya no es la administración de tipo tradicional».[33]

La intervención del Estado en la economía es cada vez más amplia; pero, a diferencia del período precedente, su intervención no es directa: interpone entre él y la sociedad civil una creciente pluralidad de entes públicos, creados para que desarrollen por su cuenta tareas específicas de intervención económica. Sin embargo el Estado no hace partícipes a estos entes de su soberanía, no les otorga el carácter distintivo de la autoridad pública, que poseen los entes públicos tradicionales, esto es, la potestad de imperio. Dichos entes carecen de la «doble capacidad»; poseen sólo la capacidad del derecho privado. Una ley de 1926 les atribuye una denominación particular: «entes público-económicos»;[34] en el código civil de 1942 hallarán, posteriormente, su definición ¡serán

---

31 V. apartado 4.4.

32 Esto se presentía cuando se afirmaba (v. Castagnola, *Nuovo codice di commercio italiano, cit.*, I, p. 26 respecto a la comercialidad reconocida a los actos de derecho privado del Estado): «no sería extraño que al establecerse una norma contraria resultaran perjudicados los mismos intereses, que ahora se protegen, al desposeer al Estado de las útiles protecciones, las facilidades y los favores».

33 Cassese, *La formazione dello Stato amministrativo, cit.*, p. 19.

34 Se trata de la ley de 3 de abril de 1926, núm. 563, que permite a esos entes establecer una relación con sus empleados de carácter privado relativa a su trabajo.

«los entes cuyo objeto exclusivo, o principal, es la actividad mercantil» (art. 2201); se aplicarán a ellos todas las normas que componen el «estatuto» del empresario, salvo el procedimiento de la quiebra (art. 2221) (el art. 7 del código de comercio de 1882 se convertirá en el art. 2093 del código civil de 1942).

La interposición de entes desprovistos de potestad de imperio determina que los actos realizados por éstos en el ejercicio de su actividad económica pública sean, en todo y para todo, actos de derecho privado regulados exclusivamente por el código civil y el de comercio. No son como los actos del Estado, y de los entes locales, expresión de la «doble capacidad» del ente: son, exclusivamente, expresión de la capacidad de derecho privado, manifestación de su autonomía contractual. No existe, ni siquiera para los actos de importancia especial, un momento preliminar de discrecionalidad administrativa, que requiera —como en el caso de los entes públicos tradicionales— una deliberación motivada, sometida al control público y expuesta a límites administrativos y jurisdiccionales: sólo existe la autonomía contractual, arbitraria e incensurable, como lo es la autonomía contractual de los particulares.

Refiriéndose a dichos entes señala Giannini:

> «carecen de autonomía normativa, y los actos preceptivos que emiten no son más que cláusulas generales de contratación (por ejemplo cláusulas de las pólizas del INA —Instituto Nacional de Seguros—); no aplican normas de derecho público en su actividad, incluso los actos que se refieren a la generación de lo que se realiza tienen un carácter de derecho común idéntico al que poseen las deliberaciones de las sociedades de capital (así las deliberaciones sobre el balance, la emisión de obligaciones, la constitución de sociedades, etc.); las relaciones entre el ente y el personal son de derecho privado, su actividad está regulada totalmente por normas privadas; el régimen procesal y tributario, salvo las «exenciones» que deben fijarse expresamente, es de carácter privado».[35]

El derecho público no contribuye, de ningún modo, a la regulación de la actividad de los entes referidos; su aplicación se inscribe en un límite anterior: regula, solamente, la relación entre el Estado y el ente interpuesto, concediendo al Estado la facultad de nombrar y revocar los cargos, y —aunque desaparecerá, posteriormente, debiendo obedecer, en cuanto ente gestor de una empresa, a las «leyes del mercado»[36]— la de formular las correspondientes directrices para la realización de los fines políticos establecidos.

---

[35] Giannini, *Diritto amministrativo,* I, *cit.,* p. 202; *ibidem:* «la jurisprudencia... sacó las respectivas consecuencias del hecho que el legislador los calificara como entes públicos (...). Sin embargo, fue el derecho positivo el causante de la aproximación, cada vez más intensa, de estos entes públicos a las empresas», como «la ley de 1926 que privatizó el contrato la boral de los dependientes de tales entes; las leyes tributarias los sujetaron sin reservas al régimen tributario de las empresas privadas; la jurisprudencia perfecciona la obra eliminando otras diferencias».

[36] V. Galgano, *Las instituciones de la economía capitalista, cit.,* p. 193 y ss.; también aquí apartado 7.5.

Para ampliar su intervención en la economía, el Estado ha debido desdoblarse: del cuerpo central, que permanece siendo ente soberano, titular de la potestad de imperio, se separa un cuerpo distinto, y cada vez más extenso, en el cual la soberanía aparece convertida en supremacía de hecho, es decir, transformada en autonomía contractual de carácter privado y, por tanto, arbitraria del mismo modo que es arbitraria, por definición, dicha autonomía. Si queremos describir el fenómeno en términos de teoría de los poderes del Estado, podemos decir que a los tres poderes del Estado tradicionales, «separados» entre sí, se añade un poder ulterior, separado a su vez de los demás: el Estado-empresario se ha destacado del Estado-administración pública, el poder económico del Estado se ha disociado de su poder administrativo.

En los años veinte surge un fenómeno que acentuará definitivamente la separación del poder económico del Estado: la sociedad anónima con participación estatal. «A partir de 1920, se produce una continua aparición de sociedades con participación pública»: la Südbahn primero, luego la Romsa, la Ansaldo-Cogne, la Aipa, la Agip, la Safni;

> «la intervención más relevante del poder público se produce en el período 1931-1933 con la constitución del Imi y del Iri. La finalidad que persigue la creación de estos dos entes es la de que adquieran la mayoría de las acciones de la *Banca commerciale italiana,* del *Crédito italiano,* y del *Banco di Roma,* así como los paquetes accionarios que gravaban a la propia banca a causa de la conducta bancaria llamada mixta (confusión en los mismos organismos financieros del crédito comercial y mobiliario). Esta obra —que se llamó de *salvataggio* (salvación)— quería atenuar los efectos de la grave crisis que padecía la economía italiana, acentuada tras la crisis mundial de 1929-1933. Al margen de las considerables liquidaciones que produjo tal política, el Iri recibió una enorme masa de participaciones accionarias que fueron reorganizadas a continuación (1934-1937) con la creación de *sub-holdings* (financieras), estabilizándose tras la sistematización financiera y patrimonial. El propio Iri se convirtió posteriormente en un ente de *salvataggio,* es decir, en un ente de gestión del complejo patrimonial que poseía tras *el salvataggio,* y por último se transformó en un ente para la coordinación de la política económica del gobierno».[37]

La fórmula de la sociedad anónima con participación estatal permite sustraer del derecho público, y someter al derecho privado, no sólo las relaciones externas de la empresa, sino también la estructura organizativa interna del ente, todo ello regulado por las normas relativas a la sociedad anónima del código de comercio. El poder económico del Estado resulta, enteramente, «privatizado»: el fin del ente no es un fin público, sino que es, como en las sociedades anónimas, la división de los beneficios; lo único «público» es el sujeto propietario de las acciones (en su totalidad, o, en el caso de las socieda-

[37] Cassese, *Istituzioni statali e sviluppo capitalistico, cit.,* p. 131.

des con capital «mixto», sólo en parte) y el motivo por el cual este sujeto público vota en la asamblea y en el consejo de administración.

Es claro que el deseo de una iniciativa económica pública eficaz, el cual había actuado en el período precedente, contribuyó a determinar la progresiva «privatización» del poder público del Estado. La privatización «presentaba la enorme ventaja de permitir a los poderes públicos desarrollar su actividad sin necesidad de verse sometidos a la engorrosa disciplina de contratación y contabilidad propia del Estado».[38] Y —como dirá la *Relazione* al código civil de 1942, justificando la casi absoluta sumisión de las sociedades en manos públicas a las normas comunes de la sociedad anónima (con la sola excepción de los arts. 2458 a 2460)— «el propio Estado se somete a la ley de la sociedad anónima con el fin de asegurar a su gestión una mayor rapidez y una nueva posibilidad de acción.[39] Junto a las consideraciones de eficacia concurrieron otras exigencias que alentaron a los poderes públicos. La clase empresarial, que en el período fascista, en el cual se produjo la intensificación máxima de la tendencia privatizadora,[40] había ejercido, notoriamente, una acción condicionante muy fuerte sobre los poderes públicos, era la portadora de dichas exigencias. El viejo antiestatalismo de la burguesía había modificado su contenido. No se discutía ya sobre la necesidad del intervencionismo estatal en la economía; necesidad reconocida y cuya ampliación reclamaba constantemente la burguesía. Sólo se discutía el modo de esta intervención: el límite nuevo era que el Estado no debía gozar, en su acción interventora, del privilegio de su condición ante los particulares, ni menos aún utilizar su autoridad y su poder de coerción; por el contrario, debía someterse a las mismas reglas a las que estaban sometidos los empresarios privados y relacionarse con ellos según dichas reglas. El uso del contrato «era una muestra de debilidad del poder público, incapaz de hacer valer su punto de vista y obligado, por tanto, a contratar según las condiciones de los particulares.[41] La utilización de la sociedad anónima, cuando se realiza como participación del Estado en sociedades privadas preexistentes, adquiere el carácter de un asunto «contratado» con el capital privado: los poderes públicos asumían el control de aquellas empresas, o de aquellos sectores productivos, que la clase empresarial, tras una valoración de costes, abandonaba voluntariamente.[42]

7.4. Actividad económica pública y derecho privado común

El concepto de derecho privado, antes del ascenso de la burguesía al poder, había significado la antítesis más radical entre la sociedad civil y el

---

[38] Cassese, *Istituzioni statali e sviluppo capitalistico, cit.*, p. 130.

[39] N. 998.

[40] Y G. M. De Francesco, «Persone giuridiche pubbliche e loro classificazione», en *Scritti per Vacchelli,* Milano, 1938, p. 211, constata que «la tendencia del derecho fascista se dirige a configurar nuevos entes públicos cuya actividad esté regulada fundamentalmente por el derecho privado».

[41] Según la expresión de S. Rodotà, *Il diritto privato nella società moderna,* Bologna, 1971, p. 19.

[42] La cuestión se examina de manera más amplia en Galgano, *Las instituciones de la economía capitalista, cit.*, p. 172 y ss.

Estado. Una antítesis que surgía especialmente contra el Estado-ordenamiento. En la sistematización de Jean Domat la sociedad civil tenía fuentes de derecho autónomas —fuentes, por consiguiente, de «derecho privado»— separadas de las fuentes del derecho del Estado (fuentes de «derecho público»).[43] Con la llegada de la burguesía al poder y con la estatalización, propugnada por ella, de las fuentes reguladoras de la sociedad civil, se quebraba la sistematización de Domat: la distinción entre el derecho público y el privado debía establecerse sobre nuevas bases.

En esta tarea se había distinguido la doctrina alemana de la segunda mitad del siglo XIX. Se estableció, como criterio, la naturaleza diversa de los sujetos, siendo derecho privado aquella parte del derecho del Estado que regula las relaciones entre los sujetos privados y derecho público aquella otra que regula las relaciones en las cuales participa el Estado, sea directamente o a través de un ente público.[44] Este criterio se correspondía con otro de naturaleza romanística,[45] el cual tenía en cuenta la diversa naturaleza de los intereses en juego: «intereses particulares», individuales o de grupo, en el derecho privado; «intereses generales», referidos a la comunidad estatal en su conjunto, en el derecho público. El concepto de derecho privado estaba destinado todavía a significar, como en la sistematización de Domat, la antítesis entre la sociedad civil y el Estado, pero limitándose ahora a expresar la antítesis en relación al Estado-aparato: el derecho privado era el regulador de las relaciones entre los particulares, ante las cuales el Estado-aparato era un extraño.

A estos criterios de distinción, que identificaban el ámbito de cada una de las partes del derecho, se añadieron otros que consideraban la esencia de los respectivos sistemas normativos. De este último tipo de criterios era el que se fundaba sobre la oposición consenso-autoridad: los particulares gozan de autonomía en sus relaciones recíprocas, sólo deben obedecer a ellos mismos y sus respectivas esferas jurídicas no pueden ser modificadas sin su consentimiento por un acto unilateral de voluntad; los poderes públicos poseen una supremacía tal que les permite, con un acto unilateral de autoridad, modificar la esfera jurídica de los particulares.[46] También es de ese tipo el criterio, generalizado en los manuales de derecho administrativo, según el cual el acto de autonomía privada es un «acto arbitrario», porque es libre tanto el motivo que lo determina como el objetivo que persigue; mientras que los actos discrecionales de la administración pública sólo pueden originarse por razones de interés público y deben tender a realizar un fin público.

Hasta aquí todos ellos son criterios formales que nada dicen de la extensión de las dos partes del derecho. ¿Qué intereses son «particulares», y por

43 V. apartado 4.2.

44 G. Jellinek, *Allgemeine Staatslehre,* Berlín, 4.ª edición, 1914, pp. 372 y ss., trad. cast. F. de los Ríos Urruti, *Teoría general del Estado,* Madrid, Lib. gen. de Victoriano Suárez, es trad. de la 2.ª edición, 1914-1915, II, pp. 3 y ss.

45 V. apartado 4.2.

46 V. Jellinek, *Teoría general del Estado,* II, *cit.,* pp. 3 y ss.; también Galgano, *Principio di maggioranza, cit.,* pp. 34 y ss.

tanto materia de las relaciones entre sujetos privados? y ¿cuáles son, en cambio, «generales», y por tanto legitimadores de la acción de los poderes públicos? No obstante, se llega, incluso, a señalar la imposibilidad de una distinción basada en criterios sustanciales; bastan dos consideraciones. Primera: la separación público-privado es una separación irreducible del mismo modo que es irreducible, en nuestra civilización, la que existe entre el Estado y la sociedad civil,[47] y esto independiente del ámbito de cada una de las partes del derecho. Segunda: la frontera entre las dos áreas es, históricamente, mudable[48] y hoy la tendencia se produce en el sentido de la ampliación progresiva del derecho público a expensas del privado.[49] En definitiva, son criterios que expresan la conexión a una «filosofía» específica de la sociedad, según la cual —por lo que aquí interesa— sólo la voluntad de los particulares puede ser «arbitraria», porque los sujetos privados disponen, exclusivamente, de su interés particular y no pueden, sin obtener previamente el consentimiento, disponer del interés de los demás.

Esta sistematización también quebrará puesto que correspondía a la fase liberal del desarrollo de la economía capitalista. Era la sistematización propia de una época, y de unos países, donde el Estado se abstenía de intervenir directamente en la economía, o lo hacía de manera esporádica: las relaciones «entre sujetos privados» eran las relaciones de producción frente a las cuales el Estado, en principio, era un extraño. Y quebrará cuando la economía capitalista asuma el carácter de economía mixta, privada y pública al mismo tiempo. La intervención del Estado romperá el vínculo, construido por la sistema-

---

47 *Cfr.* S. Pugliatti, voz «Diritto pubblico e privato», en *Enciclopedia del diritto,* XII, Milano, Giuffrè, 1964, pp. 697 y ss.; v. también Cerroni, *La libertad de los modernos, cit.,* pp. 82 y ss.

48 H. Kelsen, *Reine Rechtslehre,* Wien, F. Deuticke, 1.ª edición, 1934; trad. cast. M. Nilve, *Teoría pura del derecho,* Buenos Aires, EUDEBA, 1960, pp. 182 y ss.; G. Radbruch, *Introducción a la ciencia del derecho,* trad. cast. de L. Recasens Siches, y prólogo de Fernando de los Ríos, Madrid, «Revista de derecho privado», 1930, pp. 78 y ss.; C. Mortati, *Istituzioni di diritto pubblico,* I, Padova, 7.ª edición, 1967, pp. 38 y ss.

49 «El derecho privado» —dirá Radbruch, *Introducción a la Filosofía del derecho,* trad. cast. W. Roces, México, FCE, 3.ª edición, 1965, p. 91— «es el margen que se deja a la iniciativa privada en el campo cada vez más extenso del derecho público, margen que tiende a disminuir más y más a medida que pasa el tiempo»; en esta línea seguirá diciendo Pugliatti, *Diritto pubblico e privato, cit.,* p. 703, que «nuestra época acentúa cada vez más las instancias sociales, infiltrándose en las esferas jurídicas individuales y modificando la relación entre el derecho público y el derecho privado»; Mortati —v. la nota anterior—: «la época en que vivimos se caracteriza por la progresiva expansión de la esfera pública en perjuicio de las tendencias liberales»; esta tendencia se basaba en la separación Estado y sociedad civil, por lo cual no consideró —como ha señalado Cerroni, *La libertad de los modernos, cit.,* p. 208 al analizar el pensamiento de Constant y de otros clásicos del liberalismo— «la posible activación de las grandes masas de trabajadores asalariados: no se preocupó en absoluto —incluso la defendió— de la posibilidad de que la separación entre Estado y sociedad resultara una garantía de la libertad sólo para el propietario y en general para el ciudadano económicamente independiente y que, por el contrario, el naciente cuarto estado veía esta garantía precisamente en la destrucción de dicha separación, es decir, en la organización política de las reivindicaciones sociales, en la trasposición pública de los aconteceres individuales particulares».

tización decimonónica, entre derecho privado y sujeto privado, derecho privado e interés particular. La naturaleza pública del sujeto agente, cuando actúa como sujeto económico, no se corresponde con la aplicación del derecho público, sino con la aplicación del derecho privado; corresponde, incluso, la aplicación del derecho privado, aunque el sujeto persiga la realización del «interés general». La opinión tradicional, según la cual la extensión progresiva de la actividad del Estado habría comportado la dilatación del área del derecho público a expensas del derecho privado es cierta sólo en parte. En lo referente al específico, pero amplio sector de la intervención pública en la economía la opinión es infundada. Aquí la realidad contradice la idea de un Estado que convierte en «público» todo aquello que toca; el contacto con la economía ha significado, por el contrario, «privatizar» al Estado.

Una sistematización diversa se está proyectando desde hace tiempo. Los criterios tradicionales de distinción se están sustituyendo por un criterio diverso y unitario, el cual se basa sobre las distintas «materias» a regular: derecho privado sería el que corresponde a las relaciones económicas, sea cual sea la naturaleza de los intereses, particulares o generales, que comprende y sea cual sea la naturaleza de los sujetos agentes.[50] Se trata de un criterio que conlleva la superación del propio concepto de derecho privado, transformándolo en el concepto de derecho común, como «derecho común a los agentes públicos y a los privados».[51] La distinción público-privado se «objetiva», es decir, se hace depender de la naturaleza objetiva de la actividad, independiente de la naturaleza de los sujetos y de la naturaleza de los intereses en juego. Al derecho público corresponde la actividad política y social del Estado (en una palabra, la actividad sobrestructural); al derecho privado la actividad económica, ya sea pública o privada.

Falta saber ahora qué queda de la «filosofía» de la sociedad que había inspirado la vieja sistematización. ¿Cómo puede conciliarse el carácter arbitrario del acto de autonomía contractual con la naturaleza pública del interés perseguido?

7.5. Privatización del poder económico público, Estado de derecho y democracia política

En la privatización del poder económico público se ha querido ver, a veces, la declinación de los valores de la civilización jurídica que se resumen en la noción de «Estado de derecho». La sustitución de la discrecional i dad administrativa por la autonomía contractual, del acto motivado por la voluntad arbitraria, ha sido denunciado como una vuelta a las viejas ideas del poder

---

50 V. Rodotá, *Il diritto privato nella società moderna, cit.*, pp. 18 y ss.; anteriormente S. Orlando-Cascio, *Il «nuovo volto» del diritto privato,* en «Rivista di diritto civile», 1964, II, p. 76; y M. Giorgianni, *Il diritto privato e i suoi attuali confini,* en «Rivista trimestrale di diritto e procedura civile», 1961, p. 406.

51 Según la fórmula de M. S. Gannini, voz «Diritto amministrativo», en *Enciclopedia del diritto,* XII, Milano, Giuffrè, 1964, p. 866; del mismo autor, *Diritto amministrativo,* I, pp. 19 y ss.

como algo ilimitado e incontrolable, como violación de los «derechos fundamentales» conquistados por los particulares en el Estado de derecho.[52] Esta valoración está contradicha, sólo en parte, por la objeción de que el principio de legalidad está inscrito «en la dialéctica entre la autoridad y la libertad» y que, allí «donde la actividad administrativa no expresa tal momento dialéctico, el principio no tiene por qué ser aplicado: así sucede (...) con la actividad que no es derecho público o administrativo, la actividad que se expresa según módulos convencionales en donde el consentimiento de la otra parte es idóneo, incluso, para superar la eficacia del principio».[53] La valoración anterior se contradice, parcialmente, por esta última consideración, porque la esfera de la «contraparte», en quien la administración debe hallar el consentimiento, según el derecho privado, es más reducida que la esfera de los «interesados en el acto» en sentido administrativo. Es evidente que la administración busca el consentimiento de los sujetos privados cuando, antes que expropiar, compra, o cuando, antes que requisar, toma en alquiler; sin embargo, la empresa pública no busca —ni el derecho privado lo exige— el consentimiento de los interesados cuando establece las condiciones generales del contrato, según el art. 1341 del código civil de 1942, las cuales vincularán a los usuarios independientemente de su aceptación[54] y sin ninguna posibilidad de impugnarlas. El aspirante a contratar con la empresa pública tampoco tiene posibilidad de impugnar el «tratamiento discriminatorio» que padece al ser rechazado en favor de otro aspirante que quizás presenta condiciones más gravosas para la empresa.[55]

A pesar de lo anterior, no es correcto hablar de declinación del Estado de derecho. Quien se expresa de este modo no tiene en cuenta que la construcción del Estado de derecho y el proceso de privatización del poder público son históricamente fenómenos que se producen de manera paralela y en ámbitos separados. Aquella construcción se refuerza e incrementa a medida que se acentúa el segundo fenómeno. El período 1907-1923,[56] que comprende los años en los que se configuró la privatización del poder público, es precisamente la época durante la cual se perfeccionan los mecanismos de la justicia administrativa italiana. Y es un hecho reciente, situado en un tiempo de amplia privatización del poder económico público, la instauración del doble grado[57] (segunda instancia) en la justicia administrativa, coronándose así la ultracentenaria construcción del Estado de derecho en Italia.[a] La jurispruden-

---

[52] V. apartado 7.1.

[53] Giannini, *Diritto amministrativo, cit.,* I, p. 83.

[54] Ya lo he señalado en apartado 5.3.

[55] V. P. Rescigno, «IL principio di uguaglianza nel diritto privato», en *Persona e comunità,* Bologna, 1966, pp. 343 y ss.

[56] En 1907 se establece una sección del *Consiglio di Stato* con jurisdicción plena; la reforma de 1923 atribuye al *Consiglio di Stato* la competencia para juzgar controversias que inciden sobre derechos subjetivos perfectos.

[57] Realizada con la ley de 6 de diciembre de 1971, núm. 1.034 que estableció los «tribunales administrativos regionales».

[a] Con la ley de 20 de marzo de 1865 se produce la abolición de los tribunales contencioso-administrativos en Italia, atribuyéndose a la jurisdicción ordinaria las cuestiones relativas

cia finalmente ha contribuido a completar dicha obra mostrándose cada vez más pródiga en la protección de los particulares que litigan con la administración, dilatando desmesuradamente la categoría del exceso de poder o creando nuevas figuras (desde la desviación de poder a la injusticia notoria, a la perplejidad, al falso supuesto, a la contradicción con medidas precedentes, etc.).[58]

El tema es que cada uno de estos fenómenos se produce en un ámbito diverso. La esencia del Estado de derecho se capta —y al mismo tiempo se

a la tutela de los derechos subjetivos de los ciudadanos y dejando en manos de la autoridad administrativa los asuntos que afectaran a intereses legítimos de éstos. La ley de 31 de febrero de 1889 atribuyó al *Consiglio di Stato* la tutela de los intereses legítimos referidos, mediante la creación de una sección, en el mencionado *Consiglio,* con competencia para resolver los recursos relativos a la legitimidad de los actos administrativos lesivos de intereses legítimos de los ciudadanos y con jurisdicción plena en algunos asuntos taxativamente enunciados. Con el mismo criterio anterior, consistente en asignar la tutela de los intereses a órganos colegiados —aunque estuvieran encuadrados en la propia administración—, la ley de 1 de mayo de 1890 atribuyó a la *Giunta Provinciale Amministrativa* la competencia para resolver, con jurisdicción plena, las impugnaciones de los actos administrativos de la administración local lesivos para los intereses legítimos de los ciudadanos. La ley de 7 de marzo de 1907 creó una nueva sección en el *Consiglio di Stato* a la que se asignaron las cuestiones en las que éste tenía jurisdicción plena. Los problemas de competencia, que existían especialmente a raíz de esta última ley, así como los derivados de la dificultad de individualizar en los respectivos asuntos los derechos y los intereses llevaron a la reforma de 1923, que suprimió las diferencias en orden a la competencia de las dos últimas secciones del *Consiglio di Stato* mencionadas y atribuyó a éste la plena jurisdicción en materia de determinados derechos subjetivos perfectos; la reforma de 1923 asignó también al *Consiglio* de modo general el examen de aquellos derechos que eran de carácter perjudicial o incidental respecto al interés contemplado en el caso correspondiente, aunque sólo con efectos limitados al mismo.

Salvo esta última particularidad, puede decirse que la justicia administrativa italiana quedó dividida en protección de derechos subjetivos atribuida a los tribunales ordinarios, y protección de intereses legítimos confiada al *Consigli di Stato* o a la correspondiente *Giunta Provinciale Amministrativa.*

La ley de 6 de diciembre de 1971, que creó los tribunales administrativos regionales, articuló la posible apelación de las resoluciones de los mismos. De este modo —aunque su alcance se discute— se reformó lo que había sido habitual, en términos generales, para la jurisdicción administrativa del *Consiglio di Sttao,* esto es: que las competencias asignadas a él se ejerciesen en única instancia. *(Nota del Traductor.)*

58 El *Consiglio di Stato* mantiene la opinión constante según la cual «el acto administrativo, que comporta el sacrificio del derecho de un sujeto privado, debe estar fundado en exigencias de interés público especialmente relevantes que deberán ser motivadas de manera adecuada» (*Cons. Stato,* 30 de noviembre de 1973, núm. 986, en *Giurisprudenza italiana,* 1974, III, 1, c. 449, así como *Cons. Stato,* 12 de octubre de 1973, núm. 679, en *Consiglio di Stato,* 1973, I, p. 1324; *Cons. Stato,* 24 de mayo de 1974, núm. 200, en *Foro amministrativo,* 1974, I, 2, p. 286). V. C. Mortati, *Problemi di diritto pubblico nell'attuale esperienza costituzionale italiana,* III, Milano, 1972, p. 1067. Finalmente, el empleo cada vez más extendido de las llamadas leyes-acto (leyes, que formalmente no se distinguen de las demás, pero cuyo contenido, referido por lo general a materias de carácter económico, establece los medios oportunos para alcanzar un fin determinado en relación a una *situación concreta),* en las cuales E. Forsthoff, *Stato di diritto in trasformazione,* trad. it. C. Almirante, Milano, Giuffrè, 1973, pp. 103 y ss., ha detectado la crisis del «concepto clásico de ley del Estado de derecho», como «norma general, es decir, principio abstracto», ha sido atemperado, en la propia lógica del Estado de derecho, por el control constitucional sobre el llamado «exceso de poder» del legislador ordinario.

identifica el límite— cuando se considera que la entidad histórica, que se construye como Estado de derecho, es una pura entidad política a la cual la burguesía decimonónica sólo le pide que garantice, y potencie, la libertad económica de los particulares. En el Estado de derecho, el conflicto entre autoridad del Estado y libertad de los sujetos privados se caracteriza por las connotaciones particulares de cada término: la autoridad obedece a exigencias, especialmente vitales, de la política; la libertad expresa la instancia prioritaria de la economía. La protección del sujeto privado frente a la administración pública no es protección del sujeto privado en cuanto tal, sino en cuanto agente económico, ya sea actual o potencial; y es en este sentido por lo que la administración pública limita sus posibilidades de iniciativa económica. El límite puesto a la actividad pública es el límite a una actividad político-administrativa, o político-social, que no crea riqueza, sino que la destruye, que no valoriza el capital sino que lo desvaloriza. La construcción del Estado de derecho prosigue sin cesar durante todo el presente siglo; pero se hace allí donde hay motivos: en el cuerpo central del Estado, donde se desarrollan tareas político-administrativas, o político-sociales, cada vez más abundantes. En cambio, el Estado de derecho no se extiende, ni tiene motivos para hacerlo, en el nuevo cuerpo del Estado, separado, paulatinamente, del núcleo originario y constituido por los aparatos públicos de la economía. Aquí el Estado se hace, directamente, intérprete de las exigencias de creación de riqueza y de valorización del capital. El primado de la economía sobre la política, que está en la raíz del Estado de derecho, es lo que justifica la privatización del poder económico público: el Estado-empresario debe gozar, en sus relaciones con los particulares, de las mismas condiciones que cualquier otro empresario; y a su vez éstos deben tener frente a él las mismas garantías (ni mayores ni menores) que les corresponden frente a los demás empresarios.[59]

Coherencia de la privatización del poder económico con el Estado de derecho no significa, sin embargo, que no se contradigan otros principios del Estado moderno. El interés de los particulares no es perjudicado por la actuación de la empresa pública, según el «derecho común», de un modo distinto a como viene perjudicado por la actuación de cualquier empresa capitalista (el problema, que subsiste, de una más idónea protección es un problema de reforma del «derecho común» que se plantea tanto para la empresa pública como para la privada). De manera específica se perjudican los «derechos de los ciudadanos», de ahí que la contradicción sea con los principios del Estado democrático. La separación del poder económico y del poder político desautoriza a las instituciones de la democracia representativa, sustrayendo al Parlamento y a cualquier asamblea electiva todas las posibilidades de controlar y

[59] Compartimos plenamente la opinión crítica de Giannini, *Diritto amministrativo, cit.*, I, p. 663, frente a la doctrina y a la jurisprudencia (y *cfr.* G. Miele, «La pubblica amministrazione e la sfera di efficacia dell' art. 1341 c.c.», en *Studi Vassalli*, II, Torino, 1960, p. 1123) que niega la aplicación de la norma del art. 1441 pár. 2.° del *codice civ.* 1942, que exige, para la validez de las cláusulas «vejatorias», la expresa aprobación, cuando las condiciones generales fueran establecidas por la administración pública.

dirigir el comportamiento del ejecutivo. La contradicción reside en el hecho que la actividad económica pública, que es especialmente actividad de los poderes públicos, realizada con dinero público y para fines asumidos como públicos, permanece como actividad «privada» del ejecutivo.

La estatalización de los medios de producción no significa, por sí misma, socialización del poder económico; esto no es sólo un juicio histórico. En Italia es también una concreta valoración constitucional, expresada por el apartado tercero del art. 41, según el cual la actividad económica pública, al igual que la privada, debe estar sometida a programas y controles que la dirijan hacia su coordinación con fines sociales. La naturaleza pública del agente económico no es, por tanto, garantía de resultado social. La norma constitucional no es, por tanto, garantía del resultado social. La norma constitucional rompe la antigua presunción de que la acción de los poderes públicos está dirigida, por definición, a realizar el bien colectivo. El carácter social del resultado sólo puede estar garantizado —esta es la valoración constitucional— si se produce en presencia de programas y controles establecidos por la ley; sólo si el «qué», el «cómo», el «dónde» y el «cuánto» de la actividad económica pública responde a líneas de política económica deliberadas en las asambleas legislativas, donde están representadas, democráticamente, todas las clases productivas. Los niveles de la intervención pública en la economía, según lo establecido en el art. 41 de la Constitución italiana, son dos: un nivel operativo inferior que reclama la responsabilidad del ejecutivo; un nivel decisional, o de control, superior que corresponde a las asambleas legislativas.

No obstante, es ajena al principio constitucional la idea según la cual la actividad económica pública en cuanto tal debe someterse al mismo tipo de controles a los que está sometida la administración pública. La actividad económica pública, aunque posea este carácter público, no es actividad de la administración pública. El principio constitucional señala que la referida actividad se sustrae al «estatuto» de la administración pública para someterse al «estatuto» de la empresa, concebido, constitucionalmente, como «estatuto» unitario aplicable tanto a la empresa pública como a la privada. En la base del principio constitucional hay dos valoraciones de signo distinto. La valoración negativa es: las normas reguladoras de la actividad de la administración pública —las mismas normas que regulan la actividad llamada de derecho privado de la administración— no son adecuadas para regular el ejercicio de la actividad económica; la valoración positiva es: la iniciativa económica pública, para ser eficaz y para que no sofoque la iniciativa privada, así como para que sea capaz de condicionar, sin coartar, las opciones de los empresarios privados, debe asumir las mismas formas que la iniciativa privada, es decir, presentarse ella misma como iniciativa empresarial.

Estas valoraciones corresponden a las grandes líneas del pensamiento económico de nuestro siglo. Keynes denunciaba, hace cincuenta años, la incapacidad de la economía capitalista para autorregularse y señalaba el «fin del *laisser faire*», predicando la necesidad de la intervención reequilibradora de los poderes públicos. Pero, con respecto a lo último, decía «preferir sociedades semiautónomas a órganos del gobierno central ante el cual los ministros del Estado son directamente responsables». La colocación constitucional de la empresa pública debía ser, para el economista inglés, como «organismos semiautónomos dentro del Estado». Y esta colocación también la pensaba para los órganos del control público de la economía. Sin embargo, la autonomía, de la que hablaba Keynes, era la liberación del ente público del ejecutivo, pero no la independencia respecto a todas las instituciones políticas. Keynes reconocía que el ente «debe estar sujeto en última instancia a la soberanía de la democracia expresada a través del parlamento».[60]

El sistema postconstitucional italiano se ha sometido en parte a las anteriores consideraciones. Se ha sometido en lo relativo a la separación entre la actividad económica y la administración pública, asignando la primera a entes autónomos diversos de los tradicionales aparatos administrativos del Estado. Se ha sometido, también, permitiendo que dichos entes actuaran de manera empresarial, es decir, señalando ellos mismos los criterios de «economicidad».[61] Por último, se ha sometido elaborando la teoría –que han hecho suya los ministros de las participaciones estatales, como demuestran las declaraciones programáticas de los últimos años– según la cual las disposiciones gubernativas no son vinculantes, en principio, para dichos entes: vinculan, solamente, lo relativo a la determinación de los sectores en los que debe intervenir la «mano pública» y a la actividad financiera de los entes; no vinculan, en cambio, cuando se trata de decidir sobre los programas de inversión de las empresas en las que participa el Estado, sobre su localización, sobre las dimensiones y sobre el tipo de producción. En otros términos: cuando se trata de decidir la política empresarial.[62]

Sin embargo, no se ha sometido a las citadas consideraciones en lo concerniente a la posición constitucional de los entes, los cuales siguen dependiendo del ejecutivo, sometidos a su poder de dirección (de manera oculta o evidente) y responsables de su actividad frente a él. Se han violado de este modo las prerrogativas parlamentarias, establecidas en el art. 41 de la Constitución italiana, desapareciendo incluso, por esta vía, los criterios empresariales de la actividad de los entes. La teoría de la no vinculación de las disposiciones gubernativas es una teoría absolutamente hipócrita: una efectiva autonomía de los *managers* públicos respecto al poder ejecutivo es inimaginable; éstos deben al poder ejecutivo su nombramiento, sus retribuciones, los fondos de dotación para la actividad empresarial, etc., su posición, por tanto, es claramente subalterna. Si en ocasiones se presenta como una posición de «natural» autonomía ante la cual el ejecutivo se halla desarmado, se hace obedeciendo a

---

60 J. M. Keynes, *The End of Laissez faire,* London, Hogarth Press, 1926; trad. cast. *El fin del «laissez-faire»*, en «Hacienda Pública Española», núm. 9, 1971, p. 132.

61 Art. 3 de la ley de 22 de diciembre de 1956, constitutiva del *Ministero delle partecipazioni statali.*

62 V. Galgano, *Las instituciones de la economía capitalista, cit.,* p. 181 y ss.

una precisa estrategia del poder ejecutivo, el cual prefiere no formular abiertamente las directivas que imparte a los entes de gestión, evitando de este modo el debate ante las fuerzas políticas de la oposición.

El asunto es que las directrices se dan, aunque no haga esto formalmente; y si no nacen de la política del gobierno, nacen —lo que es peor— de la política de *sottogoverno* de los partidos de la mayoría. Los «criterios de economicidad», más que valer como garantía del carácter empresarial de la acción de los entes, han sido, a la luz de los hechos, la cortina tras la cual el ejecutivo ha construido una administración paralela a la tradicional administración pública; una administración paralela en cuyo seno el ejecutivo ha actuado desprovisto de todo control, tanto político como burocrático y de toda la carga jurisdiccional que pesa sobre la administración pública. La forma del derecho privado, elegido para la actividad económica pública, así como las formas que corresponden a una acción pública de tipo empresarial, han dado lugar a una especie de ejercicio privado del poder público, que recuerda la experiencia histórica anterior a la formación del Estado moderno, y que permite hablar de un «nuevo feudalismo».

Es necesario restituir al Parlamento, o a sus articulaciones internas (como en Inglaterra el *Select Committees of Nationalised Industries,* o como en Francia la *Commission de verification des comptes des entreprises publiques*), la función de dirección y control de la actividad económica pública. La condición necesaria para que la actividad económica pública se desarrolle según criterios empresariales es que el órgano que emana las directrices y ejercita el control esté separado del órgano que nombra a los dirigentes, los sustituye y fija su retribución. Una dependencia administrativa del ejecutivo puede conciliarse con una dependencia funcional del legislativo. Esta separación es la garantía necesaria de la autonomía de las decisiones de los *managers* públicos, de su independencia de los partidos del gobierno; pero al mismo tiempo es la garantía necesaria de una iniciativa empresarial de amplias miras, que no se limite a los tiempos y programas «mínimos» de los respectivos gobiernos. Dirigirla y coordinarla con la iniciativa privada para el logro de «fines sociales» —como establece la Constitución italiana— no puede ser tarea de una mayoría o de un gobierno determinado, sino tarea del Parlamento y compromiso legislativo, realizado con el debate abierto de todas las fuerzas políticas, contrastado, de modo permanente, con las fuerzas sociales y con los movimientos reales que actúan en la sociedad.

CAPÍTULO OCTAVO

LA EMPRESA COMO CATEGORÍA DEL CAMBIO Y COMO CATEGORÍA DE PRODUCCIÓN

8.1. La empresa como «acto de comercio» en los códigos del siglo XIX

El concepto de empresa no existe en la tradición más antigua del derecho mercantil: las fuentes intermedias emplean nociones tales como *artificium, mercantia, megotiatio,* etc.[1] Sin embargo, el concepto jurídico de empresa es más antiguo de lo que normalmente se piensa. Éste irrumpe en el mundo de las categorías jurídicas a principios del siglo pasado, antes de que la ciencia económica hubiese elaborado su propio concepto de empresa.

El código de comercio francés de 1808 introduce el término «empresa» en el lenguaje jurídico, tomándolo del lenguaje vulgar, donde se había consolidado con un significado específico. Los artículos 632 y 633 del código citado mencionan, entre los «actos de comercio», a las «empresas de manufactura, comisión, transporte», a las de «suministro, agencia» y a las de «construcción marítima»[2] El concepto de empresa se determina bajo un doble aspecto: a) como concepto restrictivo, que no abarca la actividad económica en su totalidad, sino aquella parte correspondiente a la industria y a los servicios, excluyendo, no obstante, a la actividad comercial, bancaria, aseguradora y agrícola; b) como concepto que permite individualizar una especie del género «acto de comercio», el cual, además de la actividad de «empresa», engloba las actividades comerciales, bancarias y aseguradoras (art. 632), pero excluye a la actividad agrícola, que queda marginada de la enumeración específica de las empresas y de la general de los «actos de comercio» (art. 638).[3]

Este concepto originario de empresa, restrictivo y subordinado al «acto de comercio», refleja, en primer lugar, una fase de la economía definida como «capitalismo comercial», en donde el comercio, y no la industria, era el propulsor del desarrollo económico.[4]

---

1 Para las fuentes v. F. Galgano, *Principio di maggioranza,* cit., p. 78 y ss.

2 Los códigos de comercio italianos de 1865 (art. 2) y de 1882 (art. 3) hacen referencia a las «empresas de manufactura, de comisión y de transporte por tierra y por agua...», a las «empresas de suministro, agencia, oficinas de negocios y espectáculos públicos», a las «empresas de fábricas y construcciones...».

3 Sobre este tema v. *supra* 4.3.

4 V. *supra* 2.9.

La manufactura, es decir, la industria, es «empresa» de igual modo que lo es la comisión o el transporte. El elemento unificador de estas actividades se halla en la concepción corriente del empresario, que está aún viva en el lenguaje vulgar, según la que se lo imagina ocupado en una actividad *por cuenta de otro* y que se resume en la idea del empresario como *appaltatore*.[5a] El industrial, el comisionista y el porteador actúan por encargo, mientras que el comerciante es el animador del sistema productivo. El comerciante se comporta, en este sentido, igual que el detentador de la riqueza inmobiliaria —y nos remitimos, así, a una fase precapitalista—, cuando actúa como comitente de obras en el suelo urbano o de suministros para los fundos, etc.

En segundo lugar, esta concepción de la empresa es consecuencia de una visión mercantil de la actividad comercial. El empresario no es sólo *appaltatore* o comisionista del comerciante (o del propietario del fundo), sino que, al mismo tiempo, es comerciante, distinguiéndose del comerciante común por el específico objeto de su comercio. El concepto de empresa aparece, en el mundo de las categorías jurídicas, como una *categoría del cambio-*, surge —según expresión que se ha hecho habitual— como actividad intermediaria o especulativa *sobre el trabajo.* La idea fundamental es: el empresario desarrolla su actividad característica interponiéndose entre quien —ya sea comerciante o propietario— encarga determinados bienes o servicios y aquel que ofrece su fuerza de trabajo. El empresario especula sobre el trabajo, porque su ganancia está en la diferencia entre el precio que recibe del comitente y el salario que corresponde al trabajador.[6]

Con el avance del proceso de industrialización se va marginando la figura del *empresario-appaltatore.* Los juristas siguen de cerca la profunda transformación que significa el paso del capitalismo comercial al capitalismo industrial; que, en términos económicos, consiste en la transformación del capital comercial en capital industrial, es decir, la intervención directa de la clase mercantil en la producción, hasta conseguir la entera dirección del proceso productivo. Los juristas verifican —como hace C. Vivante— que «la función de los comerciantes se va haciendo cada vez más marginal» y que, «en la búsqueda del mercado donde colocar los productos, la actividad del empresario industrial se asemeja, cada vez más, a la de los comerciantes al por mayor y al detalle».[7] Continúa vigente la concepción del empresario como comerciante y, en particular, como especulador sobre el trabajo; pero, contemporáneamente, se abre paso la idea que muestra al empresario produciendo di-

---

[5] V. el término *imprenditore* en C. Salinari, *Vocabulario della lingua parlata in Italia,* Edizioni del Calendario, Milán, 1967.

[a] Se mantiene el término italiano *appalto,* a causa de la dificultad que supone hallar el correspondiente en castellano que refleje la actividad del empresario como contratista en general. La figura del arrendamiento, en nuestro ordenamiento jurídico, hace referencia a una serie de tipos contractuales, ninguno de los cuales equivale al *appalto,* que presupone siempre una *empresa* que realice la obra o servicio arrendado. *(Nota del Traductor).*

[6] V. *supra* 4.3 final.

[7] V. C. Vivante, *op. cit.,* p. 111; trad. cast. p. 130.

rectamente para el mercado. El empresario, «al igual que cualquier comerciante, debe cumplir una función de intermediario, interponiéndose entre la masa de trabajadores y la masa de consumidores».[8]

La transición del capitalismo comercial al capitalismo industrial, no obstante, deja inalterado el sistema normativo, realizándose, por consiguiente, en un marco jurídico concebido en función de las exigencias del primero. El empresario continúa siendo, desde el punto de vista jurídico, un *comerciante.* Así sucede en Francia con la vigencia ininterrumpida del *Code* de 1808[9]; y lo mismo ocurre en Alemania, donde el código de comercio de 1900 no significó ninguna innovación en este punto.[10] Estos códigos regulan solamente el aspecto mercantil de la actividad productiva y toman a la empresa —según la función intermediaria que realiza en el mercado— como punto de referencia de una serie múltiple y variada de relaciones de cambio.

La empresa continúa considerándose como institución del derecho mercantil y no logra convertirse en institución de un nuevo «derecho de la producción». Aquello que la actividad empresarial tiene de específico, y que la ciencia económica define como «combinación» de los factores productivos para crear nueva riqueza, se desarrolla al margen del ordenamiento jurídico, en un «espacio vacío de derecho», estableciendo, de un modo absoluto, la noción burguesa de libertad, y en especial el principio de la libertad de industria, como *rechtsleerer Raum.*[11] Este espacio vacío de derecho es una consecuencia «natural» del modo de producción, de la marginación de los trabajadores del control de los medios de producción y de la enajenación de la fuerza de trabajo. La combinación de los factores productivos se produce «en la mente del empresario», sin dar lugar a relaciones intersubjetivas susceptibles de ser reguladas jurídicamente. La actividad creadora de nueva riqueza es una actividad exclusiva del empresario. Los bienes y servicios, cuya producción es la finalidad de la empresa, son bienes y servicios producidos por el empresario. Las relaciones entre el empresario y los trabajadores se consideran relaciones externas a la empresa: son, al igual que las relaciones entre el empresario y el propietario del capital, relaciones de mercado.

En los códigos de comercio del siglo XIX existe solamente un aspecto, no desdeñable a pesar de todo, bajo el cual puede afirmarse que los mecanismos decisorios del proceso productivo fueron codificados. Se trata de la relación que se establece entre el empresario y quienes proporcionan el capital, sin afectar, por tanto, a la relación de aquél con los trabajadores, y se manifiesta

---

8 *Idem.*

9 El debate sobre si el concepto de empresa debe o no figurar en el ordenamiento jurídico puede verse, para la doctrina francesa, en M. Despax, *L'entreprise et le droit,* Librairie général de droit et de jurisprudence, París, 1957, pp. 1 y ss.

10 Sobre el concepto de empresa en la doctrina alemana actual v. V. Afferni, «La nozione di impresa comunitaria», en *Trattato di diritto commerciale e di diritto pubblico dell'economía,* II, *L'impresa,* CEDAM, Padova, 1978, pp. 129 y ss. (en adelante *Trattato*).

11 Sobre la libertad como «espacio vacío de derecho» v. las referencias en P. Virga, *Libertà giuridica e diritti fondamentali,* Giuffrè, Milán, 1947, pp. 24 y ss.

cuando la aportación del capital se realiza como aportación de capital de riesgo, esto es, cuando, entre empresario y capitalista, se establece una relación de sociedad y no una simple relación de cambio. La regulación jurídica de la sociedad anónima tuvo, durante el siglo XIX, un desarrollo orientado hacia la llamada «democracia accionaria», es decir, la colaboración del capital en activo y del capital de dinero en la gestión de la empresa. Se diseñó un modelo de sociedad anónima que permitía, por lo menos en teoría, un amplio debate entre los socios. Cada socio, incluso si sólo poseía una parte minoritaria del capital, estaba en condiciones de censurar la gestión social y los asuntos particulares de la sociedad. Las minorías, convocando la asamblea, podían provocar un debate sobre cualquier tema, por detallado que fuese, referente al ejercicio de la empresa social. La mayoría estaba obligada, por consiguiente, a dar cuenta, en la asamblea, debatiendo con la minoría, de las opciones efectuadas sobre la dirección de los asuntos de la sociedad. Ya[12] me he referido a este diseño, destacando su quiebra sustancial a causa del «poder dictatorial» del capital en activo y del absentismo del capital de dinero.

8.2. La empresa como actividad productiva en el código civil italiano de 1942

Un paso hacia la concepción jurídica de la empresa —paso que será más nominal que real— se produce con la promulgación del código civil italiano de 1942. La figura del empresario, entendido como «productor» (art. 2084), sustituye a la figura del comerciante, entendido como «especulador». Se altera, de este modo, la relación de género a especie: el empresario deja de ser una especie del género «comerciante», caracterizada por el hecho de especular sobre el trabajo; el comerciante se convierte en especie del género «empresario» (art. 2195, 2), y la actividad comercial queda caracterizada también como actividad productiva, porque «hace crecer la utilidad de los bienes preexistentes mediante su distribución en el mercado del consumo».[13]

La colocación del concepto de empresario en el lugar ocupado por el concepto de comerciante fue, para los artífices del código civil, el resultado de una técnica legislativa llamada «método de la economía», consistente en sostener que las formas jurídicas debían corresponder a la sustancia económica de los fenómenos regulados por el derecho[14] y que los conceptos jurídicos debían tener como punto de partida a los conceptos económicos.[15] Aunque el proyecto de una conversión general del derecho mercantil en «derecho de la economía»[16] no se realizó, aquél quiso interpretar «la nueva orientación pública, vinculante y, en cierto sentido, socializadora», que le exigía incorporar

[12] V. *supra* 6.3.

[13] A. Asquini, *Profili dell'impresa,* en «Rivista del diritto commerciale», 1943, I, pág. 3.

[14] *Cfr.* F. Santoro-Passarelli, *L'impresa nel sistema del diritto civile,* en «Rivista del diritto commerciale», 1942, I, pp. 377 y ss.

[15] A. Asquini, *loc. cit.,* p. 2; v. recientemente Oppo, *Realtà giuridica globale dell'impresa nell'ordinamento italiano,* en «Rivista di diritto civile», 1976, I, pp. 591 y ss.

[16] A. Asquini, *loc. cit., p.* 3.

«los nuevos institutos de la economía controlada».[17] La premisa era, por tanto, una exigencia de la política económica que aconsejaba el traslado del eje de la teoría de la empresa del momento del cambio al momento de la producción. Era necesario mostrar —tal como señalaba uno de los artífices del código— que la función del empresario es «una función creadora de riqueza y no sólo intermediaria».[18] El conjunto era visto desde la óptica de la doctrina económica del fascismo, doctrina que reconocía la iniciativa económica privada, pero que declaraba admitirla —así decía la *Carta del Lavoro*— sólo en cuanto «instrumento eficaz y útil al servicio de los intereses de la Nación» y sólo en cuanto fuese capaz de desarrollar una «función de interés nacional» (Declaración VII). En este contexto, la empresa perdería «aquel carácter individualista y especulativo que posee la empresa capitalista en la economía liberal, para asumir una función, no sólo económica, sino también política y ética».[19]

La sustitución del concepto de comerciante por el de empresario perseguía un objetivo doble. Se trataba, en primer lugar, de acentuar el aspecto socialmente útil, más que el especulativo, de la actividad del empresario, mostrando, de un modo claramente apologético, «el servicio social prestado por el empresario».[20] Por otro lado, era preciso elaborar un concepto de empresario, funcional para las exigencias de la «economía controlada», que permitiera identificar a los sujetos —productores, precisamente— sobre quienes aplicar el sistema de controles. Las líneas generales de este asunto se trazaban en el código civil, en el Libro V; concretamente, en el capítulo I del Título II, dedicado a la «empresa en general». El art. 2088 establecía que «el empresario debía adecuarse, en el ejercicio de la empresa, a los principios del ordenamiento corporativo y a las obligaciones derivadas, respondiendo ante el Estado del desarrollo de la producción y del cambio, en conformidad con la ley y las normas corporativas». Los artículos sucesivos, del 2089 al 2092 (además de los artículos 85 a 94 de las disposiciones para la aplicación del código, aprobadas por el Real Decreto de 30 de marzo de 1942), preveían las consecuencias del incumplimiento de las obligaciones del empresario. Por iniciativa de los «órganos corporativos», la autoridad judicial —la «magistratura del trabajo» en particular— podía tomar determinadas medidas que llegaban, incluso, hasta la «suspensión del ejercicio de la empresa» o, en el caso de que dicha suspensión pudiera producir un daño a la economía nacional, al nombramiento de «un administrador que asumiría la gestión de la empresa», elegido, no obstante, «entre personas designadas por el empresario» (art. 2091, 2).

El alcance efectivo de los artículos 2088 a 2094 era bastante menor de lo que la doctrina económica del fascismo quería hacer creer. El empresario era llamado, efectivamente, a responder frente al Estado «del desarrollo de la pro-

---

[17] A. Asquini, *Lezioni di diritto commerciale. Titoli di credito e in particolare cambiale e titoli bancari di pagamento*, CEDAM, Padua, 1966, p. 20.

[18] A. Asquini, *op. cit.*, p. 21.

[19] A. Asquini, *loc. cit.*, p. 4, nota 5, argumenta en el ámbito de los economistas del corporativismo, citando en especial a Papi, Vito, De Francisci-Gerbino...

[20] Lo mismo que en la nota anterior, p. 9.

ducción y del cambio»; pero sólo respondía de la conformidad de tal actuación con «la ley y las normas corporativas». Su responsabilidad surgía solamente en el caso de que las disposiciones para la tutela de la economía nacional estuvieran establecidas y, dado esto, fueran violadas por el empresario. La persecución del interés nacional no era un criterio directo de valoración del comportamiento del empresario. La autoridad judicial debía apreciar si el empresario había violado las leyes o las normas corporativas, en el caso, naturalmente, de que éstas existieran; por tanto, no se examinaba si el empresario había obrado en contra de los intereses de la economía nacional.[21] Faltaba una obligación general del empresario, que lo compeliera a ejercitar la empresa de un modo adecuado a los intereses de la economía nacional; en consecuencia, no puede afirmarse que la iniciativa económica fuera reconocida exclusivamente en cuanto «instrumento» del interés nacional, como pretendía la *Carta del Lavoro.* En este sentido, lo único que puede sostenerse, una vez comprobada la ausencia en la «doctrina económica» del fascismo de cualquier rasgo innovador con respecto a la economía liberal, es que la realización del interés nacional era concebido, en última instancia, como el resultado «natural» de la iniciativa económica privada.[22]

Las disposiciones de los artículos 2088 a 2092 deben considerarse implícitamente derogadas a causa de la supresión del ordenamiento corporativo realizada por el decreto legislativo del 23 de noviembre de 1944, núm. 369. Queda, no obstante, el art. 2082, que permite establecer los conceptos legales de empresa y empresario: la empresa es una actividad organizada que tiene como finalidad la producción; el empresario es el organizador de la producción. Conceptos «enfáticos», sin duda, como ha dicho alguien;[23] pero, con todo, resultan hoy aún más «enfáticos» que en el contexto originario del código civil italiano en relación al mixtificado sistema de la «economía controlada», que, según se declaraba, se fundaba sobre un empresario «responsable ante el Estado del desarrollo de la producción y del cambio». El sistema de la «economía controlada» era, además —sigue siéndolo todavía—, el «estatuto civil del empresario» y, en particular, del empresario comercial. Un estatuto referido formalmente al productor, pero pensado aún para el «comerciante», es decir, concebido en relación a un empresario que tiene como función exclusiva la de ser un intermediario en el cambio.

---

21 Esta era la argumentación que sostenían los juristas de la época. *Cfr.* G. Minervini, *Contro la «funzionalizzazione» dell'impresa privata,* en «Rivista di diritto civile», 1958, I, pp. 626 y ss.

22 Cfr. G. Minervini, *loc. cit.,* p. 629: «es notorio que el ordenamiento corporativo se basaba en la hipótesis de la coincidencia natural de la iniciativa privada y el interés nacional en el ámbito de una cierta conciencia corporativa presente en los sujetos privados. La debilidad de la premisa» —comenta el autor— «explica la calidad del resultado». Y v. W. Bigiavi, *La professionalità dell'imprenditore,* CEDAM, Padua, 1948, p. 132: «en la práctica, el corporativismo no ha sido un obstáculo al nacimiento del más plutocrático de los regímenes, (¡todo lo contrario!)»; «que antes o después del establecimiento del código (se refiere al código civil de 1942) el sistema corporativo ha sido utilizado (¡cuando se ha utilizado!) para objetivos que nada tenían que ver con un fin de carácter «social», es algo tan evidente que no requiere demostración».

23 W. Bigiavi, *op. cit.,* p. 50, nota 12.

La otra función del empresario —llamada por los artífices del código «función creadora de riqueza»— continuaba realizándose en el antiguo «espacio vacío de derecho»; un espacio que se ampliaba cada vez más en virtud de la nueva concepción de la sociedad anónima, basada en el rechazo de la «democracia accionaria». La asamblea de accionistas, que es el único órgano capaz de discutir a la luz pública, se declara incompetente —mediante disposiciones legales— para deliberar sobre la gestión de la empresa; el capital de control[b] tomará sus decisiones al margen de la asamblea, del mismo modo que señalará las directrices a los administradores. Las deliberaciones del consejo de administración serán secretas y sus actas inaccesibles a los accionistas. El balance, que según la ley deberá hacerse público y someterse al voto de la asamblea, sólo informará sobre la gestión realizada, sin decir nada sobre las futuras orientaciones de la empresa, que serán establecidas, discrecionalmente, por el capital de control, y sobre las que responderán los administradores al finalizar el ejercicio. Los beneficios, que no se distribuyen entre los accionistas, se remitirán al ejercicio siguiente del que han sido obtenidos, para la autofinanciación de la empresa. La deliberación sobre los beneficios afectará, solamente, a qué parte de éstos se debe remitir al siguiente ejercicio, sin influir en absoluto sobre las intenciones del capital de control en relación a los mismos; dichas intenciones se deducirán de los balances de los ejercicios sucesivos, cuando el destino de los beneficios retenidos haya sido cumplido. La autofinanciación se produce también mediante la práctica de las reservas ocultas, que se obtienen mediante la infravaloración «prudencial» de ciertas partidas del activo y la «prudencial» sobrevaloración de otras tantas del pasivo. De este modo, se evita que la retención de los beneficios exponga a una mayor presión fiscal o salarial a la sociedad. El resultado es que se oculta no sólo el destino de los beneficios, sino también su propio volumen.

La fórmula legal del «ejercicio en común», por parte de varias personas, de una misma actividad económica —fórmula que el art. 2247 del código civil italiano adopta con el fin de abarcar cualquier tipo de sociedad, tanto

---

b Me parece más adecuado elegir aquí, entre los términos «capital de control», «capital de mando» y «capital en activo», que son indiferentes, según F. Galgano (v. *Le istituzioni dell'economia capitalistica,* Zanichelli, Bolonia, 1977, pág. 69, *capitale di contrallo, capitale di comando, capitale dirigente,* para describir el fenómeno de referencia, el primero. El accionista, que *detenta* la mayoría del capital y que *actúa* como empresario, es un caso particular del *capitalista en activo* definido por Marx (v. C. Marx, *El capital,* FCE, México, 1971, III, p. 355 y ss.) para explicar la distribución de la *ganancia,* es decir, la *plusvalía* entendida como brotando del capital total y no como trabajo excedente que obtiene el capitalista al pagar la fuerza de trabajo con el salario. El *capitalista en activo* se apropia de la plusvalía bajo la forma de *ganancia del empresario;* mientras que el *capitalista de dinero* lo hace bajo la forma del *interés.* Los títulos de apropiación están perfectamente delimitados: en cuanto capitalista en funciones, el primero; en cuanto propietario del capital, el segundo. En el caso del accionista-empresario coinciden ambos títulos; sin embargo, esta coincidencia no es esencial para definir al *capitalista en activo.* El término «capital de control» tiene, en cambio, la ventaja, en relación al accionista que posee la mayoría del capital, de expresar la coincidencia anterior: capital que dirige el *funcionamiento* de la empresa social y que lo hace como *propietario* más fuerte frente a los demás *(capitalista en activo + capitalista de dinero). (N. del T.).*

personalista como capitalista— resulta alejada de la realidad normativa de la sociedad anónima. Esta clase de sociedad se presenta, por el contrario, como la regulación de una forma de relación establecida por la clase empresarial con el resto de la colectividad y, en particular, con las otras clases poseedoras de riqueza. Estas últimas asumen, respecto a la primera, la posición de simples proveedoras de capital, excluidas de la dirección de la empresa que concurren a financiar.[24] La distinción tradicional entre capitalistas y empresarios —entre aquellos que son exclusivamente propietarios de la riqueza y aquellos que, sean o no propietarios, utilizan la riqueza, propia o ajena, en el proceso productivo— es una distinción que se establece no sólo en el exterior de la sociedad anónima, sino también en su interior.

En el sistema del código civil, las opciones productivas son jurídicamente indiferentes. Sólo adquieren relevancia, excepcionalmente, cuando se trata de relaciones de cambio en las que el empresario es contratante, o que afectan a quienes contratan con él. El «interés de la empresa y el interés superior de la producción nacional» (art. 2104) se configura como medida de la diligencia del trabajador. En el caso de la sociedad anónima, cuando se trata de eliminar o limitar el derecho de opción de los accionistas (art. 2441), cobra significado el «interés de la sociedad»; por último, adquieren relevancia, en la empresa en general, las «razones técnicas, organizativas y productivas» de la empresa, cuando se trata de justificar la transferencia de trabajadores de una unidad productiva a otra (artículo 2103).[25]

8.3. Elementos para una concepción nueva de la empresa

La noción clásica de la empresa se considera actualmente una concepción reductiva, que niega el carácter social de la producción. Es reductiva de manera doble: en relación a cada empresa en particular, porque considera como productor único al empresario, tratando a los trabajadores como simples instrumentos y no como artífices o co-artífices de la producción; y en relación a la sociedad en su conjunto, porque niega la creciente aportación de ésta a la creación de las condiciones de la producción y de la ganancia. De un modo

---

[24] En la *Relazione* al proyecto de reforma de las sociedades mercantiles (el llamado proyecto De Gregorio, que fue el punto de referencia constante de la doctrina italiana durante el debate sobre la reforma de las sociedades mercantiles en los años sesenta; *cfr. La reforma delle società di capitali in Italia (studi e dibattiti),* Giuffrè, Milán, 1968) se admite que «la sociedad anónima ha dejado de ser una sociedad de empresarios para convertirse en un instrumento de captación del ahorro de amplias categorías sociales y de asignación del mismo a las grandes empresas», *v. La riforma delle società di capitali in Italia (progetti e documenti),* Giuffrè, Milán, 1966, p. 105. También el *Rapporto Saraceno,* que fue presentado en 1962 a la *Commissione nazionale per la programmazione economica* (v. «Rivista delle società», 1963, p. 1221, señalaba que la sociedad anónima no es un contrato para el «desarrollo asociado de una empresa», sino un simple «instrumento de financiación» que es utilizado «por la persona o personas que controlan a la sociedad».

[25] El *Statuto dei lavoratori* (ley de 20 de mayo de 1970), a pesar de modificar el texto original del art. 2103 del código civil italiano de 1942, no sirvió para transformar, en este aspecto, la concepción de la empresa.

amplio, va sintiéndose la necesidad de una nueva concepción de la empresa que revalorice el carácter social de la producción y reconozca, en cada unidad productiva, la condición del trabajador como productor, haciéndolo partícipe de las decisiones que afectan al proceso productivo; una nueva concepción de la empresa que, a nivel de la organización compleja del sistema económico, permita ampliar la democracia política y extender el sistema democrático hasta el gobierno de la economía.

Revalorizar el carácter social de la producción no significa afirmar que el empresario no es un productor. Desde el punto de vista marxista puede decirse que «el trabajo de alta vigilancia y dirección...es...un trabajo productivo cuya necesidad se plantea —según se lee en el libro III de *El Capital*— en todo régimen combinado de producción».[26] En la realidad histórica italiana este «trabajo productivo» asume la forma —garantizada constitucionalmente en el art. 41— de iniciativa económica privada.[27] La actividad empresarial, desarrollada de este modo, comporta la existencia de un margen de riesgo personal, referido al empresario, que justifica la recepción de la ganancia, y que no tiene nada que ver con el «salario de administración» propio del sistema marxista. Una cosa es reconocer al empresario un beneficio y otra muy distinta concederle —en contra del art. 41, 2.°, de la Constitución— que pueda subordinar la satisfacción de las necesidades sociales a la persecución de la ganancia. La libre iniciativa económica, como libertad del empresario, debe coordinarse con el ejercicio de otras libertades constitucionalmente reconocidas. Los poderes del empresario en la empresa deben coordinarse con los poderes que, sobre la misma, corresponden a los trabajadores y a la sociedad en general. Las formas de coordinación están fijadas en la Constitución, y en especial en el art. 41.[28] Aquí se exige destinar la actividad económica, privada y pública, a «fines sociales». Los instrumentos aptos para enderezar y coordinar esa actividad, con arreglo a los fines citados, son los «programas» y los «controles» sobre la actividad económica.[29] Según la Constitución, el proceso productivo no puede desarrollarse en el «espacio vacío de derecho» tradicional. No es posible programar la economía si se desconocen las opciones productivas de las empresas. No pueden establecerse controles sobre la actividad económica, si no se saben cuáles son estas opciones. El cumplimiento del precepto constitucional exige una reforma legislativa de la empresa, en cuya raíz se establezca una nueva concepción jurídica de la misma.

Italia habrá de esperar hasta mediados de los años sesenta para que empiece a esbozarse una concepción de la empresa coherente con el texto constitucional. Un germen de esta concepción aparece con la ley del 27 de

---

26 V. K. Marx, *El Capital*, FCE, México, 1973, III, p. 367.
27 F. Galgano, *Trattato*, I, pp. 511 y ss.
28 F. Galgano, *Trattato*, I, pp. 516 y ss.
29 *Cfr*. F. Fenghi, «Progammazione economica e modo di produzione capitalistico», en *Trattato*, I, pp. 235 y ss.; también las aportaciones de E. Picozza, S. Cassese, C. M. Mazzoni, en *Trattato*, I.

julio de 1967, núm. 685, sobre el programa económico para el quinquenio 1966-1970, que, «en el ámbito general del sistema de consultas», establece (art. 18) el principio según el cual «la ley sobre los procedimientos de elaboración y aprobación del programa atribuirá a los órganos de programación el poder de exigir a las asociaciones industriales de cada sector las informaciones sobre los programas de desarrollo correspondientes y, en especial a las empresas de mayor dimensión, los programas plurianuales de inversión. El conocimiento previo de los programas de las grandes empresas permitirá discutir con los responsables de éstas las consecuencias de los mismos, tanto en lo referente a su compatibilidad con los objetos generales del programa, como en lo que afecta a su adaptación a las inversiones públicas».

Al «poder de exigir», reconocido a los órganos de programación, debía corresponderle, obviamente, una obligación, por parte de las grandes empresas, de establecer y comunicar, a instancias de los órganos citados, los programas plurianuales de inversión (obligación que para las empresas menores correspondía a las asociaciones industriales del ramo). Las antiguas comunicaciones sociales de carácter consuntivo, se ampliaban ahora con una nueva comunicación social de carácter previo, destinada a permitir el debate público sobre las opciones productivas referidas al qué, cuánto, cómo y dónde producir; la política económica empresarial salía del «espacio vacío de derecho». La reforma de la sociedad anónima, que era considerada por los documentos de la programación como la premisa necesaria de la misma,[30] debería establecer, entre otros extremos, los criterios para la formación de la comunicación social de carácter previo, adaptada a los fines de la programación nacional.[31] El sistema del «debate», previsto entre los órganos de la programación pública y los responsables de las empresas, introduciría, en la política económica empresarial, un interlocutor externo a la empresa; un interlocutor político estable, facultado para examinar con la dirección (o, en el caso de las empresas menores, con los representantes de las respectivas asociaciones del ramo) la compatibilidad y oportunidad de la adecuación recíproca de la programación pública y la programación de la empresa.

Sin embargo, la ley sobre los procedimientos de programación no fue establecida.[32] En el estrecho horizonte político italiano de aquellos años, se

---

30 *Cfr.* las actas de la *Commissione nazionale per la programmazione economica*, en *La riforma delle società di capitali in Italia (progetti e documenti), cit.*, pp. 6 y ss.

31 Sobre el tema, G. Ruffolo, *Rapporto sulla programmazione*, Laterza, Barí, 1973, p. 81: «la contratación programada exige el conocimiento, por parte de los órganos de la misma, de los programas de inversión de las empresas». Este tema ha sido actualizado por la ley n.° 675 (ley del 12 de agosto de 1977 sobre medidas para la coordinación de la política industrial, la reestructuración, la reconversión y el desarrollo del sector, *Gazzetta Ufficiale* n.° 243), cuyo art. 3 obliga a las grandes empresas, aunque sea a los efectos de beneficiarse de las medidas financieras que establece la ley, a comunicar «al CIPI (Comité interministerial para la política industrial) los programas totales de la actividad empresarial».

32 Cfr. E. Picozza, «Vicende e procedure della programmazione economica», *Trattato*, I, pp. 284 y ss.

disolvió, como es sabido[c] la idea misma de la programación económica. A pesar de esto, el método, predicado y no practicado por el «sujeto político», será recuperado unos años más tarde por otro agente social. En el ámbito de los contratos colectivos de la industria, en especial el referente a los sectores químico, textil y metalúrgico, se atribuirá al sindicato, a partir de la renovación de aquéllos en 1974, el papel de interlocutor externo de la empresa, facultado para discutir la política económica empresarial. En el contrato colectivo de los trabajadores del sector químico de 1976, que es el más completo al respecto, se reconoce: a) el derecho del sindicato a obtener de la parte empresarial información anual sobre las «inversiones previstas», información que deben suministrar las asociaciones empresariales a nivel nacional y provincial, además de las empresas individuales que constituyan «complejos industriales de particular importancia» a nivel nacional o «establecimientos significativos a nivel provincial», entendiendo por tales «aquellos que, operando en sectores estratégicos para el desarrollo económico, tengan más de quinientos empleados»; b) el derecho del sindicato, en los mismos niveles y con los mismos interlocutores, al «examen conjunto de los efectos de las inversiones sobre la ocupación, las orientaciones productivas, la localización industrial y las condiciones ecológicas y ambientales»; c) el derecho del sindicato, en las mismas condiciones anteriores, a concurrir a «encuentros anuales para la *verificación de lo realizado*», incluso a nivel de fábrica, con la intervención del respectivo consejo; d) el derecho del consejo de fábrica a recibir información por parte de la dirección empresarial sobre los programas de inversión que afecten

[c] El autor se refiere al período del *centro-sinistra* que, iniciado en 1962 con el triunfo de la línea Moro —«apertura contenida» a las formaciones políticas situadas a la izquierda de la Democracia Cristiana— en el Congreso de Nápoles del partido, duró hasta 1968. A partir de las elecciones legislativas de 1963, la fórmula *centro-sinistra* se caracteriza por la participación de los socialistas en los gobiernos de la Democracia Cristiana, y la marginación del Partido Comunista del área gubernamental, no obstante haber obtenido éste el 25'3% de los votos. La estrechez del horizonte político puede referirse tanto a este hecho, como al proyecto político global del que, sin duda, no era lo primero un aspecto accesorio. El programa abarcaba un amplio proyecto de reforma, política y económica, de la sociedad italiana que afectaba, en gran parte, a los sectores sociales agrupados en torno a las formaciones políticas excluidas del gobierno. En estos términos se expresa la crítica, siguiendo una interpretación bastante extendida del período, recientemente formulada por un observador privilegiado, que no estuvo situado, precisamente, en el área marginada, cuando se pregunta: «¿Cómo hacer las «reformas de racionalización del sistema»... si los sujetos portadores de los intereses y de los valores reformadores estaban fuera de la mayoría... y los enemigos ocupaban posiciones de control del Estado, en la mayoría parlamentaria y en el gobierno?» (v. G. Tamburrano, *PCI e PSI nel sistema democristiano,* Laterza, Bari, 1979, pág. 17). Puesta así la cuestión, tiene la ventaja de mostrar todos los límites de la estrechez. Un elemento fundamental de la política del *centro-sinistra* fue la programación El deseo de «gobernar el desarrollo», racionalizar la economía, democratizar el Estado —el desarrollo regional del Estado, previsto en la Constitución, se inició en estos años referido a la democratización de las instituciones planificadoras—, eran los temas que permitían una coincidencia de todas las formaciones políticas, incluida la comunista, en la idea de la programación. El fracaso del *centro-sinistra* arrastró la experiencia programadora, o viceversa. La política del segundo *centro-sinistra,* que se inicia en 1969, se desarrollará, de todos modos, en relación crítica con la etapa precedente.

a las condiciones de trabajo y a la seguridad en el mismo, además del derecho a ser informado sobre la naturaleza de las obras y servicios que debe realizar la empresa en su tráfico normal, así como sobre la división del ciclo productivo que afecte a la ocupación en su conjunto.

Nuevas tendencias, por tanto, están tomando cuerpo en el interior del derecho de la empresa; dichas tendencias pueden ser el preludio de una reforma legislativa de esta materia, y no sería la primera vez que la contratación colectiva anticipa categorías legislativas. Al mismo tiempo, actúa, en el fondo de estas tendencias, una línea de transformación del modo de producción, que se dirige a superar la separación del trabajador del control de los medios de producción, con la intervención activa de los trabajadores en la dirección del proceso productivo. Según se deduce de los contratos colectivos de la industria, se trata de una intervención de los trabajadores como tales y como ciudadanos, mediante formas de participación política que llegan hasta el propio gobierno, a través de la programación pública del sistema económico.[33]

8.4. Epílogo: el «viejo corazón» del derecho mercantil y la situación actual

En un principio, las partes científicas del derecho se habían multiplicado según un criterio temático que obedecía al esquema «derecho de...». Así, en el seno del viejo derecho mercantil han ido naciendo, el derecho marítimo, el derecho industrial, el derecho concursal (que ha encontrado una «madre adoptiva» en el derecho procesal civil), el derecho de la economía (actualmente situado por encima de las particiones clásicas tales como derecho público de la economía, derecho privado de la economía, derecho penal de la economía).[34] Hoy las categorías del saber jurídico se articulan según un criterio metodológico que invierte el esquema anterior, apareciendo como «... de derecho». Se trata de las diversas formas de conocimiento según las cuales el derecho puede ser considerado: a las formas clásicas de la filosofía del derecho y de la historia del derecho se han añadido la sociología del derecho, la política del derecho, la cibernética jurídica, la etnología jurídica y, últimamente, la «economía del derecho».[35]

---

[33] V. mi trabajo, *Istituzione dell'economia di transizione, cit.*

[34] Casanova, que es una autoridad en el ámbito jurídico mercantil, confirma este punto de vista omnicomprensivo del derecho de la economía que «supera la distinción entre instituciones públicas e instituciones privadas» en *Teoria dell'impresa e teoria dell'azienda in un trattato di diritto dell'economia,* en «Rivista trimestrale di diritto e procedura civile», 1980, p. 333, en donde sintetiza, significativamente, el título del *Trattato di diritto commerciale e di diritto pubblico dell'economia,* que yo dirijo, en términos de Tratado de «derecho de la economía».

[35] Gerardo Santini, *Il commercio. Saggio di economia del diritto,* Il Mulino, Bologna, 1979. Es necesario aclarar lo que Santini entiende por «economía del derecho». No se trata del análisis económico del derecho, es decir, de una aplicación del punto de vista metodológico difundido bajo este nombre en los Estados Unidos (especialmente desde la obra de Richad Posner, *Economic Analysis of Law,* Little, Brown and Co., Boston-Toronto, 1977, 2.ª edición (1.ª de 1973) —N. del T.—) y conocido en Italia a través de la obra de Guido Calabresi, *The Costs of Accidents, A Legal and Economic Analysis,* Yale U.P., 1970, New Haven and London (*Costo degli incidenti e responsabilità civile. Analisi economico-giuridica,* trad. it., Giuffrè, Mila-

Esta última quiere ser, preferentemente, un análisis aplicado a las formas de autoorganización distributiva, creadas espontáneamente por los agentes, en vez de hacerlo respecto de las formas de heteroorganización establecidas por la ley. No se dirige a la reconstrucción del sistema legislativo (según las orientaciones consolidadas) sino que se ocupa, más bien, de la reconstrucción del sistema fáctico, basado sobre los modelos contractuales extraídos de la práctica de los negocios. Es, específicamente, «un «signo» que confirma la necesidad de estudiar el fenómeno del derecho no sólo teniendo en cuenta las normas jurídicas y su sistema cerrado; no sólo teniendo en cuenta las líneas políticas que se han mostrado históricamente como el fundamento de aquellas normas y como perspectiva de acción política dirigida a cambiarlas bajo el principio de una transformación social y económica; sino teniendo en cuenta también que el sistema de normas en su conjunto —el derecho llamado vivo, que prescinde de los objetos jurídicos muertos aunque se hallen todavía legislados— gravita en torno de los fenómenos económicos, es decir, las opciones prácticas concretas y que constituyen, ellas también, un sistema más real, si cabe, que el deducible del código (o de categorías abstractas inferidas tradicionalmente de él)».[36]

Podemos detectar una referencia sociológica del discurso en aquello que Ascarelli definía como la «planificación privada» de la economía, en contraposición a la «planificación pública».[37] Aquí se trata, en particular, de la planificación privada de la distribución (o del «comercio», como Santini prefiere llamarla, para reivindicar la autonomía de la intermediación comercial respecto de la producción). Pero quede bien claro que esta planificación privada del sistema distributivo es autoplanificación sólo en el sentido de que prescinde de la intervención reguladora del Estado. Sin embargo, sigue siendo heteroplanificación para la gran mayoría de los operadores comerciales, quienes se hallan sometidos a los modelos contractuales impuestos de modo autoritario según los intereses de las grandes empresas de producción o, como hoy sucede, de distribución. Así pues la antítesis público-privado, que se halla en la base de la operación científica llamada «economía del derecho», no corres-

no, 1975); no se trata de un análisis interdisciplinario destinado —como ha destacado Rodotà al presentar la versión italiana del libro de Calabresi (p. VIII)— «a poner a punto instrumentos económico-jurídicos integrados, que pueden ser utilizados por los responsables políticos cuando se presente la necesidad de opciones de gran relevancia social, que exijan la consideración de complejas series de variables». No se trata de esto en el caso de Santini: «la economía del derecho quiere ser» —precisa el autor en la pág. 17— «una propuesta de análisis de los fenómenos, que arranque del comportamiento de los agentes económicos y del sector «privado» (o, si se prefiere llamarlo así, del mercado), y que permita una investigación sobre el derecho usado por los propios agentes, diverso del derecho codificado y del elaborado por jueces y doctores». Santini se cuida mucho de distinguir la economía del derecho del *economic analysis of law,* que es, por el contrario un «instrumento de política del derecho» (p. 13 nota 1).

36 Santini, *Il commercio, cit.,* pág. 16.

37 Tullio Ascarelli, *Teoria della concorrenza e dei beni immateriali,* Giuffrè, Milano, 3.ª ed. 1960, pág. 88 (tra. cast. E. Verdera *Teoría de la concurrencia y de los bienes inmateriales,* Ed. Bosch, Barcelona, 1970).

ponde al conflicto permanente entre libertad (económica) y autoridad (política). La antítesis corresponde al conflicto existente entre autoridad pública y autoridad privada, que constituye el motivo conductor, en términos de Ascarelli, del moderno «diálogo de la economía», el cual «no transcurre entre libre iniciativa y planificación, sino entre planificación privada y planificación pública».

La referencia histórica de esta operación científica puede mostrarse con facilidad. Se trata, en este sentido, del relanzamiento de la categoría del derecho mercantil como modo no estatal de producir el derecho, como directa producción normativa (ahora producción contractual) de la clase mercantil, al margen de la comprometida mediación de la clase política. La «economía del derecho» quiere ser también una revaloración de la esencia histórica del derecho mercantil, como derecho de una «sociedad económica» (la sociedad de los comerciantes) más amplia que la sociedad política, derecho agregado al mercado como entidad exclusivamente económica. En este sentido debo formular una advertencia complementaria de la anterior: invito a no entender la economía del derecho en términos de apología del particularismo jurídico, en términos de «economicismo» del derecho. Este antiguo particularismo fue —como he señalado al comienzo de este libro— un aspecto del «economicismo» general de la burguesía medieval, causa tanto de su rápida fortuna como de su rápido declinar. El economicismo en el derecho de nuestro tiempo, la pretendida separación entre derecho y política, el hecho de abstraerlo de la sociedad como simple «accesorio» de la economía, mera técnica de regulación de las relaciones económicas, contradice las exigencias de protección a las capas mercantiles menores, a la masa de los consumidores y, en general, a los restantes grupos sociales. En pocas palabras, obstaculiza la aspiración de alcanzar un desarrollo económico con el progreso civil.[38]

---

[38] El libro citado de Santini exige todavía una consideración de «crónica» del derecho. Con ello quiero subrayar el mérito de Santini, consistente en haber sabido recoger y traducir además en categoría jurídica el «nuevo curso» de la filosofía económica occidental. El rechazo actual de la «estatalista» visión keynesiana del sistema económico y el relanzamiento del liberalismo. Si es evidente que existe una relación entre el imperativo keynesiano de los últimos decenios y el desarrollo en el ámbito jurídico de una partición del derecho de carácter «estatalista», tal como el *derecho de la economía,* es evidente, del mismo modo, la base de legitimación cultural de la operación metodológica de Santini. El desplazamiento del derecho de la economía por la *economía del derecho* tiene, en este jurista, el mismo sabor polémico que la *deregulation* predicada por los neoliberales, el deseo de los agentes económicos de nuestro tiempo de «regresar al mercado». La polémica antiestatalista es explícita en el discurso de Santini: «a quien preguntase qué diferencia existe entre esta economía del derecho y el derecho de la economía, podría responderse: el derecho de la economía, del mismo modo que el derecho mercantil actual, aun cuando haya recibido la ola revitalizadora de la política, ha permanecido anclado a la estructura de todo nuestro derecho civil privado, que es una estructura estatalista vinculada a la enseñanza tradicional, que subraya las grandes líneas del esquema de la codificación fascista. De esta manera, cuando se aborda el derecho privado común a los agentes públicos y privados, ello se hace con una óptica estatalista, es decir, se observan los hechos económicos y jurídicos en su conjunto, enmarcados por las fuentes del derecho estatal, y

Al «viejo corazón» del derecho mercantil se le quiere dar rigor metodológico. Se subraya que «la atención de los juristas se ha dirigido de modo preferente hacia los temas vinculados con la producción industrial y a los temas jurídicos conexos con los aspectos más sobresalientes de su poder económico y sus implicaciones políticas. Así han resultado una serie de monografías y manuales dirigidos al estudio de las estructuras capitalistas, al llamado derecho de la economía (v especialmente a la interacción de lo privado y lo público en el sector de la producción), a las empresas multinacionales, a la competencia y a los monopolios con el efecto de dejar en la sombra, o iluminar de pasada, aquella parte del derecho mercantil que corresponde mejor a su viejo corazón, es decir, a la actividad de intermediación en la circulación de los bienes, que se coloca de modo natural entre la producción y el consumo».[39]

Existe también una referencia de carácter sociológico que Santini muestra a continuación: el comercio, «a pesar de hallarse condicionado por la industria, no es una simple correa de transmisión del producto hasta el consumidor, con apropiación del correspondiente plusvalor, porque —como veremos— reviste también un papel protagonista en sus relaciones con la producción, especialmente en el ámbito de la producción agroalimentaria, y presenta una fenomenología tan amplia y multiforme que debe expresarse en términos distintos según se trate de la distribución de los productos del suelo o de las materias primas, según sean productos comercializados en las bolsas mundiales o distribuidos al detalle mediante canales extensos o restringidos, empresas sucursales, grandes organizaciones comerciales o detallistas normales».

Asistimos de este modo a una nueva victoria del capitalismo mercantil, que fue el capitalismo de los orígenes, sobre el moderno capitalismo industrial: la gran distribución agro-alimentaria revive la antigua dependencia del

ahora regional, releídos a la luz de la constitución y aplicados (esto es, *grosso modo*, impuestos) al agente» (*Il commercio, cit.*, p. 16).
Sin embargo, no quisiera ser mal interpretado. El antiestatalismo de Santini es epistemológico, o cuando menos preferentemente epistemológico: no es de carácter ideológico o, sólo, ideológico. Santini admite que «la norma debe brotar de la comunidad entera», y no sólo de la clase mercantil. Con ello admite también, siquiera porque está implícito, que el derecho regulador de las relaciones económicas debe ser producido por las instancias institucionales (sean nacionales o supranacionales) del «conjunto de la sociedad», donde los intereses de la clase mercantil puedan ser coordinados con los intereses de las restantes clases sociales. Y no era otra la gran visión vivantiana del derecho mercantil anterior a la deformación fascista (que Santini evoca). La propuesta de Santini es, ante todo, la del liberalismo epistemológico: es la invitación a estudiar el derecho también desde la «óptica de los agentes», y no sólo desde la «óptica estatalista». Se trata, la primera, de una óptica en la cual debe saberse colocar —añado por mi parte— a quien hace las leyes (o las directrices comunitarias), ya para corregir, ya para censurar las tendencias y las prácticas contractuales de los agentes. Bienvenida entonces, junto a la política del derecho (y para una más consciente política del derecho), la economía del derecho.

39 Santini, *Il commercio, cit.*, pág. 20.

productor respecto del comerciante, lanzando de nuevo la figura del comerciante como sujeto propulsor del sistema económico, reanima, en consecuencia, el «viejo corazón» del derecho mercantil, que es la intermediación entre el productor y el consumidor.

Este «viejo corazón» late todavía, es cierto; e incluso late con renovada vitalidad en la gran distribución agro-alimentaria. Pero late, y manifiesta su vitalidad, en áreas económicas o en sectores de mercancías muy específicos y, en conjunto, marginales. Precisamente la reconstrucción del sistema distributivo realizada por Santini muestra la posición dominante que en su seno ocupa el productor; y el ejemplo significativo de la evolución contractual desde la concesión de venta al *franchising*, unida a la tendencia ulterior que convierte al *franchisee* en auténtico dependiente del productor, prueba de modo suficiente la orientación de fondo.[40] Es correcto por ello revalorar la parte del derecho mercantil que corresponde, según el programa de la «economía del derecho», a la actividad de intermediación en la circulación de los bienes, situada entre la producción y el consumo. Pero conviene que el lector no vaya más allá de este programa: no intente generalizarlo, encerrando todo el derecho regulador de las relaciones económicas en los viejos esquemas de un derecho regulador, legal o contractualmente, de la mera intermediación. La principal tarea de la política del derecho de nuestro tiempo (una tarea que tal como señalaré a continuación es también de economía del derecho) consiste en superar la manifiesta contradicción según la cual el centro motor del sistema económico actual es el productor industrial, cuando el productor industrial es todavía para el derecho sólo un comerciante, sólo el punto de imputación de una serie, lo múltiple y varia que se quiera, de relaciones de cambio.

Construir un derecho de la producción es tarea del «derecho mercantil» (se trata de reformar las comunicaciones sociales en el seno de la sociedad anónima, convirtiendo en comunicaciones programáticas las que ahora sólo son comunicaciones consuntivas; se trata también de superar la visión meramente societaria de la empresa, que se limita a la relación entre el empresario y el capital de riesgo, ampliando la perspectiva a la consideración de otros sujetos, artífices o destinatarios del proceso productivo). Pero es también una tarea del «derecho de la economía» (que implica la construcción de una relación entre la programación pública y los planes de la empresa, e implica regular los procedimientos de consulta, garantizar el destino de la financiación pública, etc.). Mientras tanto es preciso hacer —tal como, metodológicamente, sugiere Santini— «economía del derecho», es decir, considerar no las normas de la ley (que todavía no existen) sino las normas contractuales. Aquí merece la atención el examinar los contratos

[40] Desde fines de los años 60 se asiste en los Estados Unidos a una disminución del *franchising*, lo cual «se debe a que los *franchisors*, con el fin de incrementar la concentración, adquieren, o readquieren, cada vez más los negocios de los *franchisees*, incluyéndolos en la propia red directa de venta» (Santini, *Il commercio, cit.*, p. 20).

colectivos de la industria, en donde está naciendo un cuerpo orgánico de normas que llena, progresivamente, el antiguo «espacio vacío de derecho», y regula los modos y las formas de la negociación entre las partes sociales (entre los «operadores» del derecho de la producción) sobre qué, cómo y dónde producir. Nuestros juristas, a causa de la «óptica estatalista» que Santini lamenta, no se ocupan demasiado de este cuerpo de normas contractuales. Es necesario comenzar a trabajar sobre dicho cuerpo, que es hoy «derecho vivo» en términos de Santini, y que probablemente será mañana derecho del Estado.[41]

[41] Recientemente el sindicado ha propuesto una ley que imponga a las empresas la adopción de un «plan de la empresa»: *cfr.* mi artículo «Piano di impresa» en *Giurisprudenza commerciale,* 1980, p. 383

HISTORIA DEL DERECHO MERCANTIL,
de FRANCESCO GALGANO, se imprimió
en la República Argentina en abril de 2023.

Made in the USA
Monee, IL
05 November 2026

67813179R00092